고구려 회화
고대 한국 문화가 그림으로 되살아나다

국립중앙도서관 출판시도서목록(CIP)

고구려 회화 : 고대 한국 문화가 그림으로 되살아나다 / 지은이:
안휘준. — 파주 : 효형출판, 2007
   p. ;   cm

참고문헌과 색인수록
ISBN 978-89-5872-043-0 03650 : ₩25000

653.11-KDC4
759.9519-DDC21   CIP2007001095

고구려 회화
고대 한국 문화가 그림으로 되살아나다

안휘준 지음

효형출판

책을 펴내며 |

 중국이 장기간에 걸쳐 은밀하고 주도면밀하게 준비했던 이른바 '동북공정(東北工程)'의 실체가 드러난 후 우리 국민들이 몹시 곤혹스러워하고 있다. 고구려와 발해가 고대 중국의 지방정권이었으며 따라서 그 역사도 자기네 것이라는 중국의 주장은 참으로 어처구니없고 터무니없는 일이지만 그로 인한 국제적 파장과 그것이 우리에게 끼치는 영향은 보통 심각하지 않다. 비단 고구려와 발해의 역사를 탈취하기 위해서만이 아니라 앞으로 닥쳐올지도 모를 한반도의 유사시에 대비하여 영토의 연고권을 주장하기 위한 포석이라는 견해도 제기되고 있어서 그 심각성은 배증되고 있다.
 중국은 이미 지린성(吉林省) 지안(集安) 지역에 있는 고구려의 벽화고분을 유네스코 세계문화유산으로 지정받았고 지금은 백두산마저 '장바이산(長白山)'으로 부르며 자기네 것으로 만들기 위해 국제적 홍보에 열을 올리고 있다. 이에 대비한 북한과 우리의 대응은 미비하기 그지없다. 북한은 북한 소재의 고구려 벽화고분을 중국과 공동으로 유네스코 세계문화유산으로 지정받기는 하였으나 중국의 역사 왜곡에 관해서는 중국과의 마찰을 꺼려 별다른 목소리를 내지 못하고 있다. 우리 정부도 북한 지역에 대한 영토관할권이 없는 관계로 적극적인 대응을 하는 데 한계를 느끼고 있다. 이러한 상황하에서 우리가 할 수 있는 일은 만약의 경우에 대비하여 역사·문화·외교적 대응책을 탄탄하게 마련해두는 것이다. 다양한 분야에 걸친 광범한 자료의 수집과 철저한 고증에 바탕을 둔 학문적 대비가 절실하다.

그런데 작금의 현실을 보면, 안타깝게도 고구려와 발해에 대한 우리의 학문적 업적이 중국에 비하여 너무나 부족하고 미흡하다는 것을 절감하게 된다. 중국은 '동북공정'이라는 국책사업을 2002년에 시작해 (공식적으로는) 2007년 1월 31일에 종료했지만, 그 사이 그들 정부의 전폭적 지원하에 수많은 업적들을 쏟아냈다. 그에 반하여 우리는 정부 차원의 정책적 대응도 미흡하고 연구자도 태부족하여 안타까운 상황이 크게 개선되지 못하고 있는 실정이다.

어쨌든 '동북공정'은 우리에게 자성의 기회를 제공하였다. 우리는 고구려의 역사와 문화를 제대로 알고 있는가, 그에 대해 충분한 연구를 하고 있는가, 국민들에게 올바르게 알려주고 있는가, 중국의 정책에는 철저하게 대비하고 있는가 등의 질문을 던져놓고 보면 모두 미흡하게 생각된다.

그동안 고구려연구재단을 중심으로 제법 괄목할 만한 양의 업적이 나온 편이긴 하나 국민들이 그것을 접하고 소화할 겨를도 없이 재단은 새로 발족한 동북아시아역사재단으로 흡수된 상태다. 예전에 비하여 많은 양의 업적이 나왔다고 해도 고구려를 종합적으로 다룬 간편하고 알찬 개설서 한 권조차도 우리는 아직 갖고 있지 못하다. 이러한 실정은 고구려의 '역사'에만 한정된 것이 아니다. 그 '문화'의 경우에는 더욱 심각하다. 이 때문에 고구려의 역사와 문화에 대한 국민들의 관심은 지속되기 어렵고, 이해가 깊어지기는 더욱 어렵다. 문제가 생길 때만 관심이 고조되었다가 곧 식어버리기 일쑤이다.

잘 알려진 바와 같이 고구려는 우리나라 역사상 가장 막강했던 나라다 (고구려 전성기의 강역도 참조). 그러나 그 사실이 오히려 고구려의 역사와 문화에 관해 잘못된 인식을 자리 잡게 하는 원인이 되지 않았나 생각된다. 즉 고구려는 군사력은 막강했으나 문화적으로는 다소 뒤진 무사적(武士的)인 나라였으리라는 막연한 편견이 은연중 뿌리 깊게 자리 잡고 있는 것이다. 물론 이는 너무도 잘못된 생각이다. 고구려는 최강의 군사력을 지닌 동시에 독창적이고 진취적이며 복합적인 문화를 꽃피웠던 문화선진국으로서, 백제, 신라, 가야, 일본 등 동시대 다른 나라에 큰 영향을 미쳤다. 이러한 사실은 영성(零星)한 문헌기록보다는 비교적 풍부한 고분벽화 등 미술문화재에 의해 더욱 분명하게 확인된다. 문헌기록에 의거한 역사학적 연구와 함께 미술문화재에 대한 미술사학적 고찰이 똑같이 중요하고 긴요함을 말해주는 사례다.

고구려의 역사와 문화에 대한 우리 국민들의 불충분한 이해와 관련하여 저자도 일말의 책임감을 느낀다. 그동안 고구려의 미술과 고분벽화에 대하여 여러 편의 글을 썼고 김원용 선생과 공저한 《신판 한국미술사》(서울대학교출판부, 1993)와 《한국미술의 역사》(시공사, 2003)에서 발해의 미술을 처음으로 독립된 장으로 설정하여 기술한 바도 있으나 아쉬운 심정은 가시지 않았다. 특히 그동안 썼던 글들이 여기저기 흩어져있어서 고구려의 문화와 미술에 대한 저자의 견해가 종합적이고 일목요연하게 전달되지 못하는 감이 있었다.

이러한 아쉬움은 동북공정 문제가 불거진 이후 더욱 커졌다. 고구려에 관해서 쓴 글들을 함께 묶어놓으면 아쉬운 대로나마 작은 역할을 할 수도 있지 않을까 하는 생각이 머릿속에서 끊임없이 맴돌았다. 그러나 이미 출판한 학술서에 실린 글까지 뽑아내어 별도의 책으로 묶는 일이 학문적으로 합당한지 확신이 서지 않아 가까운 몇몇 제자들과 상의도 해보았다. 그 결과 고구려의 미술과 문화에 관한 종합적인 저술이 희소한 실정에서 발표한 글들을 한 책에 모으는 일은 꼭 필요하다는 결론을 얻었고 드디어 실행에 옮기게 되었다.

고구려의 문화와 미술에 관한 총론적인 글들을 1부에, 고구려 고분벽화의 구체적인 제반 양상을 살펴본 글들은 2부에 싣기로 하였다. 이어 일본에 남아있는 고구려계 회화에 관해 살펴본 글을 마지막 3부에 실었다. 고구려의 문화와 미술에 관하여 미술사 전공 학자가 쓴 책이 의외로 거의 없는 실정이어서 이 책은 나름대로 의미가 있다고 본다. 특히 고구려 고분

벽화의 화풍이나 양식이 시대의 흐름에 따라 어떻게 변화하였고, 고구려 회화가 일본에 어떠한 영향을 미쳤는지 구체적으로 확인하는 데 있어서는 각별히 참고가 될 것으로 생각한다. 회화를 통해서 본 고구려 미술 문화의 독창성, 중국 및 서역 미술과의 관계, 불교 및 도교의 영향을 이해하는 데도 보탬이 될 것으로 본다. 고구려가 중국의 지방정권은커녕 중국과 대등한 우리의 위대한 왕조였음도 자연스럽게 드러날 것이다.

비슷한 내용이 중복된 부분은 과감하게 삭제하였다. 그럼에도 간혹 남겨진 경우가 없지 않다. 우리 미술사상(美術史上)의 비중이나 의의가 특히 크다고 여겨지는 부분들이어서 완전한 삭제를 꺼린 결과다. 독자들에게 거듭 강조하고 싶은 내용에 대한 저자의 소박한 배려가 반영된 때문이기도 하다.

이 책의 출판을 적극적으로 권하고 기꺼이 맡아주신 효형출판의 송영만 사장과 편집의 실무를 맡아서 애쓴 편집부의 여러분에게 특히 감사한다. 또한 이 책이 나올 수 있도록 협조해준 한국미술연구소의 홍선표 소장에게도 고마움을 느낀다.

2007년 4월 5일
안휘준

차례

책을 펴내며 5

I. 고분벽화와 고구려 문화 13

1. 고구려 문화의 올바른 이해 14

2. 고분벽화를 통해 본 고구려의 문화 21

   고분벽화의 특징과 의의 무덤 속의 작은 우주
   고분벽화의 역사문화적 성격 문화의 다양성과 복합성
   고분벽화의 미 세련성과 역동성

II. 고구려 회화의 변천 61

1. 고구려 고분벽화의 흐름 62

   초기의 고분벽화 생전의 모습과 삶의 기록
   중기의 고분벽화 다양한 삶의 풍속
   후기의 고분벽화 도교와 신선의 세계

2. 고구려의 인물화 105

   주인공 초상화 무덤 주인공의 모습
   행렬도와 수렵도 고구려인들의 위용과 기상
   생활도 생생한 삶의 재현
   투기도 넘치는 힘과 상무의 전통

신선도 불로장생의 상징
　　　고구려 인물화의 특성과 의의

Ⅲ. 고구려 회화의 대對 일본 영향 189

  1. 일본에서 활약한 고구려계 화가들 190

  2. 일본에 남아있는 고구려계 화풍의 작품들 197
　　　〈천수국만다라수장〉
　　　옥충주자의 회화
　　　다카마쓰 고분 벽화
　　　호류지 금당벽화
　　　〈쌍수비천도〉와 〈수렵연락도〉

주　　274
참고문헌 약목　292
도판 목록　302
게재문 목록　307
찾아보기　308

일러두기

1. 한글만으로 그 의미가 분명하게 드러나지 않는 경우, 한자를 병기하였다.
2. 논문은 〈 〉, 단행본과 학술지는 《 》, 내용 설명과 한자 병기는 ( )를 사용하였다. 작품은 〈 〉를, 독음이 다른 한자를 병기할 경우에는 〔 〕를 사용하였다.
3. 중국의 인명·지명·기관명·작품명 등은 우리 한자음으로 표기하거나, 원어를 직접 노출하였다.
4. 일본의 인명·지명·시대명(헤이안, 아스카 등)은 일본어 발음대로, 작품명·책명·기관명은 우리 한자음으로 표기하거나 원어를 직접 노출하였다.
5. 3부에 나오는 화사(畫師) 명칭 등은 당시의 발음을 알 수 없어 오늘날 일본어 발음대로 표기하였고, 단순히 일본으로 건너가 활동한 경우(담징 등)는 우리 한자음으로 표기하였다.
6. 본문에 나오는 고구려 고분의 소재지는 각 논문의 발표 당시 행정구역 명칭을 따랐다.

고분벽화와 고구려 문화

01
고구려
문화의
올바른 이해

북녘 땅에서 무슨 일이 생길 때마다 우리는 그 땅과 그곳의 겨레, 그리고 그 위에 꽃피웠던 고대 문화를 떠올리게 된다. 이렇듯 우리는 지역적으로는 남과 북, 시간적으로는 현대와 고대가 교차하는 문제들을 접하면서 살아가고 있는 것이다.

　북녘 땅의 고대 문화를 생각할 때 가장 먼저 우리에게 다가오는 역사적 주인공은 고구려다. 고구려가 우리나라 역사상 최대의 영토와 최강의 군사력을 지녔던 위대한 나라라는 사실은 누구나 다 잘 알고 있다. 또한 한국 사람이라면 으레 광대한 영토를 넓히며 국운을 떨친 광개토대왕과 장수왕, 수(隋)나라의 113만 대군을 물리친 을지문덕, 당나라 태종의 30만 대군을 격퇴한 안시성주 양만춘, 고구려 말기에 전권을 휘두르고 당군을 물리친 연개소문 등 왕과 장군의 이름과 위업 정도는 익히 알고 있는 게 상례다. 우리는 이들을 자랑스럽게 여기며 그들이 헌신하고 일군 나라, 고구려에 대해 크나큰 자부심과 긍지를 느낀다.

그런데 고구려가 그처럼 막강한 나라였으며 몇몇 훌륭한 영웅이 그 왕조를 위해 크나큰 공을 세웠다는 사실을 단순히 기억하는 일 외에 과연 우리는 고구려에 관하여 무엇을 얼마나 알고 있는가? 역사적 사실들에 관해서도 결과만 알 뿐, 그 시말이나 자초지종 혹은 과정 등에 대하여는 제대로 알지 못하는 경우가 많다. 특히 고구려와 관련하여 더없이 중요한 문화에 관해서는 더욱 무지하다. 이러한 관점에서 고구려와 그 문화를 살펴보고 철저한 파악과 이해를 돕고자 한다.

고구려 역사의 올바른 이해

고구려사에 대한 올바르고 충분한 이해가 필요함은 논란의 여지가 없다. 이를 위해 적극적으로 연구하고 폭넓게 소개되어야 하는데 그렇지 못했던 것이 사실이다. 최근에 이르러 몇몇 소장학자들이 열심히 연구에 참여하고, 또 학회도 만들어졌으나 종래의 열악한 상황이 크게 개선되었다고 보기는 어렵다.

고구려사 연구가 이처럼 부진한 까닭은 무엇보다도 사료의 부족 때문이다. 전해지는 문헌자료가 적은 데다가 남북분단과 정치적 대립으로 인하여 북한 지역의 고구려 유적과 유물을 직접 접하기 어려웠으니 연구에 제약이 있을 수밖에 없다. 물론 고구려 영토였던 만주 벌판이 현재 중국에 속해있으므로 그러한 정치적 제약을 어느 정도 뛰어넘을 수 있지만, 평양을 중심으로 전개되었던 후반기의 역사가 고구려사에서 더 큰 비중을 차지하는 관계로 중국에 있는 유적과 유물만으로는 충분한 연구 성과를 거두기 어렵다. 게다가 중국에 있는 자료 또한 중국 측의 폐쇄적 자세 때문에 이용에 어려움이 따르기는 마찬가지다. 한중 간 학술교류의 부재, 중국 정부의 소수민족 정책과 그에 따른 고구려사 연구에 대한 경계심 등은 커다란 장애요인이다.

또 하나 간과할 수 없는 문제는 종전 남한학계에 자리 잡았던 고구려사에 대한 인식과 분위기다. 북한에서는 고구려사 중심의 사관(史觀)이 확고하게 뿌리를 내린 반면, 우리 쪽에서는 은연중 신라사를 중시하는 경향이 있었다. 즉 북한은 고구려·발해·고려를 역사적 법통으로 삼았고, 고구려나 발해의 자료를 접하기 어려운 우리는 부득이 신라를 중심으로 고대사와 고대 문화를 연구하였다. 결과적으로 자연히 고구려에 대한 연구가 부실하고 고구려에 대한 인식 또한 두텁지 못하게 되었다.

이처럼 이런저런 이유 때문에 고구려의 역사에 대한 적극적인 연구와 올바른 이해가 어려울 수밖에 없다. 앞으로 이를 극복하는 노력을 학계와 정부가 함께 기울여야 하리라고 본다. 이러한 상황의 극복 없이는 고구려의 역사와 문화를 정당하게 이해하고 재인식하는 일이 쉽지 않을 것이다.

고구려 문화의 정당한 파악

고구려를 바로 알려면 역사와 함께 그 문화를 정당하게 그리고 철저하게 파악해야만 한다. 문화에 대한 철저한 이해 없이는 고구려를 제대로 알 수 없다. 앞에서 지적했듯 고구려가 역사상 가장 광대한 영토와 최강의 군사력을 지녔던 왕조였음은 누구나 잘 알고 있지만 그것을 가능케 한 요인에 대해서는 깊이 생각하지 않는 듯하다.

막강한 군사력만으로 고구려가 위대해질 수 있었을까? 저자는 강한 군사력과 함께 정신력으로 일구어진 훌륭한 문화가 있었기 때문에 고구려가 위대해졌다고 믿는다. 뛰어난 문화가 있었기에 견고한 성을 쌓을 수 있었고 뛰어난 무기를 만들 수 있었으며 지혜로운 작전을 펼칠 수 있었다. 말하자면 성공적인 전쟁의 수행도 뛰어난 문화가 뒷받침하고 있었기에 가능했던 것이다. 그렇기 때문에도 고구려의 문화를 철저히 파악해야 한다.

사회과학자들이 얘기하는 포괄적인 생활문화도 중요하지만 그보다는 창의성과 직접 연관이 깊은 좁은 의미의 '문화'를 알아보는 것이 더 절실하다고 생각한다. 이와 관련하여 무엇보다 주목되는 것은 유적·유물 등의 미술문화재다. 다른 분야들과 달리 상대적으로 다양한 자료가 남아있기 때문이다. 100여 기의 고분에서 발견된 벽화, 역시 고분에서 수습된 서예자료, 불교조각, 토기와 금속공예, 와당, 성곽 등은 고구려 문화의 특성과 변천을 파악하는 데 매우 귀중한 자료다.

이러한 미술문화재들을 통하여 고구려인의 지혜와 창의성, 특성과 우수성, 생활과 습관, 종교와 사상, 우주관과 내세관, 복식과 건축, 과학기술, 외국과의 교류 등 다양한 측면을 확인할 수 있다. 고구려의 힘차고 웅혼한 무사적 기질과 역동성도 잘 드러나 위대한 고구려의 건설이 그 문화와 결코 무관하지 않았음을 알 수 있다.

고구려 문화의 또다른 특징은 선진성이다. 고구려는 삼국시대의 다른 어느 나라보다도 먼저 미술 문화 분야에서 독자적인 양식을 형성했으며, 백제, 신라, 가야는 물론 바다 건너 일본에까지 영향을 미쳐 새로운 전통의 형성에 기여하였다. 이는 회화, 불교조각, 각종 공예, 가람(伽藍) 배치법 등에서 쉽게 그리고 뚜렷하게 확인된다. 이는 고구려가 지리적으로 중국과 인접해있던 데서도 이유를 찾아볼 수 있겠으나 그 이상으로 고구려가 시니고 있던 진취성과 창의성 덕택이었다. 어쨌든 이러한 사실은 고구려가 우리 민족문화의 형성을 선도했을 뿐만 아니라 동아시아에서 중국과 더불어 미술 문화의 발달에 주도적인 역할을 하였음을 분명히 말해주는 것으로, 그 의의가 더없이 크다.

고구려의 미술이나 문화에서 간취(看取)되는 또다른 중요한 현상은 국제성이다. 고구려는 중국은 물론 서역과도 교류하여 필요한 것을 취해서 문화의 발전을 위한 밑거름으로 삼았다. 초기에는 한(漢)나라와 동진(東晉)의 영향을, 그 후에는 육조(六朝)의 영향을 섭렵하였고, 고분의 말각조정(抹角藻井) 천장이나 각종 문양, 일부 복식과 악기의 그림 등에서는 서역 문화도 적극적으로 수용하였음을 알 수 있다.

고구려는 문화적인 측면에서 일본에 심대한 영향을 미치기도 했다. 595년에 일본에 건너가 쇼토쿠(聖德) 태자의 스승이 된 혜자(慧慈)를 위시한 고승과 기술자를 파견하여 일본의 불교문화의 발전에 기여했음은 물론, 예술인들을 보내 일본 고대 문화 형성에 결정적인 기여를 하였다. 610년 일본에 파견된 담징(曇徵)은 고구려 미술을 일본에 전하는 데 가장 큰 역할을 했다. 6~7세기 일본에서는 고구려계 화사씨족(畫師氏族)을 비롯해 백제와 신라계 화가들이 활발히 활동했다.

일본 고대의 대표적 미술 작품인 〈천수국만다라수장(天壽國曼茶羅繡帳)〉, 옥충주자(玉蟲廚子), 다카마쓰 고분(高松塚) 벽화, 호류지(法隆寺)의 금당벽화 등에 고구려 회화의 영향이 뚜렷하게 나타나는데, 이는 일본에서 활약한 고구려계 화가들과 밀접한 연관이 있다. 고구려 문화의 영향은 다른 미술 분야나 음악, 기타 문화 분야에서도 확인된다. 이처럼 고구려의 미술과 문화는 국제성을 강하게 띠었다.

고구려 문화는 고구려에 국한되지 않고 백제, 신라, 가야는 물론, 중국, 서역, 일본 등지와 국제적으로 밀접한 연관을 맺고 발전하며 영향을 주고받았다. 따라서 고구려의 미술과 문화를 이해하려면 이러한 국제성과 국제적 공헌을 반드시 재인식해야 할 것이다.

이처럼 고구려 및 그 문화에 관해서는 유념할 점이 적지 않다. 크게 묶어서 포괄해 보면 대강 다음과 같이 정리할 수 있다.

첫째, 고구려는 무력과 군사력만 강했던 나라가 아니라 문화적으로도 발군의 강대국이었다.

둘째, 고구려의 문화는 각 방면에서 높은 수준으로 발달하였으며 백제, 신라, 가야에 영향을 미침으로써 우리 고대 문화 형성을 선도했다. 따라서 고대 한국 문화의 시원(始原)과 관련하여 대단히 중요한 몫을 차지하고 있다.

셋째, 중국이나 서역의 문화를 수용하여 자체 발전을 꾀하고 일본에 심대한 영향을 미치는 등, 동아시아 문화 발전에 크게 기여하였다.

이렇듯 뛰어난 고구려 문화를 더욱 철저히 규명하고 알리기 위하여 우리 학계의 부단한 노력, 정부 차원의 지원 및 북한·중국과의 좀 더 활발한 학술 교류가 절실하다.

02
고분벽화를 통해 본 고구려의 문화

고분벽화의 특징과 의의
— 무덤 속의 작은 우주

고구려가 군사대국임은 잘 알면서도 문화선진국이었다는 더욱 중요한 사실은 알지 못하는, 고구려와 고구려사에 대한 가장 크고 심각한 오해이자 편견을 바로잡는 일이야말로 고구려를 올바르게 이해하는 첫걸음이다.[1] 최근 국내 언론에 자주 오르내리는 중국의 소위 '동북공정' 등의 사안은 그동안 남북분단과 이념분쟁으로 인해 본의 아니게 소홀히 할 수밖에 없었던 고구려의 역사와 문화에 대한 적극적인 연구의 필요성을 절감하고, 국민적 경각심을 일깨우는 좋은 계기였다.[2]

국민들의 이해 부족과 새로운 시대적 상황을 염두에 둘 때 고구려 문화의 진면목을 살펴보는 것은 매우 뜻 깊은 일이 아닐 수 없다. 고구려의 미술과 문화는 우리 한민족이 세운 가장 광대하고 강력했던 제국에 걸맞게 호방하고 진취적이면서 활력에 넘치는 것이었다. 지역적으로는 중국과 서역의 문화를, 종교와 사상적으로는 불교와 도가사상을 수용하는 등, 외래문화를 적극적으로 받아들였으면서도 지극히 독자적인 독특한 문화를 창출했다.

고구려의 이러한 문화적 양상과 특성을 가장 적나라하게 전해주는 것이 바로 고분의 내부 벽면에 그려진 벽화다. 만일 고구려의 고분벽화가 남아있지 않다면 우리는 고구려 문화의 내용과 성격을 구체적으로 생생하게 이해하는 일이 거의 불가능했을 것이다. 오직 단편적인 기록들에 의거하여 막연하게 추상적으로 짐작하는 수밖에 다른 길이 없었을 것이다. 이 점은 결국 고구려의 고분벽화가 현대의 한국인들에게 얼마나 소중한 유산인가를 단적으로 말해준다고 하겠다.

고분벽화의 미술사적 의의

고구려의 고분벽화는 우리나라 미술사에서 대단히 중요한 의미를 지닌다. 첫째로 그것은 우리나라에서 가장 먼저 발달한 벽화여서 우리나라 회화의 시원을 이해하는 데 큰 도움이 된다. 둘째로 복합적인 내용과 성격을 지녀, 고구려 문화의 여러 측면을 파악하는 데 큰 참고가 된다. 조형과 창의성, 양식적 특징, 풍속과 습관, 복식과 기물, 건축과 실내장식, 종교와 우주관 등 많은 문화적 양상을 확인할 수 있다. 셋째로 다른 문화와의 교류 관계를 알아볼 수 있다. 외래문화의 수용과 소화, 그것을 토대로 한 새로운 발전, 그리고 주변국에 미친 영향 등을 확인하는 데 도움이 된다. 이처럼 고구려의 고분벽화는 회화 자료일 뿐 아니라 우리 고대 문화를 이해하는 데 가장 중요한 역사적 자료이기도 하다.

고구려는 동양에서 가장 풍부하고 다양한 고분벽화를 남겼다.[3] 벽화는 토총(土塚)이라고 불리는 석실봉토분(石室封土墳)의 내부 벽면에 주로 그려졌고, 광개토대왕릉이나 장군총 등으로 대표되는 피라미드 모양의 석총(石塚)에서는 발견되지 않는다. 벽화가 있는 토총은 고구려의 정치적 중심지였던 오늘날 중국 지안현과 평양 지역에서 주로 발견되는데 지금까지 100여 기의 벽화고분이 세상에 알려졌다. 이들 중 절반 정도만이 우리 학계에 소개돼있다.

벽화를 지닌 고분들은 대체로 규모가 크고, 내부에 묘실이 하나인 경우만이 아니라 둘, 혹은 드물기는 하지만 삼실총이나 안악3호분의 경우에서 보듯이 셋이나 있는 것도 있다.

묘실의 벽면과 천장에 각종 그림이 그려져있는 것으로 미루어 볼 때 권세와 재력을 함께 갖추었던 왕공 귀족들의 무덤임이 확실하다.

이처럼 무덤을 크고 화려하게 축조한 것은 현세에서의 부귀영화와 권세가 내세에서도 그대로 이어지기를 소망하는 계세사상(継世思想) 때문이었다.[4] 이 때문에 벽화에도 사자(死者), 즉 피장자(被葬者)에 관한 내용이나 또는 그를 위한 생활 풍속이나 소망하는 바가 많이 담겨지게 되었다.

고분벽화의 내용과 성격

고구려의 고분벽화는 아무리 늦어도 357년부터 제작되기 시작했으며 그 이전으로 거슬러 올라갈 가능성도 매우 높다. 벽화는 네모나게 다듬은 돌을 쌓아서 만든 석실의 내부 벽면에 회칠을 한 후에 먹과 채색으로 그린 것이 보편적이나, 벽돌 모양의 돌 대신에 넓적한 대형 판석을 짜맞춘 벽면에 회를 칠하지 않고 직접 그린 것도 있다.

벽화는 묘실(墓室)의 벽면과 천정에 모두 그렸는데, 벽면에는 묘주(墓主)

의 초상화 및 생전의 일을 기록적·서사적으로 표현한 인물풍속화를 주로 그리다가 후기에 와서 무덤을 지켜 주는 사신(四神, 청룡·백호·주작·현무)으로 바뀌었다.[5] 천정에는 묘주의 영혼이 가게 될 내세, 즉 천상의 세계를 표현하였다. 일월성신(日月星辰)·신선(神仙)·신수(神獸)·서조(瑞鳥)·영초(靈草)·비운(飛雲) 등을 그려넣어 하늘을 나타냈다. 이렇듯 무덤의 내부는 현실을 나타낸 벽면과, 내세 혹은 천상의 세계를 표현한 천정이 어우러져 일종의 소우주(小宇宙)적인 공간을 형성하였다.[6]

고분벽화는 시대의 변천에 따라 무덤의 구조, 벽화의 내용, 화풍, 종교, 외국과의 관계 등 다양한 사회 변화를 반영하고 있다. 구조면에서 보면 '다실(多室) → 이실(二室) → 단실(單室)'로 점차 단순화되었다. 그러나 단실묘는 시기에 관계없이 고르게 축조되었다. 다실묘의 경우 안악3호분처럼 관을 안치한 널방(玄室, 主室)과 그 앞의 앞방(前室), 그리고 앞방 좌우(동서)에 붙어있는 곁방으로 이뤄진 품자형(品字形) 혹은 T자형 무덤이 전형적이다. 그러나 후에는 곁방 없이 앞방의 동·서벽에 움푹 들어간 공간인 감(龕)을 만들어 대신한 경우도 있다. 이러한 단계를 거쳐 5세기경에는 앞방과 널방만 있는 여자형(呂字形) 구조의 2실묘가 주로 나타났다. 후기에 이르면 앞방마저 없어지고 널방과 널길(羨道, 무덤 입구에서 널방으로 이어지는 통로)만 남은 구자형(口字形) 구조가 지배적으로 되었다.[7]

벽화의 내용이나 주제도 변화했다. 357년의 안악3호분(安岳3號墳), 408년의 덕흥리(德興里) 벽화고분에서 보듯 4~5세기에는 묘주의 초상화가 가장 중요한 주제였다(그림1, 37). 조금 시대가 흐르면 약수리(藥水里) 벽화고분, 쌍영총(雙楹塚), 각저총(角抵塚)처럼 부부병좌상(夫婦竝坐像)이 유행하게 되었다(그림63, 65, 67). 이러한 초상화와 더불어, 초기와 중기의 벽화에서는 인물풍속화가 중요하게 다루어졌다. 주인공의 생활상이 주 내용인 인물풍속화는 서사적·기록적·풍속화적 성격을 강하게 띤다. 잘 알려진 무용총(舞踊塚)의 춤추는 여인 그림이 그 좋은 예다(그림75).

이 시기에 인물풍속과 함께 나타나기 시작한 것이 사신(四神)이다. 사신은 본래 천정부에 그려졌으나 점차 벽면으로 내려오다가 후기에 이르러서는 아예 벽면 전체를 차지하게 되었다. 이런 변화는 앞선 시기 지배적이던 불교의 영향력이 감소하고 대신 도교가 득세했기 때문으로 보인다. 실제로 연개소문이 전권을 휘두르던 보장왕(寶藏王, 재위 642~668) 때에 국가적 차원에서 도교가 적극적으로 권장되었고 이러한 사회적 분위기가 고분벽화에도 반영되었던 것이다.

사신은 청룡(靑龍)·백호(白虎)·주작(朱雀)·현무(玄武) 네 가지를 일컫지만, 현무의 경우 거북과 뱀이 서로 뒤엉킨 모습이니 전부 다섯 종류의 동물이 관련돼있는 셈이다. 이는 중국에서 전래된 음양오행사상이 반영된 결과로 생각된다.

고분벽화와 고구려적 특성

어쨌든 고구려의 고분벽화는 주제면에서 '초상화와 인물풍속→인물풍속과 사신→사신'으로 변화했다. 많은 사람이 등장하는 행렬도나 수렵도가 5세기 이후 사라진 점도 괄목할 만하다. 이러한 사실에 의거해보면 고구려의 고분벽화는 주제나 내용면에서 점차 번거로운 것을 피하고 단순하게 변해갔음을 알 수 있다. 그러나 초기의 고졸(古拙)한 화풍은 점차 세련되고 능숙한 것으로 변화했고, 이와 함께 힘차고 동적이며 긴장감이 감도는 고구려적 특성이 더욱 두드러졌다. 채색 또한 후기로 갈수록 더욱 선명하고 화려해졌다. 천수백여 년의 세월이 흐른 오늘날에도 여전히 선명한 색감을 유지하는 데다, 특히 판석(板石) 표면에 직접 그린 벽화의 경우에는 채색이 떨어져나가는 박락(剝落)의 피해가 덜하다.

고구려 고분벽화는 힘차고 속도감이 있으며 팽팽한 긴장감이 넘친다. 고구려의 회화에 보이는 이러한 특색은 초기나 중기보다는 후기에 이르러 무르익었다. 일례로 후기 벽화에서 특히 두드러지게 많이 나타나는 용은 통구사신총(通溝四神塚)이나 5회분(5盔墳) 4호묘의 〈현무도〉에서 보듯이 새끼줄처럼 꼬인 몸체의 용틀임이 격렬하기 그지없다(그림25).

고구려의 고분벽화에서 또 하나 주목되는 것은 벽화의 내용 전개가 매우 짜임새 있다는 점이다. 이것은 초기와 중기의 벽화에서도 현저하지만 후기에 이르면 더욱 두드러진다. 후기의 벽화들은 5회분 4호묘나 5호묘의 예에서 보듯이 그 구성이 정확하게 맞물리듯 완벽에 가깝도록 짜여있어서 마치 불교 회화의 만다라(曼茶羅, 불화의 형식 중 하나로, 우주의 진리를 표현한 그림)를 보는 듯한 느낌을 자아내며 꽉 짜인 구성의 묘가 입체적 공간 속에 살아서 꿈틀대는 듯하다.

화려한 채색과 안료(顏料)의 발달도 간과할 수 없다. 채색은 후기에 이르러 극도로 화려하고 강렬해졌다. 천수백여 년이 지난 오늘날에도 판석에 그려진 벽화는 그 광채를 잃지 않고 있을 뿐만 아니라, 심한 결로(結露) 현상에도 불구하고 박락되거나 변색되지 않는 것을 보면 안료 및 접착제의 제조와 설채 기법에 상당한 과학 기술이 뒷받침되고 있었음이 분명하다.

일반 회화 자료가 남아있지 않은 현실에서 고분벽화는 고구려 회화의 기법, 경향, 수준 등을 이해하는 데 참고되는 유일한 자료다. 또한 벽화를 지닌 고분은 말할 것도 없이 왕공·귀족의 무덤이며, 따라서 그 내부에 그려진 벽화들도 비교적 솜씨가 뛰어난 화공이 그렸을 터이므로 고구려 미술의 시대적 특성과 변천을 이해하는 가장 좋은 자료이기도 하다.

고분벽화를 통하여 고구려인의 기질과 기상, 미의식과 색채 감각, 인물·산수·동물·식물·기타의 주제를 다룬 회화의 특징과 변천, 생활과 풍속, 예절, 남녀 복식과 관모(冠帽), 꾸밈새와 화장법, 각종 기술과 그 발달 정도, 건축과 내부 장식, 가구와 집물 등은 물론 묘제(墓制)와 우주관, 종교와 사상, 문화의 성격과 변천, 외국과의 교류 등 다양한 문화적 양상을 살펴 볼 수 있다. 고분벽화가 없었다면 고구려 문화의 이러한 특성과 다양한 측면을 제대로 알지 못했을 것이다. 이처럼 고구려 고분벽화는 문화적 보배인 동시에 소중한 역사적 사료이며, 그 지닌 의의는 아무리 강조해도 지나치지 않다.

고분벽화의 역사문화적 성격
―문화의 다양성과 복합성

고구려는 동아시아 대륙에서 명멸한 수많은 나라 가운데 고분벽화를 가장 적극적으로, 그리고 제일 높은 수준으로 발전시킨 나라다. 고구려의 고분벽화는 초기(4~5세기), 중기(5~6세기), 후기(6~7세기)로 나누어볼 수 있다. 시대의 변천에 따라 무덤의 구조, 벽화의 주제와 내용, 벽화의 화풍과 수준 등에 많은 변화가 이루어졌다. 각 시대의 고분벽화를 총체적으로 살펴보면 여러가지 주목을 요하는 특성들이 간취된다.

기록성과 사료성
고구려 고분벽화는 감상이 아니라 기록을 위해서 그려진 그림으로, 그 가장 보편적인 특성은 기록성과 사료성이다. 비단 '묵서명(墨書銘)'이 있어 절대연대를 알 수 있는 안악3호분이나 덕흥리 벽화고분뿐 아니라,[8] 명문(銘文)이 없는 고분의 경우도 기록성과 사료성을 지니고 있다.

모든 미술품들은 문자로 기록된 문헌자료와 마찬가지로 나름의 기록성과 사료성을 지닌다. 특히 회화의 경우에는 더욱 그러하다. 다만 문자가 아닌 조형언어(造形言語)로, 문장이 아닌 그림으로 기록돼있을 뿐이다. 그렇기 때문에 그림의 주제와 내용과 표현법을 해독하여 언어로 풀어쓸 수 있다. 요컨대 고구려의 고분벽화를 포함한 고대의 회화는 거짓 없는 사실적 표현 속에 다양한 역사·문화적 양상을 담고 있으며, 훈련된 눈을 통하여 상당 부분을 신빙성 있게 읽어낼 수 있다.

예를 들어 고구려 초기 고분에 그려진 초상화들은 비록 조선시대의 초상화처럼 인물의 개성을 충분히 드러내지는 못할지라도 무덤 주인공의 대체적인 모습과 차림새를 표현하고 있어서 당시의 문화적 양상을 엿볼 수 있다. 일례로 현재까지 묵서명에 의해 절대연대가 밝혀진 가장 오래된 고분인 안악3호분(357년)의 주인공 초상화를 살펴보고자 한다(그림1).

무덤 주인은 장막을 걷어올린 탑개(榻蓋) 안에 정면을 향하고 앉아있는데, 어깨선이 가파르게 흘러내려 넓은 무릎 폭과 함께 정삼각형을 이루는 고대 인물화의 특성을 고스란히 드러내고 있다.[9] 얼굴은 장년의 모습이며 턱에 고양이 수염이 나있어서 중국 한나라 이후 인물화의 영향을 보여준다. 얼굴은 개성을 충분히 드러내지 못했을 뿐만 아니라 눈과 코를 고쳐 그린 흔적이 엿보여 4세기 중엽에는 아직 인물화가 초보적 단계에 있었음을 알 수 있다. 붉은색의 포(袍)를 입고 설법을 하는 듯한 손의 모습을 하고 있어서 신상(神像)을 연상시킨다. 즉 주인공을 신격화하였다.[10] 검은 모자 위에 겹쳐 쓴 백라관(白羅冠)은 왕만 쓸 수 있는 관으로, 오른쪽에 세워진 3단의 정절(旌節)과 함께 묘주가 고구려의 왕임을 알려준다.[11] 이 점은 안악3호분의 〈행렬도〉에 보이는 '성상번(聖上幡)'이라 씌어진 깃발에 의해서도 뒷받침된다(그림33). 주인공 좌우의 인물들은 주인공을 향하여 측면으로 서있는데, 주인공에 가까울수록 크고 멀수록 작다. 이는 계급에 따라 크기를 달리 그렸음을 보여주며, 전체적으로는 삼각구도를 이루고 있어서 역시 고대 인물화의 특성을 보여준다.

탑개는 연꽃으로 장식되었는데, 특히 모서리 위에 있는 연봉(연꽃 봉오리)은 꽃 안에 Y자 모양의 선을 그리고 그 좌우에 한 개씩 마치 눈 모양으로 점 두 개를 찍어넣었다. 이러한 연봉은 우에하라 가즈(上原和) 교수가 지적한 대로 고구려 회화에서 주로 나타나는 특징이다.[12] 또 이는 광개토대왕의 능에서 수습된 와당의 무늬와도 일치하며,[13] 중기의 벽화에도 자주 등장한다. 이와 같은 특유의 연꽃무늬는 4세기 중엽에 이미 형성되었으며, 특히 불교가 공식적으로 전래된 372년보다 15년 앞서 357년에 이미 부분적으로 수용되었을 가능성을 시사해준다. 이는 안악3호분의 널방과 서쪽 곁방 천정에 그려진 만개한 연꽃에 의해서 재확인된다(그림2).

이처럼 안악3호분의 주인공 초상화에서만도 대단히 중요한 여러 가지 역사적 실마리와 문화적 양상을 파악할 수 있다. 비단 초상화뿐 아니라 인물풍속화 등 다른 고구려 고분벽화도 일종의 시각적 기록이며, 마찬가지로 다양한 사실들을 읽어낼 수 있다. 이렇듯 고구려 고분벽화는 기록성과 사료성을 지니고 있다. 따라서 문자로 씌어진 기록이나 문헌과 똑같이 그 중요성을 인정해야 하며, 그런 전제하에서 문헌기록과의 대조 연구가 필요하다. 진실성과 신빙성에 있어서는 종종 거짓이 끼어드는 문헌기록보다도 오히려 벽화가 더 믿을 만한 자료임도 인정해야 할 듯하다.[14] 벽화는 시대성, 사실성, 예술성 또한 갖추고 있음을 유념해야 하겠다.

안악3호분에는 농려풍비(濃麗豊肥, 살이 찌고 아름다운 모습)한 모습의 부인

1 〈묘주 초상〉 안악3호분 서쪽 곁방 서벽, 357년

2 (왼쪽) 〈연꽃무늬〉 안악3호분 널방 천장석, 357년
3 (오른쪽 위) 〈연꽃 봉오리〉 안악3호분 〈묘주 초상〉 중 탑개 장식, 357년
4 (오른쪽 아래) 〈연화문수막새〉 광개토대왕릉 출토, 4~5세기, 국립중앙박물관 소장

상도 그려져있는데, 주인공의 초상화와는 솜씨가 달라 다른 화가가 그린 것으로 보인다(그림34). 이를 보면 한 고분의 벽화는 최소한 두 사람 이상의 화가들이 분담, 공동으로 작업하여 완성했음이 분명하다.

    안악3호분 주인공 초상화의 전통은 반세기 뒤인 408년의 덕흥리 벽화고분의 주인공 초상으로 이어졌다(그림37). 정면을 향한 삼각형의 앉음새, 오른손에 털부채를 들고 설법을 하는 듯한 손의 모양 등등 매우 유사하다. 다만 머리에 대신이 쓰는 청라관(靑羅冠)을 쓰고 있음이 큰 차이라 하겠다. 또한 13군 태수들로부터 보고를 받는 장면도 새로운 요소다.

5 〈배송도〉 수산리 고분 널방 동벽, 5세기

종교사상성

고구려에서 고분벽화가 많이 제작된 이유는 현세의 부귀영화 등 모든 것이 내세에서도 이어진다고 믿었던 이른바 계세사상 때문으로 보인다.[15] 계세사상이 고구려뿐 아니라 고대 사회에 널리 퍼져있던 보편적인 사상임은 물론이나 고구려에서는 그것을 벽화를 통하여 더욱 구체적으로, 생생하게 표현하였다는 점에서 괄목할 만하다. 고대국가들 중에서 계세사상을 가장 적극적으로, 그리고 제일 효과적으로 표현했던 나라가 바로 고구려다.

계세사상과 관련하여 수산리(修山里) 고분에 그려져있는 〈배송도(拜送圖)〉는 특히 관심을 끈다(그림5). 천상의 세계로 떠나려는 아버지를 아들이 무릎을 꿇고 읍하는 자세로 배송하는 모습을 표현하였는데, 이와 유사한 장면이 중국 랴오닝성(遼寧省) 잉청쯔(營城子, 옛 안시성)에 있는 후한(後漢)

시대의 고분벽화에서도 확인되어 그 보편성을 엿보게 된다.[16]

고구려 사람들이 묘실의 벽면에는 현실세계의 일들을 표현하고 천정에는 내세, 즉 천상의 세계를 나타내어 무덤 내부를 하나의 소우주적인 공간으로 꾸몄던 사실은 이미 앞에서 지적한 바 있다. 따라서 고구려의 고분벽화는 고구려인들의 우주관과 계세사상 등 내세관의 입체적 구현체라 할 수 있다.

고구려의 고분벽화에서는 불교와 도교의 영향도 엿볼 수 있다.[17] 먼저 불교적 요소는 앞에서도 지적하였듯 이미 357년의 안악3호분에서 나타났었다. 묘주가 좌정한 탑개가 연꽃 봉오리로 장식돼있고 널방 천정에 만개한 연꽃이 그려져있어 불교적 영향을 부인하기 어렵다. 묘실 천정의 중앙에 만개한 연꽃을 그려넣는 일은 안악3호분 이후 초기와 중기의 고분벽화에서 일반적으로 나타나며, 경상북도 순흥의 어숙술간묘(於宿述干墓)와 고령 고아동(古衙洞) 고분의 천정 그림에서 보듯이 신라와 가야 지역에까지 전해졌다.[18]

5세기의 무덤 쌍영총(雙楹塚)의 〈공양행렬도(供養行列圖)〉(그림73)와 무용총(舞踊塚)의 〈접객도(接客圖)〉(그림42) 등의 벽화에는 불교 스님의 모습이 그려져있어서 주인공이나 부인의 생활 속에서 불교의 역할이 컸음을 엿보게 한다. 이를 보면 불교는 중기에 이르러 매우 폭넓게 신봉되었던 듯하다.

이러한 사실을 적나라하게 보여주는 고분이 지안에 있는 장천1호분(長川1號墳)이다. 2실묘인 이 고분의 널방 벽면과 천정의 천장고임 등에는 일체의 세속적 장면을 피하고 오로지 연꽃무늬만으로 장엄돼있어서 불교의 절대적 비중을 절감하게 한다. 묘주가 안치된 널방의 내부를 온통 불법(佛法)의 세계로 꾸며놓은 것이다.

6 (왼쪽) 〈승려〉 쌍영총 널방 동벽 〈공양행렬도〉 부분, 5세기
7 (오른쪽) 〈승려〉 무용총 널방 북벽 〈접객도〉 부분, 5세기

한편 앞방과 널방을 잇는 통로의 윗편과 천정의 천장고임 등에는 〈예불도(禮佛圖)〉, 보살상, 비천상(飛天像), 연화화생(蓮花化生, 만물이 연꽃에 의해 극락에서 다시 태어남을 이르는 불교적 관념) 장면, 연꽃 등이 적극적으로 표현돼있어서 불교의 정토(淨土)를 연상시킨다(그림8, 9, 10).[19] 이를 통해 중기에는 불교의 영향이 최고조에 이르렀음을 엿볼 수 있다. 그러나 이처럼 불교의 영향이 넘치는 고분이면서도 제일 중요한 널방의 천정에는 연꽃 문양이 사라지고 대신 태양을 상징하는 일상(日像)과 달을 상징하는 월상(月像) 그리고 북두칠성이 차지하고 있어서 곧 다가올 불교의 쇠퇴를 암시한다(그림11). 장천1호분은 불교의 융성과 함께 쇠퇴의 기미를 아울러 보여

8 (위) 〈예불도〉 장천1호분 앞방 북벽 윗부분, 5세기
9 (아래 왼쪽) 〈보살상〉 장천1호분 앞방 서벽 윗부분, 5세기
10 (아래 오른쪽) 〈연화화생도〉 장천1호분 앞방 천장고임, 5세기

주는 셈이다.

후기에 이르면 불교의 영향은 현저하게 감소하고 대신 도교의 영향이 지배적인 경향을 띤다. 단실묘의 네 벽은 청룡, 백호, 현무, 주작의 사신이 독차지하고 음양오행사상(陰陽五行思想)을 반영하게 되었다.[20] 천정의 중앙부에서 연화문을 밀어내고 그 자리에 일상과 월상이 들어섰다. 이러한 변화는 앞에서도 지적하였듯 이미 5세기 후반 장천1호분의 널방 천정에서 나타나기 시작했다(그림11).

11 〈일상·월상·북두칠성〉 장천1호분 널방 천장석, 5세기

후기 고분들의 천장고임에는 부처와 보살 대신에 여러 신선들이 그려졌다. 마치 불교의 패퇴와 도교의 입성을 보는 듯하다. 후기의 벽화에서 간취되는 이러한 종교 문화의 교체는 연개소문에 의해 이루어진 국가적 차원의 도교진흥책과 일치하는 현상이다.[21]

후기에 풍미했던 신선사상은 강서대묘(江西大墓)나 통구사신총, 지안의 5회분 4호묘 등의 천장고임에 그려진 용과 봉황 혹은 학을 타고 하늘을 나는 신선의 모습에서도 엿볼 수 있다(그림13). 그 중 학을 타고 나는 신선의 모습을 그린 〈승학선인도(乘鶴仙人圖)〉는 5세기의 무용총 천정에서도 나타나는데 소극적이나마 중기부터는 자리를 잡기 시작했음이 확인된다(그림 12). 어쨌든 후기의 도가사상이나 신선사상 등은 고구려의 종교·사상과

12 (왼쪽) 〈승학선인도〉 무용총 널방 천정부, 5세기
13 (오른쪽) 〈승학선인도〉 5회분 4호묘 널방 천장고임, 7세기 전반

관련하여 불교와 함께 그 의의가 매우 크다고 할 수 있다.

이 밖에 또 한 가지 주목되는 것은 강서대묘와 지안 지역의 통구사신총, 5회분 4호묘와 5호묘의 천정 중앙부에 황룡(黃龍)이 등장한 점이다(그림14). 후기의 고분이라도 연대가 이른 경우에 천정의 중앙에 일상과 월상을 그리는 것이 상례였으나 7세기에 축조된 일부 고분들 천정에는 새롭게 황룡이 등장했다. 초기와 중기의 만개된 연꽃무늬가 후기의 일상과 월상으로 대체되었다가 또다시 황룡으로 바뀌게 된 것이다.

황색은 중앙을 의미하는 색이다. 그러므로 황룡은 천하의 중심을 상징하는 존재다. 그래서 황색은 천하의 중심을 자처하는 중국의 황제만이 사용할 수 있다고 믿었다. 그러기에 중국의 황제는 황포(黃袍)를 입었고 그의

14 〈황룡〉 5회분 4호묘 널방 천장, 7세기 전반

궁궐은 노란 기와로 지붕을 이었다. 그런데 고구려 말기의 이 고분들 천장의 중앙에 황룡이 등장한 것이다. 이는 고구려가 중국과 함께 천하의 중심을 이루고 있다고 믿었던 신념의 구현이 아닐까 생각된다.[22]

강서대묘를 제외하고 이 고분들의 축조연대가 벽화의 내용, 화풍, 채색 등으로 보아 고구려의 문화가 절정을 이루었고 연개소문이 도교를 적극적으로 보급하던 7세기 중엽(640년대)으로 추정되는 점도 흥미롭다.[23] 혹시 고구려가 천하의 중심이라는 사상이 연개소문의 지배하에서 새롭게 강화되었던 것은 아닐까 추측된다. 그리고 이곳의 황룡은 세 개의 발톱을 지닌 모습인데, 네 개의 발톱을 가진 중국 용과 비교해 격이 떨어지기 때문이라기 보다는 발톱의 숫자에 따른 차등 개념이 성립되지 않았거나, 지안 지역이 당시 수도가 아니었기 때문으로 생각된다. 그런데 왜 평양 지역보다 지안 지역에서 황룡이 더 적극적으로 등장하였는지도 규명을 요하는 과제의 하나다.

과학기술성

고구려가 고도의 과학기술을 가졌던 사실도 고분벽화에서 확인된다. 그 가장 대표적인 증거를 지안 지역의 5회분 4호묘에서 찾아볼 수 있다. 이 고분은 고구려의 고분 중에서 가장 화려하고 장식성이 뛰어난데, 판석 위에 직접 그려진 그림의 채색이 1400년이 훨씬 지난 지금도 떨어지지도 변하지도 않은 채 마치 최근에 칠한 것처럼 밝고 선명하다. 여름이면 습기가 심하여 물방울이 맺히고 줄줄 흘러내리기도 하지만 채색이 떨어지기는커녕 오히려 더 선명하다. 초기와 중기에 회를 바르고 그린 그림이 심한 박락(剝落)의 피해를 입고 있는 것과 대조적이다. 이는 고구려가 결국 변하지 않는 안료와 강력한 접착제를 만들어낼 수 있을 정도로 뛰어난 과학기술을 발전시켰음을 증명해준다.[24]

이 고분의 천장고임에는 농신(農神)과 함께 수신(燧神, 불의 신), 철을 다루는 야철신(冶鐵神), 바퀴를 만드는 제륜신(製輪神), 돌을 가는 마석신(磨石神) 등이 그려져있어 큰 관심의 대상이 되고 있다(그림53, 79, 80). 이들은 과학기술을 대표하는 신으로 인류의 문명을 발전시키는 데 가장 중요하게 평가되어야 할 존재들이다. 그런데 이러한 신들이 고분의 벽화에 등장하는 것은 매우 특이한 일이다. 저자가 과문한 탓인지는 모르겠으나 이런 신들이 그려진 예는 다른 나라에서는 찾아볼 수 없고 오직 고구려 후기의 5회분 4호묘와 그 옆의 5호묘 뿐이다. 결국 이 신들이 비록 신화적이고 도교적인 성격을 띠고 있을지라도,[25] 고구려인들이 과학기술을 매우 중시했음을 말해주는 훌륭한 증거라 보지 않을 수 없다.

이 밖에 초기의 고분벽화에 종종 보이는 건축물과 별자리의 그림 들도 고구려의 건축술과 천문 등 과학기술을 말해주는 사례라 하겠다.[26] 고분벽화와는 직접적인 관계가 없지만 고구려 영토의 이곳저곳에 남아있는 석성(石城)의 축성술과 각종 문화재의 제조기법들도 고구려의 과학기술이 얼마나 뛰어난지를 잘 말해준다.[27]

국제성

고구려는 중국, 서역 등지의 문화를 수용하여 자체적인 문화를 창출하고, 이를 백제, 신라, 가야, 일본 등에 전하며 국제적인 기여를 하였다. 이처럼 고구려의 문화는 중국의 문화와 함께 동아시아 지역의 양대 선진 문화였다. 따라서 고구려의 문화가 강한 국제성을 띠었던 것은 당연하다고 하겠다.

고구려가 중국, 한반도 내의 다른 나라들, 일본 등과 활발히 문화 교류를 하였다는 사실은 대체로 잘 알려져있는 편이나 서역과의 관계에 관해서는 별로 소개돼있지 않다.[28] 즉 동아시아 지역 내에서의 교류만 주로 다뤄져왔다. 이에 여기서는 고구려 고분벽화에 보이는 서역 문화 요소를 몇 가지 살펴봄으로써 고구려 문화가 지녔던 국제성을 밝혀보고자 한다.

벽화로 장엄된 고구려의 고분들은 구조적인 측면에서 볼 때 천정이 소위 말각조정(抹角藻井, Lantern Roof)으로 돼있는 경우가 많다. 정사각형의 묘실 위에 천정을 만들 때 벽면 상단의 네 모서리에서 판석을 내밀어서 맞붙여 덮으면 천정의 열린 면적은 반으로 줄어들고, 내부에서 올려다보면 벽면의 네 귀퉁이에 네 개의 삼각형 덮개가 보이게 된다. 이것을 되풀이하여 천정의 면적을 반씩 줄이며 판석을 덮어 천정을 마무리하는 방법이다(그림2).[29]

이러한 말각조정은 아르메니아(Armenia), 키질(Kyzyl), 힌두쿠시(Hindu Kush) 산맥, 투르케스탄(Turkestan), 카슈미르(Kashmir), 투루판(Turfan) 등 중앙아시아 지역의 민가와 사원 건물에서 발견되며, 곳에 따라 마지막 열린 부분을 막지 않은 채 공기, 연기, 햇빛 등의 소통을 원활하게 하기도 하였다. 이로 미루어 보면 강수량이 많지 않고 추위가 심하지 않은 중앙아시아나 서아시아의 어느 지역에서 생겨나 동서로 퍼진 듯하다.[30]

어쨌든 이러한 말각조정을 적극적으로 수용한 나라는 동아시아 지역에서 오직 고구려뿐이다. 중국은 수용은 했지만 다분히 형식적이었고, 백제, 신라, 가야, 일본은 전혀 수용한 흔적이 보이지 않는다. 한반도 내에서는 고구려의 통치권이 미쳤던 지역에서만 발견된다.[31] 고구려는 안악3호

15 (왼쪽) 〈수박도〉 안악3호분 앞방 동쪽 곁방, 357년
16 (오른쪽) 〈씨름도〉(부분) 각저총 널방 동벽, 5세기

분에서 보듯 늦어도 이미 4세기부터 말각조정을 채택했고 5세기에는 더욱 일반화되었다(그림2). 이처럼 서역의 건축 양식인 말각조정을 적극적으로 받아들여 고분의 축조에 활용한 것은 고구려인의 진취성과 중국 외에 서방과의 활발했던 문화 교류를 증언해 준다고 볼 수 있다. 또한 고구려가 삼국 가운데 국제성이 가장 두드러졌음도 분명하게 드러내준다.

    서역 문화의 전래는 문물의 교역에 따른 간접 전래와 함께 서역인의 직접적 내왕에 따른 전래의 가능성도 배제할 수 없다. 이와 관련하여 안악3호분의 〈수박도(手搏圖)〉와 각저총(角抵塚)의 〈씨름도〉가 눈길을 끈다(그림 15, 16). 이 두 그림에서 한 사람은 고구려인인데 겨루는 상대는 큰 눈과 높은 매부리코를 지녀 서역인으로 여겨진다. 아마도 주인공이 자기보다 훨씬 체격이 크고 힘도 센 서역인과 겨루어도 이길 정도로 장사였음을 표현

17 〈천마〉 덕흥리 벽화고분 앞방 북벽 천정부, 408년

했으리라. 아무튼 이런 그림은 고구려에 서역인이 살았을 가능성을 강력히 시사한다. 범안호상(梵顔胡相)은 사천왕(四天王)이나 역사상(力士像) 등 불법의 수호를 담당하는 상징적 존재에서도 나타나지만 이 고분벽화에서는 생활 속에서 서로 힘을 겨루는 인물로 등장하고 있기 때문이다. 만약 이것이 사실이라면 고구려는 서역에서 찾아온 서역인을 통해서 직접 서역문화를 수용하기도 하고 서역으로부터 전해진 문물을 통하여 간접적인 수용을 하기도 하였던 것으로 볼 수 있다.32

또한 천정에 그려진 신수, 서조, 영초에 관한 연구가 아직 충분히 이루어지지 않아 단언하기는 어렵

18 〈천마〉 안악1호분 널방 천정부, 5세기

19 〈천마도〉 경주 천마총 출토, 신라, 5~6세기, 국립중앙박물관 소장

지만, 이 가운데 상당 부분이 중국에서 그 기원을 찾기가 어려워 서역에서 전래되었을 가능성이 매우 높다. 이러한 추측을 뒷받침해주는 것으로 벽화에 보이는 날개달린 말 천마(天馬, pegasus)와 뿔이 돋은 일각수(一角獸, Unicorn), 당초문(唐草紋, 세계적으로 광범위하게 나타나는 넝쿨무늬)과 팔메트(palmette, 길고 가느다란 잎사귀가 부채꼴로 퍼진 형태의 추상적인 식물무늬) 등이 있다.

중국에서도 서역에서 기원한 천마에 대한 관심이 대단했으나 고구려에서는 이미 408년의 덕흥리 벽화고분 천정에 나타났다(그림17). 말머리 부근에 '천마지상(天馬之像)'이라고 씌어있어 이 말이 천마임을 분명히 밝히고 있다. 수평을 이루며 날리는 갈기와 꼬리의 털이 달리는 천마의 속도감을 나타낸다. 이 그림은 날개가 없는, 현실적인 모습의 천마를 보여준다.

20 (위) 〈인동당초문〉 강서대묘
   널방 천장고임, 7세기 초
21 (아래) 〈팔메트〉
   5회분 4호묘 널방 북벽,
   7세기 전반

　날개가 있는 천마는 안악1호분에 그려져있다(그림18). 서방에서 전해진 상상 속의 날개 달린 천마가 중국과 고구려에서 날개가 없는 현실적 모습으로 정착된 것으로 여겨진다. 날개가 없는 천마의 모습은 무용총에 그려져 있다. 어쨌든 천마는 빠른 속도를 표현하기 위해 날개와 수평을 이룬 갈기와 꼬리털을 지닌 모습이다. 이로 미루어 보면 천마사상은 고구려에서 늦어도 5세기 초부터는 자리를 잡았음을 알 수 있다.

　고구려의 이러한 천마사상은 경주의 천마총(天馬塚)에서 출토된 〈천마도〉에서 보듯 5세기 말, 6세기 초에 신라에서도 자리를 잡은 것으로 믿어진다. 다만 신라의 천마도는, 혀를 길게 뺀 모습이고 머리에 외뿔의 흔적이 엿보여 일각수를 그린 것일 가능성이 높다는 주장도 있다.[33] 일각수의 전형적인 예는 지안의 삼실총(三室塚)에서 찾아볼 수 있다. 아무튼 이러한 예들은 고구려와 서역의 문화적 연관성을 말해 준다.

고구려 고분벽화에 자주 등장하는 당초문이나 팔메트 무늬 등도 서역과 고구려 사이의 불가분의 관계를 말해 준다. 특히 강서대묘의 당초무늬와 5회분 4호묘와 5호묘의 벽면에 등장하는 팔메트 무늬는 그 대표적 예다(그림20, 21). 서역과의 관계는 이 밖에 카프탄(caftan, 터키 사람들이 입는 기다란 상의로, 소매가 길고 양 옆이 트였으며 띠를 두름)을 위시한 복식과 요고(腰鼓, 허리에 차는 북)·5현 비파 등 악기의 그림에서도 확인된다.[34]

이상의 몇 가지 사례들만 보아도 고구려가 중국만이 아니라 멀리 떨어진 서역과도 긴밀한 문화적 연관을 맺고 있었음을 알 수 있다. 서역 문화의 수용은 중국을 통한 이차적인 것도 있었을 것이고 또 직접적인 인적·물적 교류를 통해 이루어진 것도 있었을 것이다. 이러한 서역적 요소들은 고구려의 문화를 종래와 달리 보다 넓은 시각에서 바라볼 필요가 있음을 명시해준다.

고분벽화의 미
— 세련성과 역동성

고구려의 고분벽화는 앞에서 대충 짚어본 역사·문화적 성격들 이외에 고구려인들의 미적인 특성도 잘 보여준다. 고구려 특유의 역동성과 멋, 세련성이 함께 엿보여 주목된다.

역동성과 율동성

고분벽화를 위시한 고구려의 미술에서 간취되는 제일 큰 특징은 힘차고 역동적이며 율동성이 강하다는 점이다.[35] 이러한 특성은 고구려가 막강한 중국 및 북방민족들과 끊임없이 충돌하면서 무사적이고 상무적(尚武的)인 군사대국으로 성장한 배경과 밀접한 연관이 있다. 지리와 기후적 환경도 한몫을 했을 것이다.

    고구려가 상무적인 사회였다는 사실은 무사, 역사(力士), 씨름, 사냥, 전투 등 힘과 직접 관련 있는 주제의 그림이 고분에 자주 등장하는 점에서도 쉽게 확인된다. 이러한 요인이 역동적이고 율동적인 경향의 미술을 낳게 했다고 믿어진다.

역동적이고 율동적인 경향은 4세기보다 5세기경에 더욱 뚜렷해졌다. 이를 분명하게 밝혀주는 그림이 무용총 널방의 서벽에 그려져있는 〈수렵도〉다(그림22). 주인공(맨 뒤 백마를 탄 인물)의 사냥 장면을 표현하였는데, 힘차게 말을 몰아 달리며 동물을 향하여 활을 겨누는 무사들과 다급하게 달아나는 동물들이 어우러져 화면 전체를 쏜살같은 속도감, 팽팽한 긴장감, 터질 듯한 박진감으로 넘쳐나게 한다. 생명을 걸고 쫓고 쫓기는 사람들과 동물들의 다급한 동작이 숙달된 솜씨로 잘 묘사돼있다. 생명이 경각에 달린 호랑이의 뒤집힌 눈과 벌어진 입에서는 절망적인 위기감이, 달리는 말의 부릅뜬 눈에서는 힘찬 활력이 느껴져 화가가 심리묘사까지 시도했나 하는 생각마저 든다. 들판 곳곳에 위치한 산들조차 굵고 가는 구불구불한 선으로 표현돼있어서 강한 율동감을 자아내면서 역동적인 사냥 장면의 박진감을 한층 고조시킨다. 이처럼 〈수렵도〉는 고대의 사냥 그림들 중에서 가장 뛰어난 작품으로 고구려 미술의 특성을 제일 잘 나타냈다고 할 수 있다.

이 밖에 중요한 인물일수록 뒤쪽에 크게 포치(布置)시켜 그리고, 신분이 낮은 사람일수록 앞쪽에 두어 작게 그림으로써 역원근법(逆遠近法)적 구성을 보여주는 점, 산을 근경에서 원경으로 갈수록 거리에 따라 흰색—빨강색—노랑색으로 표현한 설채(設彩, 먹으로 바탕을 그린 다음 채색) 기법 등은 고대 중국을 위시한 동아시아 지역 회화의 보편적 원리다.

무용총 〈수렵도〉의 연원은 후한대(後漢代)에 만들어진 '금착수렵문동통(金錯狩獵文銅筒, 도쿄 예술대학 소장)'의 수렵 장면에서 보듯이 중국 한대 미술의 영향으로 볼 수 있겠으나(그림45), 고구려의 〈수렵도〉가 훨씬 역동적

22 〈수렵도〉 무용총 널방 서벽, 5세기

23 〈수목·현무도〉 진파리1호분 널방 북벽, 7세기 전반
24 〈연꽃무늬와 구름무늬〉 부여 능산리 고분, 백제, 7세기

이다. 즉 국제적 보편성과 독자적 특성을 함께 보여준다고 하겠다.

이러한 고구려적 특성은 5세기 초에는 아직 충분히 숙성되지 않았던 듯하다. 이 점은 408년의 덕흥리 벽화고분 앞방 동쪽 천정에 그려진 같은 주제의 〈수렵도〉와 비교해 보면 알 수 있다(그림70).[36] 무대장치처럼 일렬로 늘어선 산, 미숙한 솜씨로 그려진 인물과 동물에서는 아직 무용총 〈수렵도〉에서 보고 느낄 수 있는 역동성과 율동성, 긴장감과 속도감, 박진감을 나타내지 못하였다. 아마도 반세기 이상 지난 5세기 중엽, 혹은 말엽에

25 〈현무도〉 통구사신총 널방 북벽, 7세기 전반

나 고구려적 특성이 뚜렷한 모습을 드러내게 됐다고 생각된다.

이와 같은 고구려적 특성은 후기에 이르러 더욱 완연해지는데, 진파리 1호분(眞坡里1號墳)과 통구사신총의 〈현무도(玄武圖)〉는 그것을 입증하는 대표적 사례다. 먼저 7세기 전반에 축조된 것으로 믿어지는 진파리1호분의 〈수목·현무도〉는 U자형 나무들이 마련한 공간의 중앙에 현무를, 그 위편에 비운과 연꽃을 표현하였는데 모든 것이 큰 규모의 동세(動勢)에 휘말려 있다(그림23). 마치 웅장한 음악에 맞추어 큰 동작으로 춤을 추는 듯한 느낌을 자아낸다. 이러한 동세는 중국 육조시대 한 석관의 표면에 새겨진 석각화(石刻畵)에서도 나타난다(그림57).[37] 그러나 고구려의 것이 훨씬 동세가 크고 율동감도 더 강하게 표출돼있다.

이러한 고구려적 동세는 진파리 고분에서 출토된 맞새김 용봉문(龍鳳紋) 금동관형장식(金銅冠形裝飾)에서도 마찬가지로 나타난다(그림26). 이 금속공예품의 디자인에서는 중앙의 일상문(日象紋)인 해 속의 삼족오(三足烏)를 중심으로 모든 것이 대각선 방향으로 꿈틀대며 상승하는 동감(動感)을 자아낸다. 강한 율동성이 느껴진다. 이러한 고구려의 동세는 부여 능산리(陵山里) 벽화고분의 천장에 그려진 비운·연화문에서 보듯 백제에도 전해졌다(그림24).[38] 다만 이 백제의 벽화에서는 빠르고 강한 고구려의 동세가 한결 누그러지고 완만해져서 백제화한 것이 차이라 하겠다.

고구려 미술의 동적인 특성은 7세기 초의 통구사신총의 〈현무도〉에 이르러 절정을 이루었다(그림25). 거북이와 뱀이 뒤엉켜 격렬한 동작을 연출한다. 뱀의 몸은 새끼처럼 꼬이고 매듭처럼 엉켜있어 동작의 격렬함을 그대로 노정한다. 모든 주변의 것들은 파도처럼 소용돌이친다. 선명한 색채는 조명처럼 폭발적 분위기를 고조시키고 있다. 천지음양합일(天地陰陽合一)의 격렬함이 역동적으로 묘사돼있다. 이러한 〈현무도〉는 고구려 후기의 벽화 이외에 다른 나라에서는 찾아 볼 수 없다. 고구려 미술의 독자적 특성이 7세기에 이르러 가장 뚜렷하게 구현되고 표출되었음이 잘 드러난다.

멋과 세련성

군사대국 고구려에서 힘에 넘치는 역동적 미술이 발전하였던 사실은 쉽게 이해가 되겠지만 동시에 멋과 세련성(洗鍊性)이 넘치는 문화가 발전했던 사실은 대개 간과하기 쉽다. 그러나 고구려는 멋과 세련미의 나라였다. 이 점은 고구려 고분벽화의 이곳저곳에서 확인된다. 몇 가지 예를 살펴보자.

26 〈맞새김 용봉문 금동관형장식〉
진파리7호분 출토, 7세기

아무래도 멋과 세련성은 남녀의 차림새에서 찾아보는 것이 제일 용이할 것이다.

먼저 5세기 쌍영총의 기마 인물상과 세 여인상이 관심을 끈다. 전자는 조우관(鳥羽冠)을 쓰고 활과 화살을 챙겨 말을 타고 가는 남자의 모습이다. 말고삐를 잡고 적당한 속도로 달려가는 늠름한 자세, 약간 홍조를 띤 갸름하고 잘 생긴 얼굴, 팔을 약간 걷어올린 옷매무새 등이 멋쟁이 고구려 무사의 늠름한 모습을 부족함 없이 드러냈다(그림27).

27 〈기마무사상〉 쌍영총 널길 서벽, 5세기

후자는 남자 주인공을 향하여 서있는 세 여인으로, 그들은 춤이 긴 저고리와 잔주름치마를 입고 머리띠를 하고 양 볼에 연지를 발랐다(그림28). 현대적 감각을 풍기는 차림새라 아니할 수 없다. 이런 세련된 여성은 역시 5세기에 축조된 수산리 고분에서도 찾아 볼 수 있다. 눈이 크고 예쁜 얼굴이 차림새와 함께 돋보인다.

수산리 벽화고분의 〈곡예도(曲藝圖)〉에 보이는 여주인공은 춤이 길고 붉은 깃과 단이 대어진 검은 저고리에 색동 주름치마를 입고 연지를 발랐다(그림29). 쌍영총 그림에서는 손을 소매 속에 감추고 있는데, 이 여주인공은 소매 밖으로 내어 공수(拱手, 왼손을 오른손 위에 얹는 공손한 태도) 자세를 취하고 있다.

28 (왼쪽) 〈여인상〉 쌍영총 널길 동벽 〈거마행렬도〉 부분, 5세기
29 (가운데) 〈여인상〉 수산리 고분 널방 서벽 〈곡예감상도〉 중 묘주 부인, 5세기
30 (오른쪽) 〈여인군상〉 일본 아스카 다카마쓰 고분 널방 서벽, 7~8세기

그런데 이 색동 주름치마는 이미 408년의 덕흥리 벽화고분에서 시녀들과 직녀(織女)가 입고 있다(그림38). 이는 5세기 초 고구려에 이미 색동 주름치마가 있었으며 낮은 신분의 여인들도 입었음을 말해준다. 어쨌든 이러한 고구려의 세련된 색동 주름치마가 일본에 전파되었음이 다카마쓰 고분의 벽화에 의해 확인된다(그림30).[39] 또한 현대까지 이어져온 우리나라의 색동저고리의 연원도, 다만 치마로부터 저고리로 색동이 옮겨졌을 뿐 고구려의 색동 주름치마에서 비롯되었을 가능성을 배제할 수 없다.

고구려 여인들의 멋과 세련성은 머리 모양에서도 잘 드러나는데, 삼실총의 여인이 하고 있는 애교머리는 그 압권이라 할 수 있다(그림31). 볼 양쪽으로 가늘게 흘러내린 머리카락들이 끝에서 윗쪽을 향하여 구부러진 모양을 하고 있는데 이러한 모양은 불에 달군 인두 등으로 공들여 만들지 않으면 나올 수 없는 형태다. 멋과 세련성을 나타내기 위한 고구려 여성들의 미에 대한 집념의 일단을 엿볼 수 있다. 고구려가 힘만을 중시했던 나라가 아님을 쉽게 확인할 수 있다.

이제까지 고구려의 미술과 문화를 고분벽화에 의거하여 살펴보았다. 중국과 서역의 미술과 문화를 수용하여 국제적 보편성을 띠면서도 고구려만의 수준 높고 다양한 문화를 발전시켰으며, 독자적 특성을 뚜렷하고 분명하

31 〈애교머리를 한 여인〉
삼실총 제1실 남벽, 5세기

게 확립하였음을 확인할 수 있다. 또한 백제, 신라, 가야, 일본에 미술과 문화를 전해서 그 나라의 문화 발전에 기여하였음도 확인된다. 이처럼 고구려는 중국과 함께 동아시아 지역의 선진 문화국가로서 양대 축을 이루었음도 알 수 있다.

앞으로 고구려의 미술과 문화를 보다 폭넓고 구체적으로 연구하기 위하여 그 유적과 문화재를 대부분 소유·관할하고 있는 북한 및 중국과의 본격적인 학술교류를 모색해야 할 필요가 있다. 또한 역사와 더불어 문화의 각 분야를 함께 연구하여 문헌사의 한계성을 보완·극복하고 고구려를

좀 더 넓은 시각에서 올바르게 조망함으로써 그 독자성과 공헌을 분명하게 밝히는 작업도 절실하다.

아울러 중국만이 아니라 서역과의 관계를 좀더 적극적으로 규명하고 동시대의 다른 나라들에 어떠한 영향을 얼마나, 어떻게 미쳤는지도 더욱 구체적으로 밝혀야 하겠다.

고구려
회화의 변천

01 고구려 고분벽화의 흐름

고구려 고분벽화는 3세기가 훨씬 넘는 긴 역사와 다양한 문화적 복합성을 지니고 있다. 고분의 구조, 벽화의 내용과 주제, 벽화의 수준과 화풍 등은 특히 주요한 요소들이다. 이것들은 시대의 변천에 따라 많은 변화를 겪었다. 그 중에서 무덤의 구조상의 특징과 그 시원 및 변모에 관해서는 고고학자들의 연구에 힘입어 비교적 구체적으로 밝혀져있다.

그러나 고분 내에 그려진 벽화 자체에 관한 연구는 아직도 미흡한 점이 많다. 고분벽화의 대체적인 내용은 어느 정도 파악이 되어있지만, 각종 신수, 서조, 영초를 비롯한 다양한 주제들에 관해서는 아직도 규명이 안 되어있는 것들이 허다하다. 앞으로 주제별 연구가 적극적으로 이루어져야 하겠다. 이것이 제대로 이루어져야 고구려 미술 문화의 복합적 성격이 더욱 구체적으로 밝혀지게 될 것이다.

고구려 고분벽화에 관한 연구와 관련하여 가장 미흡한 것은 고분벽화의 화풍에 관한 것이다. 고분벽화가 보여주는 화풍의 특징과 양식적 변천에 관해서는 연구가 거의 돼있지 않다. 이는 고분벽화 연구가 주로 고고학자나 역사학자들에 의해 이뤄져왔고, 이를 심층적으로 파고드는 미술사가가 없었던 데 일차적인 원인이 있음을 부인할 수 없다.

고분벽화는 회화이기 때문에 일차적으로 회화사적 연구가 가장 긴요하다고 해도 과언이 아니다. 그럼에도 불구하고 고구려 고분벽화에 관해서는 회화사적 고찰이 제대로 이뤄지지 않았다. 이는 본말이 전도된 것이나 다름이 없다고 할 수 있다. 벽화가 지니고 있는 제반 화풍의 특징과 양식의 변천에 관한 회화사적 연구는 그 연원, 시대적 변천, 고분의 편년, 외국과의 교류 등 다양한 측면을 규명하는 데도 결정적인 도움이 된다.

저자는 이러한 입장에서 고구려 고분벽화를 초기, 중기, 후기의 대표적인 벽화고분들의 예를 중심으로 하여 화풍의 특징과 양식적 변천을 다각적인 측면에서 고찰해보고자 한다. 앞으로의 보다 구체적인 연구를 위한 초석이 된다면 더없이 다행이겠다.

초기의 고분벽화
— 생전의 모습과 삶의 기록

안악3호분의 벽화

안악3호분은 현재까지 발견된 벽화가 있는 고분 가운데 절대연대가 밝혀진 가장 오래된 것으로, 고구려 고분벽화의 시원으로 주목받고 있다. 이 고분은 현무암과 석회암 판석으로 구축된 석실봉토분으로 남쪽에서 북쪽으로 난 널길, 널길방(羨室), 앞방과 그 동·서편의 곁방, 그리고 널방으로 구성돼있는 다실묘다.

널길의 벽에 무덤을 지키는 위병(衛兵)이, 동쪽 곁방에는 부엌·고깃간·외양간·차고(車庫)가, 그리고 서쪽 곁방에는 묘주와 부인의 초상화가 그려져있다. 앞방 남쪽 벽에 〈무악의장도(舞樂儀仗圖)〉, 널방의 동벽과 서벽에 〈무악도(舞樂圖)〉, 널방의 동쪽과 북쪽의 회랑에는 긴 〈행렬도〉가 있다.

서쪽 곁방 입구 좌우에 시종무관 혹은 수문장에 해당하는 장하독(帳下督)이 그려져있는데, 왼쪽 장하독의 머리 위에 "영화(永和) 13년(357) 10월, 무자삭(戊子朔) 26일 계축(癸丑), 사지절(使持節) 도독제군사(都督諸軍事) 평동

32 〈장하독과 묵서명〉 안악3호분 서쪽 곁방 입구, 357년

장군(平東將軍) 호무이교위(護撫夷校尉)이고 낙랑상(樂浪相) 창려현토(昌黎玄菟) 대방태수(帶方太守)이자 도향후(都鄕候)이며 유주(幽州)의 요동군(遼東郡) 평곽현(平郭縣) 도향(都鄕) 경상리(敬上里) 사람인 동수(冬壽)는 자가 □안(□安)으로 벼슬을 하다가 69세에 죽었다"는 내용의 글이 씌어있어 묘주의 국적에 대한 논란이 있었다(그림32).[40]

즉 묵서명에 등장하는 대로 중국 전연(前燕)의 장군이었다가 고구려에 투항한 동수의 무덤이라는 중국의 주장과 미천왕(美川王, 재위 300~331년)이나 고국원왕(故國原王, 재위 331~371년)의 능이라는 북한 학자들의 설이 대립해왔다.[41] 그러나 묵서명이 장하독의 머리 위에 옹색하게 씌어있고, 묘주가 왕만 쓸 수 있는 백라관을 썼으며, 왕을 상징하는 3단 정절이 초상화 옆에 그려져있고, 〈행렬도〉에는 주인공 앞쪽에 '성상번(聖上幡)'이라고 붉은 글씨로 쓴 검은 깃발이 보이는 점 등으로 보아 묘주는 왕의 신분임이 분명하다. 묵서명에 언급된 동수는 묘주가 아니라 장하독이라고 생각된다(그림1, 32, 33).[42]

어쨌든 이 묵서명으로 인해 안악3호분의 축조 연대와 함께 고구려에서 늦어도 4세기경에는 이미 벽화가 그려지기 시작했다는 사실이 밝혀졌다.

33 〈묘주와 성상번 깃발〉 안악3호분 널방 동벽 〈행렬도〉 부분, 357년

    이 고분의 벽화 중에서 가장 관심을 끄는 것은 말할 것도 없이 서곁방 서벽의 묘주 초상화와 남벽의 부인 초상화다. 묘주는 장막이 드리워진 탑개 안에 정좌한 채 오른손에 털부채 모양의 지물(持物)을 들고 왼손으로 설법하는 듯한 손모양을 하고 있다(그림1). 머리에는 평정관(平頂冠)을 쓰고 그 위에 백라관을 겹쳐 썼으며,[43] 붉은 옷을 입었다. 이러한 사실로 미뤄볼 때 묘주는 왕의 신분을 지닌 지체 높은 인물이며 벽화에서 신격화돼있음을 알 수 있다.

    앉음새는 가파른 어깨와 넓은 무릎 등 전체적으로 정삼각형에 가까운 모습이다. 또한 좌우의 시종들을 직위에 따라 크기를 달리 그려 주인공을 중심으로 하여 삼각형 틀을 형성하고 있다. 이러한 삼각구도와 표현 방법은 고졸하고 고전적인 방식으로, 동양 인물화에서 보편적으로 나타나는

34 〈부인 초상〉 안악3호분 서쪽 곁방 남벽, 357년

가장 오래된 특징이다. 또한 인물들의 좁고 가파른 어깨는 같은 시대 동아시아의 불상 양식과도 통한다. 그리고 묘주의 얼굴은 아직 고려나 조선시대 초상화에서 느낄 수 있는 것과 같은 개성을 충분히 살리지 못하였다. 우리나라에서 제작연대가 확실하게 밝혀진 가장 오래된 초상화여서 그 회화사적 의의가 더없이 크다.

부인의 초상화는 무덤 주인공의 초상화와는 솜씨가 완전히 달라 다른 화가의 작품으로 여겨진다(그림34). 그러나 개성을 살리지 못한 점은 마찬가지다. 부인과 그 앞뒤의 여인들은 두터운 볼, 가늘고 긴 눈, 작은 입 등 모두 똑같은 얼굴이다. 서벽의 묘주를 향해 앉은 자세라 얼굴 측면이 드러난 부인은 농려풍비(濃麗豊肥)한 자태에 무늬가 있는 화려한 옷을 입고 있다. 이 그림에서 신분에 따라 여인들의 머리 모양에 차이가 있었음도 알 수 있다.

안악3호분에서는 이 밖에도 우물, 부엌, 고깃간, 차고, 외양간과 마구간 등이 그려져있어 당시 주인공을 비롯한 상류층 인물들의 풍족한 생활상을 엿보게 한다(그림35).

그러나 이 고분의 벽화에서 무엇보다도 주인공의 권세와 영화를 잘 드러내고 있는 것은 250여 명이 등장하는 대규모의 〈행렬도〉다(그림36). 길이 10미터, 높이 2미터의 회랑에 그려진 이 〈행렬도〉는 마차에 위풍당당한 모습으로 앉아있는 주인공과 그를 호위하고 행진하는 문무백관·의장병·기마병·무사·악대의 모습을 생생하게 보여준다. 군장을 완전히 갖추고 보무도 당당하게 행진하고 있는 각양각색의 무사들은 그대로 고구려군의 위용을 드러낸다. 많은 인원을 거리감, 공간감, 크기 등을 능숙하게 살려서 잘 표현하고 있어 놀랍다. 개인별 개성은 충분히 살리지 못했을지라도 전반적인 구성이나 비율에 있어서는 대단히 높은 수준을 이루고 있었음이 드러난다.

이 밖에 주인공이라고 생각되는 인물이 매부리코의 서역인과 대결하는 모습을 담은 〈수박도(手搏圖)〉도 관심을 끈다(그림15). 벽화에 서역인이 등장하는 것과 함께 천정 네 귀퉁이에서 삼각형 받침을 내밀어 면적을 줄여 올라가는 소위 '말각조정'이라는 독특한 지붕(그림2)이 나타나는 사실에서 고구려가 4세기에 분명히 서역의 문화를 중국의 문화와 함께 직·간접적으로 받아들이고 있었음을 알 수 있다.

또 하나 주목해야 할 것은 벽화에 나타난 불교적 요소다. 널방 천정에 그려진 만개한 연꽃(그림2), 묘주와 부인의 초상화에 그려진 탑개의 연꽃

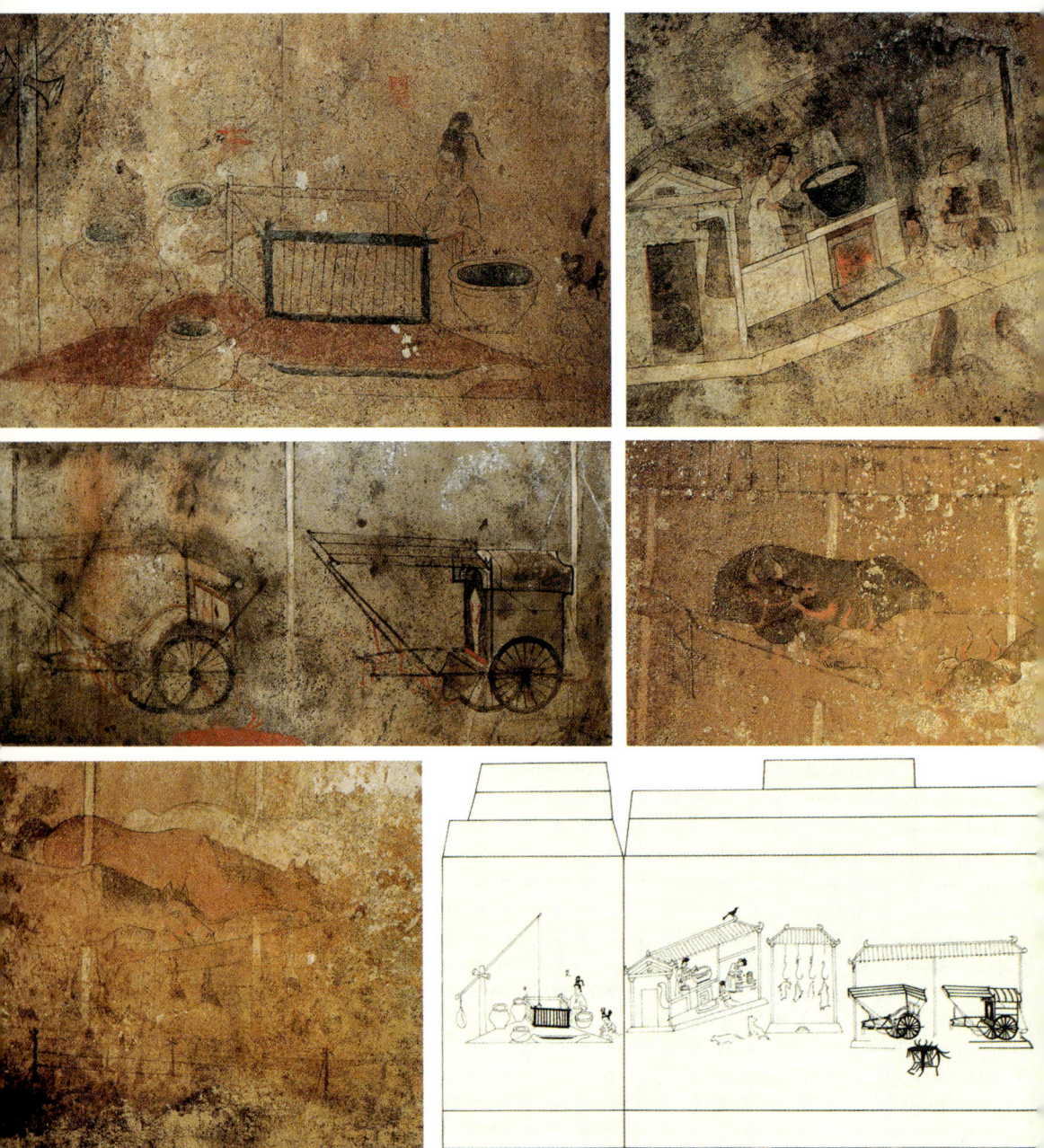

35 〈생활도〉 (왼쪽 위부터) 우물·부엌·차고·외양간·마굿간, 안악3호분 동쪽 곁방 동벽과 서벽, 357년

장식 등이 그 예들이다(그림3). 묘주와 부인이 들어앉아있는 탑개의 윗부분과 네 모퉁이를 각기 만개한 연꽃과 연꽃 봉오리로 장식한 것이다. 학자들 중에는 연꽃이 고분벽화에 나타났다고 해서 곧 불교의 영향을 받았다고 볼 수는 없다고 주장하는 사람도 있으나 수긍하기 어렵다. 불교의 영향이 아니라면 왜 굳이 연꽃을 그렸겠는가. 이는 분명히 불교와 불교 문화의 수용을 의미하는 것이다. 불교가 고구려에 공식적으로 들어온 때는 소수림왕 2년(372), 즉 안악3호분이 축조된 357년보다 15년이나 늦다. 따라서 불교는 실제로는 공식적인 문헌상의 기록보다 훨씬 전에 이미 부분적으로 고구려에서 수용되고 있었다고 생각된다.

탑개의 귀퉁이에 보이는 연꽃 봉오리의 특이한 모습은 고구려인들이 즐겨서 표현한 문양으로, 이와 똑같은 것이 고구려의 다른 고분들은 물론 일본 호류지에 소장돼있는 옥충주자의 받침 안쪽에서 발견되어 7세기 초의 작품인 옥충주자도 고구려계의 작품임이 우에하라 가즈 교수에 의해 확인된 바 있다.[44]

이제까지 안악3호분 벽화에서 주목을 요하는 점들을 간추려서 대충 소개하였는데 하나의 고분을 이처럼 중점적으로 설명한 이유는 이 고분벽화에서 볼 수 있는 여러 가지 요소가 안악3호분 이후에 축조된 고분의 벽화를 이해하는 데 대단히 중요하기 때문이다. 실제로 408년에 축조된 덕흥리 벽화고분, 5세기의 약수리(藥水里) 벽화고분을 위시한 초기의 벽화들에 나타나는 묘주의 초상화, 행렬도, 수렵도를 비롯한 많은 요소들이 안악3호분과 긴밀하게 연관돼있다.

36 〈행렬도〉(모사도) 안악3호분 널방 동쪽 회랑, 357년(《2004 남북공동기획 고구려문화전》)

37 〈묘주와 13군 태수〉 덕흥리 벽화고분 앞방 북벽(묘주)과 동벽(13군 태수), 408년

덕흥리 벽화고분의 벽화

357년의 연대를 지닌 안악3호분과 여러 가지 측면에서 가장 밀접하게 관련되는 고분은 말할 것도 없이 408년에 축조된 덕흥리 벽화고분이다.[45] 남포시 강서구역 덕흥리에 있는 이 고분은 1976년에 발견됐는데, 안악3호분과 마찬가지로 묵서명, 묘주의 초상화, 〈행렬도〉, 〈수렵도〉, 마굿간 그림 등을 지니고 있어 약 반세기에 이르는 연대 차이에도 불구하고 두 고분 사이에 불가분의 연관성이 있음을 엿볼 수 있다. 물론 반세기라는 시대 차이를 드러내는 요소도 많다. 다실묘인 안악3호분과 달리 앞방과 널방으로 구성된 여자형 2실묘인 점이 특히 그렇다.

앞방 북쪽 벽(앞방과 널방을 잇는 통로 위쪽)에 열네 줄에 달하는 긴 묵서명이 있다.[46]

□□군(□□郡) 신도현(信都縣) 도향(都鄕) □감리(□甘里)의 사람으로 석가문불(釋迦文佛)의 제자인 □□씨(□□氏) 진(鎭)이 지낸 관직은 건위장군(建威將軍), 국소대형(國小大兄), 좌장군(左將軍), 용양장군(龍驤將軍), 요동태수(遼東太守), 사지절동이교위(使持節東夷校尉), 유주자사(幽州刺史)다. 진은 77세에 죽었다. (묘는) 영락 18년인 무신년(戊申年) 12월 신유삭(辛酉朔) 25일 을유(乙酉)에 완성하여 영구를 옮겼다. 주공(周公)이 묘자리를 고르고 공자(孔子)가 날짜를 택했으며 무왕(武王)이 시간을 선택하였다. 시일을 가장 좋은 날로 택하였으니, 장례를 치른 후에 부(富)가 7대에 이르고, 자손은 번창하여 관직이 날로 높아져서 지위는 후왕(侯王)에 이르게 될 것이다. 묘를 쓰는 데는 1만 명의 공력이 들고, 날마다 소나 양을 잡았으며, 술과 고기, 쌀이 다함이 없었다. 또한 식염 자반 등 먹을 것이 창고 하나 분이었다. 적어서 후세에 전하노니 묘를 찾는 이들이 끊이지 않을지어다.

이 묵서명에 의하면 묘주의 이름은 진(성씨는 지워져 알아볼 수 없음), 높은 무관직을 포함해 각종 벼슬을 지낸 중요한 인물이며 영락 18년 12월 25일(양력으로는 409년 1월 26일)에 매장되었다. 또한 자손들이 부귀영화를 누리고 잘 살게 되기를 기원하는 뜻도 강하게 반영돼있는 점이 주목된다. 이밖에 불교 및 유교와도 깊은 연관성을 보여주고 있어서 관심을 끈다.

덕흥리 벽화고분의 그림 중에서 가장 먼저 관심의 대상이 되는 것은 물론 묘주의 초상화로, 앞방의 북벽과 널방의 북벽 두 군데에 그려져있어 흥미롭다. 앞방 북벽에는 보고를 하거나 인사를 드리는 13군 태수를 거느리고 앉아있는 위풍당당한 관리의 모습을 보여준다(그림37).

주인공은 대신급이 쓰는 청라관(靑羅冠)을 쓰고 오른손에 부채 모양의 지물(持物)을 들고 있으며 왼손은 설법을 하고 있는 듯한 형상이다(그림37). 탑개 안에 삼각형을 이루며 앉아 있는 당당한 모습, 설법을 하고 있는 듯한 몸짓, 관모의 형상, 고졸한 얼굴 표현 등 여러 가지 면에서 안악3호분의 주인공 초상화와 맥을 같이 하고 있음을 알 수 있다. 오직 세부적인 것들에서만 시대적 차이가 엿보인다.

묘주를 알현하고 있는 13군 태수들은 모두 얼굴과 차림새가 같아서 개성이 전혀 드러나지 않는다. 한결같이 큰 눈에 콧수염을 기른 모습이어서 마치 열세 명의 쌍둥이 형제를 보는 듯하다.

묘주의 초상화는 널방 북벽에도 나타난다. 다만 널방 북벽의 초상화는 벽면의 절반만을 차지하고 나머지 절반은 비어있는 것이 특이하다(그림61 통로 너머로 보이는 벽면의 그림 참조). 이는 묘주 부인의 초상화를 그려넣을 공간임이 분명하다. 부인의 초상화를 그리지 않은 이유는 분명치 않으나, 부인이 진보다 훨씬 후에 사망했으며, 5세기 초에 이미 주인공 단독 초상화와 함께 부부가 나란히 앉은 모습의 부부병좌상을 그리는 전통이 형성돼있었다는 점을 알 수 있다. 앞방에 그려져있는 주인공 단독상은 안악3호분의 전통을 이어받아 후에 태성리(台城里) 2호분, 감신총(龕神塚) 등의 주인공 초상화로 그 맥이 이어졌으며, 부부가 나란히 앉아있는 모습을 그리는 병좌상의 전통은 이후 약수리 벽화고분, 매산리(梅山里) 사신총, 쌍영총, 각저총 등의 부부초상화로 계승되었다고 판단된다.[47] 대체로 5세기 초 이후로는 주인공의 단독 초상화보다 부부병좌상이 더 보편화됐다.

덕흥리 벽화고분에는 안악3호분과 마찬가지로 긴 〈행렬도〉(그림68)가 그려져있는데 많은 인원이 등장하는 이러한 〈행렬도〉도 약수리 벽화고분으로 계승되었으나 곧 소멸된 듯하다. 덕흥리 벽화고분에서는 이 밖에도 주목을 요하는 내용의 벽화가 여러 가지 눈에 띈다.

먼저 〈수렵도〉의 출현이 주목된다. 앞방의 동쪽 천정에 말을 타고 사냥을 하는 무사들의 모습이 그려져있는데, 고구려 〈수렵도〉 중에서는 가장 오래된 것이다(그림70). 인물·동물의 표현이 아직도 고졸하다. 우리나라에서 제일 오래된 〈수렵도〉인 이 그림에 처음으로 산들이 표현돼있어 우리나라 산수화의 시원을 엿보게 한다. 그런데 산의 모습이 나무판자를 오려서 일직선상에 늘어놓은 듯 평면적이라 무대장치를 연상시킨다. 산봉우리에 서있는 나무들도 버섯처럼 단순한 모습이다. 어쨌든 이는 우리나라 산수화의 기원을 이해하는 데 가장 오래되고 중요한 자료가 된다는 의미에서 그 의의가 더없이 크다.[48]

덕흥리 벽화고분의 천정에는 안악3호분의 경우보다 훨씬 다양한 요소와 주제들이 표현돼있어 눈길을 끈다. 앞방 동쪽 천정에는 〈수렵도〉 외에도 일상과 양수지조(陽燧之鳥, 태양을 상징하는 새) 그리고 날개 달린 물고기가, 서쪽 천정에는 월상과 하늘을 나는 옥녀(玉女), 선인(仙人), 사람 모습의 천추상(千秋像)과 만세상(萬世像) 등이, 남쪽 천정에는 은하수, 견우와 직녀, 새 모양의 길리상(吉利像)과 부귀상(富貴像) 등이, 그리고 북쪽 천정에는 앞에 소개한 묵서명과 산, 천마 등이 묘사돼있다(그림38, 39, 40). 이 밖에도 천정부에는 비운, 별자리 등이 그려져있어 하늘을 상징하고 있음을 한눈에 알 수 있다. 천정의 그림들 중에서 동쪽의 양수지조는 신라시대 무덤인 기미년명(己未年銘) 순흥 읍내리 벽화고분의 동쪽에 그려져있는 태양을 상징하는 새의 원형이라는 점에서, 남쪽 천정의 〈견우직녀도〉(그림38)는 우리나라에서 가장 연대가 올라가고 남아있는 유일한 예이자 중국 전설의 한국화라

38 (위) 〈견우직녀도〉 덕흥리 벽화고분 앞방 천정부, 408년
39 (아래 왼쪽) 〈일상과 양수지조〉 덕흥리 벽화고분 앞방 천정부, 408년
40 (아래 오른쪽) 〈길리(위)와 부귀(아래)〉 덕흥리 벽화고분 앞방 천정부, 408년

는 점에서, 그리고 북쪽 천정의 천마(그림17)는 무용총의 천마와 신라 천마총 출토 〈천마도〉의 시원형이라는 사실에서 괄목할 만하다.[49]

　남쪽 천정에 그려져있는 직녀와 시녀들은 색동 주름치마를 입고 있는데 이러한 치마는 뒤에 수산리 고분의 부인상, 일본 나라(奈良) 아스카(明日香)에서 발견된 고구려계의 고분인 다카마쓰 고분 벽화 중의 여인군상에도 나타나고 있어서 크게 주목된다(그림30).[50] 이 점은 덕흥리 벽화고분에서 볼 수 있는 5세기 초의 고구려 복식이 후대의 고구려는 물론 7세기 말, 8세기 초의 일본에까지 지대한 영향을 미쳤음을 입증하는 것이다.

중기의 고분벽화
— 다양한 삶의 풍속

각저총과 무용총의 벽화

안악3호분과 덕흥리 벽화고분에서 알 수 있듯 고구려 초기 고분벽화의 가장 중요한 주제는 묘주와 부인의 초상화였다. 이와 함께 많은 인원이 등장하는 행렬도와 수렵도가 그에 버금가는 주제였음이 확인된다. 그러므로 초상화와 행렬도, 수렵도가 언제 사라졌는지 알아보는 것은 고분의 축조 연대를 추정하고 벽화의 변천을 이해하는 데 매우 중요하다.

이와 관련하여 어느 고분보다도 주목되는 것이 통구(지안 지역)의 루산(如山) 남쪽에 나란히 위치한 각저총과 무용총이다. 이 두 고분은 무덤의 위치와 구조, 천장의 형태, 벽화의 내용, 화풍의 발달 정도 등 모든 면에서 서로 비슷하여 연대의 차이가 크지 않다고 생각된다. 좀 더 구체적으로 살펴보면, 쌍분처럼 붙어있는 데다 2실묘이면서도 앞방 크기가 대폭 줄어들어 형식적으로 남아있고, 천정이 팔각을 이루며 좁혀 올라가며, 네모나게 다듬은 큰 돌을 쌓아올려 묘실을 축조한 점이 똑같다. 또한 벽면에 백회를 바른 후 벽화를 그렸고, 목조건축물을 재현하듯 벽면에 기둥과 도리 등을 그려넣었고, 벽화의 내용과 화풍도 대체로 유사하다. 이런 공통점들은 결국 각저총과 무용총이 비슷한 시기에 축조되었음을 말해준다.

그러나 두 고분 사이의 어느 정도의 시차를 시사하는 차이점 또한 엿보인다. 두 고분 중에서 각저총이 무용총보다 연대가 약간 올라간다고 믿어진다. 각저총이 안악3호분, 덕흥리 벽화고분, 약수리 벽화고분, 매산리 사신총, 감신총, 쌍영총 등 4~5세기에 축조된 초기 벽화고분과 마찬가지로 묘주와 부인의 초상화를 지니고 있는 반면에, 무용총에는 초상화가 없기 때문이다. 무용총에서는 초상화가 있어야 할 널방 북벽에 주인공이 스님들을 맞이하여 불법에 관하여 담소하는 모습이 서사적으로 표현돼있다. 이처럼 각저총과 무용총은 공통점이 많은데도 불구하고 전자가 초기의 초상화 전통을 계승한 반면에 후자는 그 전통으로부터 벗어나기 시작했음을 드러낸다.

각저총의 벽화 중에서 가장 중요한 것은 역시 널방의 북벽에 그려져있는 주인공 부부의 초상화다(그림67). 장막을 걷어 올린 널찍한 장방(帳房) 안에 주인공이 정면을 향하여 좌정해있고 그 좌측(그림을 향하여 우측)에 정부인과 부부인이 남편을 바라보는 측면관을 이루며 앉아있다.

주인공이 갑옷을 입고 허리에 칼을 차고 있으며, 그의 뒤쪽에 보이는 탁자 위에 활과 화살이 놓여있는 점과 부인들의 숙연한 자세와 분위기로 미루어 아마도 주인공이 출전을 앞두고 있지 않나 추측된다. 이처럼 각저총의 부부초상화는 그 이전의 초상화들과는 달리 단순한 초상화이기보다는 설명적이고 서사적이며 기록적인 성격이 강하다.

각저총의 벽화에서 주인공 부부초상화에 이어 주목을 끄는 그림은 이

41 〈씨름도〉(전체) 각저총 널방 동벽, 5세기

무덤의 작명(作名)에 근거가 된 〈씨름도〉다(그림41). 널방의 동벽에 그려져 있는 이 그림은 커다란 나무 밑에서 주인공이 서역인으로 여겨지는 사람과 맞붙어 씨름하는 장면이다. 이 그림은 우리나라 씨름의 기원을 이해하는 데도 대단히 중요한 참고자료가 된다.

기에 넘치는 부릅뜬 눈, 굵은 장딴지, 힘찬 동작, 가늘고 날카로운 필선 등이 돋보인다. 이는 각저총의 인물화가 안악3호분이나 덕흥리 벽화고분의 경우보다 훨씬 발전된 것임을 말해준다. 지팡이를 쥐고 심판을 보는 노인의 모습, 하늘을 상징하는 조문(鳥紋), 몰골법(沒骨法)으로 묘사된 나무 등도 눈길을 끈다. 특히 나무는 벽면을 이등분하면서 씨름 장면을 돋보이게 하는 중요한 기능을 발휘한다.

42 〈접객도〉 무용총 널방 북벽, 5세기

　무용총의 벽화 중에서 제일 주목해야 하는 것은 널방 북벽에 그려진 〈접객도〉다(그림42). 이전 같으면 주인공의 초상화가 그려졌어야 마땅할 이 벽면에 초상화 대신에 주인공이 스님들을 맞이하여 진지하게 설법을 듣는 장면을 그렸다. 이제 정면을 향해 정좌한 초상화가 사라지고, 묘주는 그가 겪었던 사건 속의 주인공으로 표현돼있는 것이다.

　주인공은 장방의 우측에, 그의 손님인 스님들은 좌측에 의자에 앉은 측면의 모습으로 자리하고 있다. 주인공이 가장 크게 그려졌고, 다음으로 첫째 승려가 그보다 약간 작게 묘사돼있다. 모든 등장인물들이 철저하게 신분과 중요성에 따라 크기가 조절돼있음을 엿볼 수 있다. 음식의 양과 탁자의 크기도 마찬가지이다.

43 〈무용도〉(부분) 무용총 널방 동벽, 5세기
44 〈무용도〉 장천1호분 앞방 서벽, 5세기

주인공과 시종들은 모두 춤이 긴 저고리를 왼쪽으로 여며 입고〔左衽〕 허리띠를 매었으며 점무늬가 있는 바지를 입고 있다. 주인공은 통이 넓은 바지인 '광고(廣袴)'를 입고 있으나 그에게 무릎을 꿇고 음식을 바치는 시종은 통이 좁은 '협고(狹袴)'를 입고 있어서 신분에 따라 바지의 폭도 달랐음을 알 수 있다.

무용총 널방 동벽에는 이 무덤의 이름과 직접 연관이 되는 〈무용도〉가 그려져있다(그림75, 43). 이 〈무용도〉는 너무나 잘 알려져서 더 이상 설명이 필요 없겠으나, 다만 무용수들이 한결 같이 둔부가 크고 얼굴이 예쁘며 수염이 없어서 여성들만으로 구성된 무용단의 공연 장면일 가능성이 높다고 생각된다. 남장을 한 무용수 중에 귀걸이를 한 인물도 있어서 그러한 추측을 더욱 신빙성 있게 한다. 그리고 무용수들이 모두 소매가 긴 옷을 입고 춤을 추고 있는데, 예외 없이 두 팔이 한쪽 겨드랑이에 붙어있는 것처럼 표현돼있다(그림43). 몸에 비하여 머리는 유난히 작게 그려져있다. 이러한 특이한 모습은 역시 지안에 있는 장천1호분에도 나타난다(그림44).

무용총의 벽화 중에서 가장 뛰어난 솜씨로 고구려다운 힘찬 기상을 잘 드러내고 있는 그림은 널방 서벽에 그려져있는 〈수렵도〉(그림22)다. 큰 나무가 우람하게 서있는 뒤편으로 여기저기 산이 늘어서고 사이사이 넓은 대지 위로 무사들이 말을 달려 사냥을 하고 있다. 목숨을 걸고 쫓고 쫓기는 인간과 동물 사이의 급박한 분위기가 팽팽하다. 힘과 동세를 중시하는 고구려 미술의 특성이 유감없이 표출돼있다. 뒤편 중앙에 가장 크게 그려진 백마를 탄 인물이 무덤의 주인공일 것이다. 사람과 동물의 모습과 동작이 대단히 능숙하게 그려져있다. 〈무용도〉에 비하면 회화 기법이 월등히 뛰어나 서로 다른 화가의 솜씨임이 분명하다. 이로써 고분의 벽화를 최소

45 〈수렵문〉 금착수렵문동통 표면, 후한시대

한 두 사람 이상이 분담하여 제작하였음을 알 수 있다.

　능숙한 인물 및 동물의 표현과는 대조적으로 산들은 굵고 가는 곡선들로 평면적, 상징적으로만 묘사돼있어 산수화는 5세기까지도 아직 초보적인 단계에 머물러있었음을 보여준다. 그러나 전반적으로 5세기 초에 그려진 덕흥리 벽화고분의 산보다는 훨씬 발전된 모습임을 부인할 수 없다.[51] 산들의 색깔이 근경으로부터 원경으로 갈수록 '흰색→빨간색→노란색'으로 되어있어서 거리에 따라 백·적·황으로 채색하는 중국의 설채(設彩) 원리가 수용되었음도 알 수 있다.

　무용총의 〈수렵도〉가 주목을 끄는 주된 이유는 그것이 5세기경의 우리나라가 회화적으로 얼마나 발달했는지, 인물화와 산수화를 함께 대조하여 보여주기 때문이다. 이 〈수렵도〉에 보이는 인물들은 같은 무용총의 널방 동쪽 벽에 그려진 춤추는 인물들의 비합리적인 모습(두 팔이 모두 한쪽 어깨에서 나온 듯 그려져있음)과는 대조적으로 매우 능숙하게 묘사돼있다. 말을 휘몰아 달리면서 앞으로 또는 뒤를 향하여 힘껏 활을 당기는 무사들의 당당한 모습, 사력을 다하여 허겁지겁 도주하는 호랑이와 사슴들, 그리고 눈을 부릅뜨고 이들을 뒤쫓는 말들과 사냥개들, 이 모든 인물들과 동물들이 함께 어우러져 하나의 '드라마틱'한 장면을 그려낸다. 너무나 힘차고 극적이어서 요란한 말발굽 소리와 산짐승들의 비명과 사냥개들의 짖는 소리가 들리는 듯하다. 생명의 보존과 탈취를 위한 필사적인 경쟁이 고구려적 기상이 넘치는 그림 〈수렵도〉에 극적으로 묘출돼있는 것이다. 앞뒷발을 힘껏 뻗어 달리는 동물이나 이에 부응하는 사람의 동작에서 어색하거나 비합리적인 모습은 찾아볼 수 없다.

이에 비하면 산과 나무들은 그 묘사에 있어서 아직 초보적 단계를 벗어나지 못하고 있다. 산들은 단지 굵고 가는 검은 파상선(波狀線)들을 반복하여 나타내고 있을 뿐이다. 이 산은 자연의 산이 지니고 있는 부피나 공간, 산다운 분위기 등을 지니고 있지 못하다. 이 산은 사냥이 벌어지는 곳을 상징적으로 나타내고 있을 뿐이다. 그러나 물결치는 듯한 모양의 산들은 율동적인 느낌을 자아내어, 극적인 장면에 더욱 박진감을 가한다.

나무는 아직 초보적이고 고졸한 솜씨다. 나뭇가지들은 오그라든 고사리순 같고, 나무는 '손바닥 위에 주먹밥을 올려놓은 듯한' 모습이다. 이렇듯 〈수렵도〉를 통해서 5세기경의 우리나라 회화가 인물화와 동물화는 크게 발달했으나 산수화는 여전히 초보적인 단계에 놓여있었음을 알 수 있다.

고대의 수렵 장면은 한대(漢代)의 '금착수렵문동통'(그림45), 무용총보다 연대가 올라가는 매산리 사신총과 삼실총, 흥륭사지(興隆寺址)에서 발견된 통일신라시대 수렵문전(狩獵文塼) 등에도 나타나 있지만, 어느 것도 힘차고 율동적이고 기운생동하는 무용총의 〈수렵도〉를 따르지 못한다.

장천1호분의 벽화

통구에 축조된 고구려 중기의 벽화고분들 중에서 주목을 끄는 또다른 무덤으로 장천1호분과 삼실총이 있다.[52] 두 고분 모두 말각조정으로 된 천정의 삼각형 천장고임 앞면에 반쯤 앉은 자세로 두 손을 들어 천정을 받치고 있는 역사상을 그렸다.

물론 두 고분 사이에는 무덤의 구조와 벽화의 내용에서 현저한 차이가 있음도 부인할 수 없다. 장천1호분이 앞방과 널방으로 이루어진 2실묘인 데 비하여 삼실총은 세 개의 방으로 이루어진 점이 그 단적인 차이이다. 또한 장천1호분의 벽화가 강렬한 불교적 색채를 띠는 데 비하여 삼실총은 온통 역사상으로 채워져있다. 아마도 삼실총은 장군의 무덤인 듯하다.

장천1호분에서 우선 주목되는 점은 널방의 천정 꼭대기에 일상과 월상 그리고 두 개의 북두칠성이 그려진 것을 제외하고는(그림11) 오로지 연꽃만으로 장식돼있다는 사실이다. 이처럼 널방을 연화문만으로 장식한 것을 보면 불교의 영향이 극에 달해있었음을 알 수 있다.

장천1호분 앞방 동벽에는 가무 장면과 이를 감상하는 주인공 부부의 그림이 있다. 적갈색의 굵은 선을 그어 벽면 전체를 3단으로 구획하고, 제일 상단에 노래하는 사람들과 주인공 부부를, 그 아랫단에 춤추는 인물들과 이를 감상하는 인물들을 표현하였다. 이처럼 벽면을 3단으로 구분한 이유는, 널방에는 일체 인물풍속도를 그리지 않게 되면서 생긴 화면의 제약을 효율적으로 해결하고자 한 때문으로 믿어진다. 어쨌든 앞방 동쪽 벽화가 가무 장면이 주를 이루고, 또 춤추는 인물들의 모습이 한쪽 겨드랑이에서 두 팔이 나오는 것처럼 보이는 등 무용총 널방 동벽의 벽화와 유사한 사실은 장천1호분이 무용총 벽화의 전통과 유관함을 시사한다.

46 〈수렵야유회도〉 장천1호분 앞방 서벽, 5세기

　장천1호분과 무용총의 이러한 연관성은 전자의 앞방 서벽에 표현돼있는 수렵 장면이 후자의 널방 서벽에 보이는 〈수렵도〉와 소재면에서 밀접한 데서도 확인된다(그림46과 22 비교). 다만 장천1호분의 〈수렵도〉는 무용총의 〈수렵도〉와 달리 한 벽면에 수렵 장면과 야유회 장면을 함께 묘사했다. 따라서 장천1호분의 앞방 서벽의 벽화는 〈수렵야유회도(狩獵野遊會圖)〉라고 불러야 마땅할 것이다. 이 장면은 5세기 고구려에서 남자들이 사냥을 할 때 여성이나 어린이, 시종들은 야유회를 가졌음을 알려준다.

47 〈역사상〉 장천1호분 앞방 천장고임, 5세기

    이처럼 수렵과 연희의 두 가지 장면을 한 화면에 그려넣은 예는 이 밖에도 고구려의 영향을 받았다고 믿어지는 일본 쇼소인(正倉院) 소장의 자단목장(紫檀木裝) 비파의 표면에 부착된 붉은 가죽 위에 그려진 그림에도 나타나고 있어 주목된다(그림113).[53]

    이 장천1호분의 〈수렵야유회도〉는 힘차고 동적이며 활력이 넘쳐 무용총 〈수렵도〉에 버금가는 그림이라 할 수 있다. 이러한 수렵도는 덕흥리 고분, 약수리 고분, 무용총 등에도 나타나있어서 상호 연관성을 엿볼 수 있다. 또한 이 그림의 우측 상단에는 활엽, 침엽, 열매가 함께 난 신비한 나무가 보여 흥미롭다(그림46). 〈수렵야유회도〉의 나무는 비록 현실에 존재하지 않는 나무지만 무용총 〈수렵도〉의 나무보다 훨씬 나무다운 모습을 지니고 있어서 나무 표현이 좀 더 발전되었음을 말해준다.

벽면에 그려진 이러한 생활풍속 못지않게 눈길을 끄는 것은 앞방 천정 부분에 다양하게 그려진 불교적인 내용들이다. 그 중에서도 제일 먼저 주목하게 되는 것은 앞방과 널방을 잇는 통로 입구 위편에 묘사돼있는 〈예불도〉(그림8)다. 대좌 위에 앉은 부처의 모습은 5세기 고구려 불상을 이해하는 데 크게 참고가 된다.[54] 좁고 가파른 어깨, 삼각형을 이룬 앉음새, 둥근 깃이 달린 옷, 배 앞에 모아쥔 손의 모습이 4세기 중국의 불상이나 서울 뚝섬에서 발견된 삼국시대 초기의 불상과 대단히 유사하다. 6세기 이전의 고구려 불상이 남아있지 않고 더구나 절의 금당(金堂)에 봉안되었던 대형의 고구려 불상이 전해지지 않고 있는 현실에서 이 〈예불도〉는 고구려의 5세기 불상 이해에 큰 참고가 된다. 상단과 하단이 상하 대조를 이룬 대좌, 대좌 좌우에 혀를 빼고 앉아있는 삽살개 모양의 사자, 머리를 땅에 박을 듯이 예를 표하는 여인의 모습 등이 주목된다. 장천1호분 앞방 천정에는 이 밖에도 연화좌 위에 서 있는 보살들, 연화화생 장면 등이 각종 연꽃 그림들과 함께 그려져있어 강렬한 불교적 색채와 분위기를 자아낸다(그림9, 10).

이러한 불교적 소재들 이외에 천정의 삼각형 받침 앞면마다 그려놓은 역사상도 주목할 만하다(그림47). 엉거주춤하게 앉은 채로 두 손으로 천정을 받쳐든 모습의 역사들은 고구려 고분들 가운데 삼실총과 통구사신총에서 가장 많이 등장한다.

삼실총의 벽화
묘실이 셋인 삼실총의 제1실 남벽 상단에는 주인공 부부와 시종·시녀가,

48 〈매사냥〉 삼실총 제1실 남벽, 5세기
49 〈문루와 무사〉 삼실총 제1실 북벽, 5세기

하단에는 말을 탄 채 왼팔에 매를 올려놓은 남자의 모습이 그려져있다(그림48). 주인공 남자는 무용총의 묘주에 비해 훨씬 통이 넓은 바지를 입고 있으며 그 뒤를 성장(盛裝)한 부인이 따르고 있다. 주인공 부부의 모습을 서사적으로 표현한 점이 무용총과 상통한다고 볼 수 있다.

제1실의 북벽에는 성곽과 무사들의 전투 장면이 그려져있다 (그림49). 지그재그 식으로 돼있는 성곽에는 성문과 문루가 보이며 전투에 임하는 무사들은 완전 군장을 하고 있다. 쌍영총

50 〈역사상〉 삼실총, 5세기

의 무사도와 비교되나 그림 솜씨는 훨씬 뒤지는 편이다.

삼실총에는 이 밖에 연화화생 장면, 악기를 연주하는 신선, 사신, 일각수를 비롯한 신수, 서조 등 비교적 다양한 소재들이 표현돼있다. 연화화생 장면과 연꽃 등은 장천1호분과 많은 연관성이 엿보인다.

삼실총의 벽화 중에서 가장 강렬한 느낌을 자아내는 것은 역사상이다 (그림50). 역사들은 묘실의 입구를 지키는 역할인 듯한데, 갑옷을 입고 칼을 찬 모습, 뱀을 목에 걸어서 늘어뜨린 모습 등 다양하다. 삼각형 천장받침 표면에 그려진 역사상들은 장천1호분처럼 무릎을 굽히고 앉아 두 손으

로 천정을 받쳐든 형태다(그림47과 비교). 이들은 한결같이 넓은 어깨, 가는 허리, 굵은 팔목과 발목, 기에 넘치는 부릅뜬 눈을 지녔다. 또한 둥근 깃이 달린 옷, 곡령의(曲領衣)를 입고 있어 일반적인 옷과 차이가 있다. 이들은 초자연적인 힘과 능력을 지닌 것으로 표현돼있다. 선이 힘차고 날카로워 눈길을 끈다. 이처럼 장천1호분과 삼실총은 5세기 고구려 중기 벽화의 다양한 측면을 보여준다.

후기의 고분벽화
— 도교와 신선의 세계

고구려의 고분벽화는 6~7세기에 이르러 큰 변화를 겪었다. 첫째로 무덤의 구조가 널길이 딸린 널방만 있는 구자형(口字型)의 단실묘로 단일화됐다. 다실묘나 2실묘는 완전히 사라졌다. 지안에 있는 5회분 4호묘 같은 경우에는 하나의 좁은 묘실에 관대(棺臺)가 넷이나 마련돼있는데 이를 통해 후기에 단실묘를 고집하는 경향이 얼마나 단호했는지 엿볼 수 있다. 일부 다처제(一夫多妻制)의 결혼제도도 엿보인다.

둘째로 묘실은 큰 판석을 짜 맞추어 축조하고 돌 위에 직접 벽화를 그렸다. 큰 벽돌 모양으로 돌을 다듬어서 쌓은 후에 백회를 바르고 그림을 그렸던 중기의 전통과 확연한 차이를 보인다. 물론 판석으로 묘실을 만들고 그 위에 직접 벽화를 그리는 유습은 안악3호분에서 보듯 4세기부터 있었으나 후기에는 보편적이고 지배적인 경향으로 자리 잡게 되었다.

셋째로 벽화의 주제와 내용도 변화를 겪었다. 묘실의 벽면에 주인공과 관계가 깊은 인물풍속화를 주로 그리던 중기와는 달리 후기에는 강서대묘, 통구사신총을 위시한 대표적 고분들에서 보듯 네 벽을 사신으로 채웠다. 동벽에 청룡, 서벽에 백호, 남벽에 주작, 북벽에 현무를 그려 무덤을 수호하게 한 것이다. 사신에 나타나는 다섯 종류의 동물들은 앞에서도 지적하였듯 음양오행사상을 나타낸다.

이처럼 네 벽에 사신을 그려넣고 천정에는 각종 초자연적인 존재를 표현하는 방식이 보편화된 데서 후기 고구려에 도가사상이 미친 영향이 어떠했나를 짐작할 수 있다. 이는 초기와 중기를 풍미한 불교와 큰 대조를 보이는 현상이다.

전반적으로 후기에는 벽화의 내용이 이전에 비하여 단순화되었다. 인물풍속이 사신 위주의 벽화로 대체되면서 종래의 다양하고 생생한 문화적 제반 양상을 폭넓게 살펴보는 일이 더 이상 어렵게 되었다. 이는 묘실이 적어진 데 따른 화면의 축소가 빚어낸 결과이기도 하다.

넷째로 벽화의 솜씨와 수준이 훨씬 발전했다. 비록 벽화의 주제와 내용은 단순해졌으나 기법이나 기량은 초기와 중기에 비하여 현저하게 세련됐다. 모든 대상의 표현이 더욱 자연스럽고 사실적이며 세련된 모습을 보여준다. 초기와 중기의 벽화에서 종종 볼 수 있던 어색하고 고졸한 경향이 후기에는 거의 사라졌다.

비단 표현 솜씨만이 아니라 구도나 구성면에서도 탁월함을 드러낸다. 일례로 5회분 4호묘나 5호묘 같은 경우, 네 벽으로부터 천정 꼭대기에 이르기까지 모든 것이 빈틈없이 체계적으로 짜여있어 내부에 서서 보면 마치 입체화된 만다라를 대하는 듯한 감동을 느끼게 된다. 이처럼 후기의 벽화는 모든 면에서 전에 비하여 수준이 두드러지게 높아졌다.

다섯째로 힘차고 동적인 고구려 미술의 특성이 더욱 뚜렷해졌다. 통구

사신총의 〈현무도〉를 보아도 이를 쉽게 깨닫게 된다(그림25). 거북과 뱀이 머리를 서로 마주하고 노려보는 모습, 거북의 몸을 휘감은 뱀의 몸체가 마구 꼬이고 뒤틀린 모양, 두 동물의 격렬한 동작에 따라 파도의 물결처럼 마구 튀어오르는 듯한 주변의 구름들, 이 모든 것이 어우러져 극도로 힘차고 폭발적인 분위기를 자아낸다. 이는 강서대묘의 〈현무도〉(그림106)보다도 훨씬 격렬한 것으로서 고구려적인 특성이 6세기를 거쳐 7세기에 이르러 극에 달했음을 말해준다.

여섯째로 색채가 후기에 이르러 더욱 선명해졌다. 빨강, 파랑, 노랑, 초록 등 모든 색깔이 극도로 밝고 선명하면서도 전혀 야하지 않은 우아함을 지니고 있다. 이와 함께 결코 가볍게 볼 수 없는 것은 이 시대의 색채와 관련된 과학기술이다. 판석의 표면에 직접 칠해진 이 시대의 채색들은 심한 결로(結露) 현상으로 인하여 줄줄 흘러내리는 물기에도 불구하고 전혀 떨어져나가지도 변색되지도 않는다. 고도로 발달된 접착제의 개발 없이는 불가능한 일이라 하겠다. 선명하고 변하지 않는 안료의 발달도 이 시대 벽화와 관련하여 절대로 빼놓을 수 없는 업적이다.

후기의 고분벽화는 화려한 문양이 그려진 인동당초문대(忍冬唐草紋帶)나 용문대(龍紋帶, 그림51)에 의해 벽면 부분과 천정 부분이 구분되는데 벽면에는 앞에서 이미 지적하였듯 사신을 그리고 천정에는 신선, 신수, 서조, 영초, 일상, 월상, 용, 비운문 등 하늘을 상징하는 요소들을 다양하게 표현했다. 통구 지역의 후기 고분들은 널길 좌우에 문을 지키는 역사상을, 벽면의 네 귀퉁이에 천정을 받치는 역사상을 그렸는데 이는 중기에 축조된 지안 지역 고분인 장천1호분과 삼실총의 전통을 이은 것으로 보인다.

같은 통구 지역의 후기 고분벽화이면서도 통구사신총과 5회분 4호묘

51 (위) 〈용문대〉 5회분 4호묘 널방 석대, 7세기 전반
52 (아래) 〈팔메트와 목엽문〉 5회분 4호묘 널방 동벽(〈청룡도〉)의 벽면 구성, 7세기 전반

및 5호묘의 사이에는 벽화의 내용과 표현 방법에서 시기적인 차이가 엿보인다. 5회분 4호묘 및 5호묘는 벽면을 수많은 망상문(網狀紋) 혹은 나뭇잎 문양(木葉紋)으로 구성하고 그 안에 각각 인물, 인동문, 팔메트(palmette)문, 화염문(火焰紋) 등을 그려넣었다(그림52). 전체적으로 화려하고 치밀한 그물 무늬를 보는 듯 복잡하면서도 장식적인 효과를 자아낸다.

또한 뒤틀리고 꼬인 용들이 수없이 많이 등장하여 고구려인의 용 신앙을 엿볼 수 있는데 천정의 중앙에는 황룡이 용틀임하고 있어 용 신앙의 극치를 보여준다. 초기와 중기에는 만개한 연꽃, 그 후에는 일상과 월상이 차지하던 천정의 중앙을 왕을 상징하기도 하는 황룡이 점령하게 된 것이다. 이러한 특징은 통구사신총보다 5회분 4호묘와 5호묘에서 더욱 강하게 나타나며, 이는 5회분 4호묘와 5호묘가 더 나중에 만들어졌음을 의미한다.

5회분 4호묘와 5호묘의 천정 및 천장고임 벽화들 중에서 특히 관심을 끄는 그림은 삼족오(三足烏)로 상징되는 일상을 머리에 받쳐 든 인면사신(人面蛇身)의 남성인 복희(伏羲)와 섬여(蟾蜍, 두꺼비)로 표상되는 월상을 머리에 이고 있는 여성인 여와(女媧)와 함께, 인류 문명의 발달에 크게 기여한 농신(農神), 수신(燧神), 야철신(冶鐵神), 제륜신(製輪神) 등이다(그림53, 79, 80). 이러한 농신, 수신, 야철신, 제륜신 등 인류 문명의 발달에 크게 기여한 전설적인 인물들의 모습이 왜 통구 지역의 이 고구려 후기 고분들에 등장하고 있는지는 알 수 없으나 다른 곳에서는 발견된 예가 없는 대단히 획기적인 벽화다. 고구려인의 세계관이나 과학기술을 존중하던 문명관과 밀접한 연관이 있음이 틀림없다.

이 신적인 존재들은 표정이 살아있고 동작에 생동감이 넘치며 포치가 합리적이어서 고구려 후기 회화의 발달상을 한눈에 알 수 있다. 복희나 여

53 〈농신과 수신〉 5회분 4호묘 널방 천장고임, 7세기 전반
54 〈승학선인도〉 통구사신총 널방 천장고임, 7세기 전반

와의 눈은 살아있어서 이미 화가들이 기(氣)를 불어넣어 기운생동(氣韻生動)하는 표현을 할 줄 알았음도 보여준다(그림81). 또한 함께 등장하는 나무들도 구성요소로서 중요한 역할을 할 뿐 아니라, 전에 비하여 사실성 있는 형태가 구현됐다(그림53, 79, 80). 또 하나 주목되는 사실은 나무를 그린 기법이 초기나 중기와 마찬가지로 여전히 몰골법(沒骨法, 윤곽선 없이 채색하는 회화 기법)이라는 점이다.

학이나 용을 타고 하늘을 나는 신선의 모습도 인물화의 발달 정도를 가늠하는 데 큰 참고가 된다. 특히 통구사신총의 천정에 그려진 학을 탄 신선 그림은 서역에서 전래된 튜닉을 입고 있는 모습이어서 중국적인 신선사상과 어우러져 특이한 양상을 보여준다(그림54).

고구려 후기의 산수화

고구려의 회화는 6세기 말부터 7세기 중엽에 큰 발전을 이루었다. 고구려의 화공들이 일본에 건너가 백제계의 화공들과 실력을 겨루며 활동하였던 것도 이 시기다. 고구려 회화의 발달상은 후기의 고분벽화에서도 잘 나타난다. 단실묘가 주를 이루는 이 시대 토총 내부의 벽화들은 대체로 전대에 비하여 구성은 더 논리적으로, 표현 효과는 더 힘차고 '리드믹'해졌다. 색채도 훨씬 선명해졌다. 모든 면에서 고구려적인 특색이 가장 두드러지게 나타나는 시기다. 이러한 후기 고분벽화의 특색은 중요시되는 널방 벽면의 〈사신도〉뿐 아니라 천장부와 천장고임 등에 그려진 각종 그림과 문양에서도 마찬가지로 간취된다.

그러나 이 시대의 고구려 고분벽화에서 엿볼 수 있는 가장 괄목할 만한 사실은 중기에 비하여 산수화가 더욱 발전하였다는 점이다. 후기의 고분벽화 중에서 산수화가 그려져있는 예로는 평안남도 강서군 우현리의 강서대묘, 평안남도 중화군의 진파리1호분 그리고 평양시의 내리1호분(內里1號墳) 등이 있는데, 중기의 무용총 〈수렵도〉에 그려진 산이나 나무들보다 훨씬 발전된 모습을 보여준다.

강서대묘의 널방 천장 받침 1층에 그려진 산은 가운데 높이 솟은 주산을 중심으로 좌우에 객산들이 보좌하는 듯한 모습의 삼산(三山) 형식을 갖추고 있다(그림55). 이 산들은 근거리에서 원거리로 후퇴하면서 겹쳐져 있고, 등성이도 밋밋하여 매우 사실적이다. 또한 산다운 맛이 십분 나타나있다. 그리고 삼각형에 가까운 흙산과 그 주위에 솟아난 돌산의 모습이 구분되고 있으며, 흙산 표면에는 산의 주름이나 계곡의 물줄기를 나타내기 위한 꼬불꼬불한 선들이 엿보인다. 흙산 꼭대기에 자라난 나무들도 비교적 나무다운, 사실적인 자태를 보여준다. 이는 곧 6세기 말이나 7세기 초에 축조되었으리라 생각되는 강서대묘에 그려진 산이 그보다 이른 시기의 무용총 〈수렵도〉에서 보이는 상징적인 산형과는 달리 사실적인 형태로 발전되었음을 말해준다.

진파리1호분의 널방 북벽에 현무와 함께 그려진 나지막한 언덕과 나무들도 산수화적인 요소로서 크게 주목된다(그림23). 널방 북벽의 좌우에 낮은 언덕이 보이는데 그 위에는 두 갈래진 나무 한 그루씩이 대칭을 이루며 서있다. 나무들 사이의 넓은 공간에는 현무가 선묘로 그려져있고 그 위에는 비룡(飛龍), 비운, 인동, 연화 등이 음악에 맞추어 춤추듯 날고 있어 신비롭기 그지없다.

그런데, 화면의 하단부에 가로로 일정한 거리를 두어 수목이나 산을

55 (위) 〈산악도〉 강서대묘 널방 천장고임, 7세기 초
56 (가운데) 〈산악도〉 내리1호분 널방, 7세기
57 (아래) 〈석각산수인물도〉 중국, 육조시대, 미국 캔사스시 넬슨갤러리 소장

배치하고 그 사이사이의 공간에 주제를 묘사하는 양식은 한대부터 육조시대까지의 미술에서 종종 볼 수 있는 특색이다. 진파리1호분의 이러한 구도상의 특징이나 바람에 날리는 듯 유연한 모습의 나무도 육조시대 미술의 영향을 바탕으로 발전된 것이라 할 수 있다. 진파리1호분의 이 벽화와 가장 유사한 육조시대 미술의 작례로는, 이미 김원용 박사가 지적하였듯 약 525년경에 제작된 석관의 표면에 새겨진 석각화(石刻畵)가 있다(그림57). 둘을 비교하면 진파리1호분의 나무들이 좀 더 곡선적이고 유연하다. 그리고 진파리1호분의 벽화에 보이는 큰 동세는 같은 진파리에서 출토된 '맞새김 용봉문 금동관형장식'의 그것과 놀랍도록 유사하여 고구려 후기 미술문화의 공통점을 절감하게 한다(그림26).

이러한 진전상(進展相)은 내리1호분의 널방 동북우 천장 받침에 그려진 〈산악도〉에서도 엿볼 수 있다(그림56). 내리1호분의 산도 강서대묘의 산과 비슷한 삼산형이다. 역시 주봉과 객산의 모습이 보이고 그 주변에는 머리에 봇짐을 이고 있는 듯한 모양의 구부러진 나무들이 흩어져 서있다. 어느 고구려 고분벽화보다도 산다운 분위기다. 이 그림을 통해서 우리는 고구려 후기의 산수화 발달 정도를 어림해볼 수 있다.

02
고구려의 인물화

선사시대의 선각화(線刻畵)를 논외로 하고, 문방사보를 이용한 진정한 의미에서의 회화는 삼국시대부터 발전했다. 1987년에 경상남도 의창군 동면 다호리에서 기원전 1세기의 것으로 믿어지는 세형동검과 각종 칠기 등의 일괄유물과 함께 다섯 자루의 붓이 출토되어 삼국시대 이전에 이미 붓을 사용한 서화(書畵)의 제작이 이루어졌을 가능성을 강렬히 시사한다. 그러나 실제로 남아있는 작품은 삼국시대 중엽 이전의 것이 없는 실정이다. 따라서 현재로서는 작품들이 남아있는 삼국시대 중반부터 우리나라 고대 회화의 발전을 추적할 수 있다.

삼국시대의 왕조들 중에서 가장 풍부한 회화자료를 남긴 나라는 바로 고구려다. 고구려는 토총의 내부에 각종 그림을 그린 이른바 벽화고분을 많이 축조하였던 관계로 다양한 회화자료를 남겨놓았다. 이러한 고구려의 고분벽화는 주인공의 초상화를 비롯한 각종 인물화는 물론 복식, 산악과 수목, 건축 및 성곽, 각종 기물, 신수, 서조, 영초, 일월성신 등 실로 다양한 소재를 다뤄 다방면의 연구에 도움을 준다. 또한 고구려의 회화는 백제·신라·가야·일본 등 동아시아 각국에 영향을 미쳤고 발해 회화의 토대가 되기도 하였다. 이렇게 볼 때 삼국시대의 회화 중에서 고구려의 그것을 가장 중시하지 않을 수 없다. 이러한 관점에서 고구려의 회화를 중심으로 하여 우리나라 고대 회화의 특징과 그 변화의 양상을 알아보고, 회화예술에서 가장 중요하지만 적극적인 연구가 거의 이뤄지지 않은 인물화를 살펴보고자 한다.

고구려의 고분벽화에 관하여는 국내외의 여러 학자들이 비교적 다양한 연구 결과를 내놓아 많은 참고가 된다. 그러나 막상 고분벽화의 핵심이 되는 인물화에 관한 본격적인 연구는 거의 이루어진 바 없다. 아마도 고(故) 최순우(崔淳雨) 박사의 〈고구려 고분벽화 인물도의 유형〉이 고구려의 인물화에 관한 거의 유일한 업적이 아닐까 생각된다.[55] 그러나 이 논문도 복식에 의거한 인물화의 유형을 살펴보았을 뿐 인물화 자체의 양식을 분석하고 비교 검토를 시도하지는 않았다. 이처럼 고구려의 인물화에 관한 연구는 앞으로 더 많은 학자의 적극적인 천착이 요구된다.

이 장에서는 고구려 문화의 성격이나 회화의 특징을 잘 반영하고 있다고 여겨지는 벽화고분의 주인공과 부인의 초상, 행렬도, 수렵도, 생활풍속도, 투기도(鬪技圖) 등, 대표적인 예들을 중심으로 고구려 인물화의 양식적 고찰을 시도하고자 한다.

그런데 고구려의 벽화를 다루다 보면 여러 가지 어려움에 봉착하게 된다. 무엇보다도 고구려의 벽화를 실사(實査)할 수 있는 기회가 제한되어있다는 점이다. 고구려의 벽화고분들이 폐쇄적인 중국과 북한에 남아있어서 차분하고 면밀한 조사가 어려울 수밖에 없다.

이와 함께 고구려 벽화 연구상의 또 한 가지 지극히 어려운 점은 편년의 문제이다. 대부분의 고분들이 절대연대를 가지고 있지 않아 상대연대를 추정할 수밖에 없는데 그것이 학자마다 달라 연대 변화에 따른 양식의 변천을 정확하게 단정하기 어렵다. 물론 고분의 구조, 벽화의 내용, 화풍의 숙달 정도 등을 종합하여 상대편년을 시도해왔지만 대단히 복잡한 요소들이 다양하게 얽혀있어 결론 내리기 어렵다.

이 밖에도 지안 지역과 평양 지역의 고분벽화에는 복식, 벽화의 내용, 중국 문화의 수용 태도 등에 어느 정도 차이가 있는 점도 고구려 문화와 고분벽화를 연구하는 데 간단치 않은 문제라고 생각한다. 이러한 여러 가지 점을 고려하여 기왕의 연구 업적을 토대로 하면서 회화사적 입장에서 고구려 고분벽화에 나타나는 인물화를 요점으로 살펴보고자 한다.[56]

지금까지 밝혀진 100여 기의 벽화고분에 그려진 그림의 내용을 보면 실로 풍부하고 다양하다. 벽면에는 초기의 경우처럼 주인공의 초상화와 생활상 등 인물풍속을 그리거나, 중기의 예에서 보듯이 주인공과 관련된 행사나 사건을 서사적이고 설명적으로 묘사하는 것이 상례였다. 중기에는 이러한 인물풍속과 함께 천정이나 벽면에서 사신을 그려 넣기도 하였다. 천정에 그려지던 사신이 점차 벽면으로 내려왔으므로, 사신이 그려진 위치에 따라 시기의 차이가 있다. 즉 〈사신도〉는 시대가 흐름에 따라 천정으로부터 점차 벽면으로 내려오게 되었다고 볼 수 있다.

이 점은 후기의 고분벽화에서 더욱 뚜렷하게 확인된다. 즉 후기에는 강서대묘, 진파리1호분, 통구사신총 등 대표적인 고분에서 알 수 있듯 사신이 네 벽을 각각 하나씩 차지하게 되었고 주인공과 관련된 인물풍속화는 자취를 감췄다. 이는 불교보다 도교의 영향이 커진 데 그 주된 이유가 있다고 생각된다.⁵⁷ 이 때문에 통상적인 인물이 사라진 대신 여러 신선이 등장한다.

고구려 고분벽화의 구성요소 중에서도 가장 중요시되는 것은 말할 것도 없이 주인공의 초상화, 주인공과 관련된 행사나 사건에 참여한 사람들을 묘사한 인물화다. 특히 초기와 중기의 벽화에서 인물이 차지하는 비중은 절대적이다. 그러나 후기로 가면서 초기와 중기의 다실묘나 2실묘의 전통과는 달리 단실묘가 주를 이루고 그나마 네 벽을 사신이 차지하게 됨으로써 주인공의 초상이나 기타 인물들의 묘사가 배제되었다. 특히 초기와 중기에 현저하게 나타나던 불교 양식이 후기로 오면서 도교로 바뀌는, 사상과 신앙의 변화 추이와 표현 공간의 축소가 함께 작용하여 인물의 묘사가 생략될 수밖에 없었던 것이다.

주인공 초상화
— 무덤 주인공의 모습

고구려에서는 인물화를 포함한 회화가 국초(國初)부터 그려졌을 가능성이 높고 비단 고분벽화만이 아니라 일반회화도 빈번하게 제작되었을 것으로 생각된다. 이것은 비파의 채 부분을 상아로 장식하고 국왕의 모습을 그렸다는 《신당서(新唐書)》〈고려기(高麗伎)〉의 기록에 의해서도 짐작되는 바다.[59] 그러나 현재로서는 고분벽화 외에는 남아있는 작품이 없어 그 구체적인 양상을 파악할 길이 없다. 그러므로 부득이 고분벽화 중의 인물화만을 근거로 하여 살펴볼 수밖에 없다.

인물화 중에서 가장 큰 비중을 차지하는 것은 묘주의 생전 모습을 그린 주인공 초상화다. 주인공의 초상은 크게 시종의 보좌를 받으며 홀로 앉아 있는 단독상과 부인과 함께 있는 부부병좌상으로 구별된다. 단독상은 안악3호분, 덕흥리 벽화고분, 감신총 등에 보이며 부부상은 약수리 벽화고분, 매산리 사신총, 쌍영총, 각저총 등에 그려져있다.

안악3호분의 초상화

황해도 안악군 용순면 유설리에 있는 이 고분은 1949년에 발견되었는데 앞방의 서곁방 입구 좌측의 수문장인 장하독의 머리 위에 묵서명이 적혀있어 참고가 된다.[60]

이 묵서명에 의거하여 안악3호분의 주인공은 전연의 모용황(慕容皝) 밑에서 장군의 직책을 맡았다가 후에 고구려에 도망쳐온 동수로 간주되기도 하여 많은 논란이 있어왔다. 이 문제는 고구려의 역사와 문화는 물론 회화와 관련해서도 워낙 중요하기 때문에 그 논점만을 간략하게 간추려서 소개하고 저자의 견해를 덧붙이고자 한다.

안악3호분은 널길, 앞방과 그 좌우에 붙어있는 동곁방과 서곁방, 그리고 널방으로 이뤄져있으며, 이 널방을 감싸듯 회랑이 마련돼있는 구조다. 문제의 묵서명은 서곁방 입구의 장하독 머리 위에 씌어있다. 그런데 무덤 주인공의 초상은 서곁방의 정벽인 서벽에 크게 그려져있고 이 초상화 주변에는 주인공에 관한 아무런 묵서명도 없다.

이 무덤의 주인공과 관련하여 고구려의 왕임이 틀림없다는 강력한 학설이 대두돼있으며, 더 나아가서는 동수가 섬겼던 고국원왕이나 미천왕의 능이라는 견해까지 나와있다.[61] 이 고분의 묘주가 고구려의 왕이라는 설은 대체로 다음과 같은 이유들에 의거한다.[62]

첫째, 묵서명이 묘주 초상화의 근처가 아닌 수문장에 해당하는 장하독의 머리 위 옹색한 공간에 단정하지 못한 모양으로 씌어있어 주인공에 관한 기록으로 보기 어렵다. 따라서 이 묵서명은 주인공에 관한 것이 아니라 장하독에 관한 것이다(그림32).

둘째, 무덤의 규모나 내용으로 보아 투항해온 선비족 장군의 것으로 보기 어렵다.

셋째, 묘주 초상화가 왕만 쓸 수 있는 백라관을 쓴 모습이며,[63] 주인공의 옆(향하여 오른쪽)에는 왕을 상징하는 3단의 정절이 세워져있다(그림1). 또한 회랑에 묘사된 대규모의 〈행렬도〉 중 주인공의 수레 앞에 왕의 깃발인 '성상번(聖上幡)'이라고 씌인 흑기가 보인다(그림33).

넷째, 250명이 넘는 행렬의 위용, 악대의 구성, 주인공 부부의 복식, 기타 기물의 특징 등으로 미루어볼 때 주인공 부부는 왕과 왕비급의 중요 인물이다(그림36).

이 밖에도 주인공 부부 초상을 비롯한 벽화의 내용과 특징이 중국보다는 덕흥리 벽화고분, 쌍영총, 각저총 등 고구려 고분과 잘 연결되고 있는 점도 유념할 필요가 있다고 생각한다. 이러한 몇 가지 사실로 미루어볼 때 안악3호분은 중국인 동수의 묘라기보다 역시 고구려왕의 능으로 보아야 마땅하다. 특히 셋째로 언급한 백라관, 정절, 성상번 등은 주인공이 왕임을 분명히 하고 있다.

안악3호분의 벽화 중에서 제일 먼저 관심을 끄는 것은 말할 것도 없이 서곁방의 서쪽 벽에 그려진 주인공의 초상화다(그림1). 이 고분의 다른 그림들과 마찬가지로, 잘 다듬어진 화강암 판석에 색채를 써서 그렸다. 주인공이 장방(帳房) 안에 정면을 향하여 앉아있고 그 좌우에는 기실(記室)·소사(小史)·성사(省事)·문하배(門下拜)의 직함이 붉은 글씨로 씌인 인물들이 보좌하고 있다. 이러한 직함은 한나라 때 제왕(諸王)·삼공(三公)·대장군(大將軍)의 막하에 두었던 직책이므로 이 벽화의 중앙에 표현된 주인공의 지위가 제왕일 가능성을 더욱 높여 준다.[64] 이는 주인공이 검은 복두(幞頭) 위에 겹쳐서 쓴 백라관이 《구당서(舊唐書)》의 〈동이전(東夷傳)〉 고려조에 나오듯 왕만 쓸 수 있었던 점[唯王五綵以白羅爲冠], 왕의 의복색인 자색(紫色)에 주색(朱色)의 줄무늬가 있는 합임(合袵)의 활수포(闊袖袍)를 입고 있는 점, 붉은 털로 둥글게 삼단을 이룬 정절이 장막의 바깥에 세워져 있는 사실에서도 알 수 있다.[65]

어쨌든 주인공은 정면을 향하여 당당하게 앉아있는데 어깨는 가파르게 흘러내리고 앉은 무릎의 폭이 넓어서 전체적으로 정삼각형이다. 주인공 가까이 서있는 기실과 성사는 멀리 있는 소사나 문하배보다 크게 그려졌다. 즉 주인공을 가장 크고 중요하게 묘사하고 그 밖의 시자(侍者)들은 주인공에 가까울수록 크게, 멀수록 작게 그려 주인공을 중심으로 하는 커다란 삼각구도를 형성하고 있다. 이러한 삼각구도는 인물들의 계급이나 비중에 따라 그 크기가 달리 표현되는 이른바 '계급적 차등 표현'과 관계가 깊다. 어쨌든 이와 같은 삼각구도는 동양의 인물화에 있어서 가장 고식이며 고전적인 것이다.

향하여 우측 첫 번째 인물인 성사는 붉은 선이 쳐진 서책을 들고 주인공에게 무엇인가 보고를 하고 있거나 명령을 듣고 있는 듯한 모습이며 그 뒤에 서 있는 문하배는 양손으로 홀(笏)을 모아 쥐고 있다. 반대쪽의 기실도 비슷한 모습을 하고 있다. 그런데 이들의 모습은 좁고 가파른 어깨를 하고 있어서 북위나 고구려의 불상과 비교된다. 즉 '연가7년명 금동여래입상' 등의 고구려 불상처럼 어깨가 지극히 좁고 가파른 것이다(그림58).[66] 이 점은 4세기 전부터 중국의 육조시대나 우리나라의 삼국시대 전반기에 회화나 불상에서 인물 표현이 기본적으로 공통적이었음을 잘 보여준다.

주인공의 모습을 좀 더 살펴보면, 장막이 쳐져있는 장방 또는 탑개 안에 앉아있는데, 이 장방의 꼭대기와 모서리는 불교를 상징하는 연꽃 봉오

58 〈연가7년명 금동여래입상〉, 경상북도 의령 출토, 539년, 국립중앙박물관 소장

리로 장식돼있다. 불교의 흔적은 주인공의 몸에서도 찾아볼 수 있다. 주인공은 오른손에 깃털로 만든 부채를 들고, 왼손은 마치 설법을 하는 듯한 모양이다. 이러한 주인공의 모습은 어딘지 유마거사(維摩居士)를 연상시킨다. 유마거사는 석가모니 당시의 인물로, 불문에 입문하지 않고도 지혜의 보살 문수와 불이법문(不二法門, 절대적이고 평등한 진리를 이르는 불교의 가르침)에 관하여 논전(論戰)을 폈을 정도로 뛰어난 현자다.[67] 이처럼 유마거사는 그 특이한 위치에 힘입어 일찍부터 중국의 재가불자(在家佛者)인 현관고사(顯官高士)들 사이에 인기가 있었고, 육조시대부터는 성중(聖衆)을 이끌고 문수보살과 논쟁하는 장면이 보편적으로 묘사되곤 하였다.[68]

불법에 입문하지 않고도 그에 통달했던 유마거사의 모습을 안악3호분과 후에 논할 덕흥리 벽화고분의 주인공 표현에 차용한 것이 아닐까 추측된다. 유마거사도 한 손에 부채를 들고 있는 모습을 도상(圖像)적 특징으로 삼고 있기 때문이다. 이렇게 본다면 국가적으로 공인되기 15년 전인 357

59 〈유마거사상〉 중국, 6세기 중반, 뉴욕 메트로폴리탄 미술관 소장

년경에 이미 불교가 고구려 상류층에 보급되기 시작하였고, 그때 유마거사도 심도 있게 소개되었을 가능성이 크다. 이 점은 앞으로 좀 더 확실한 자료의 출현과 보다 철저한 고증을 요하는 것이기는 하지만 그 가능성만큼은 배제하기 어려울 듯하다.

안악3호분을 위시한 대부분의 고구려 고분벽화는 묘주의 권위, 지위, 재력으로 보아 당시의 능력 있는 화공에 의하여 제작되었을 것으로 보이며, 따라서 시대마다 회화 수준을 가늠하는 데 크게 참고가 된다. 안악3호분의 주인공 초상을 그린 화공의 경우도 마찬가지임은 말할 것도 없다. 누구인지 이름이 밝혀지지 않은 이 화공은 주인공의 모습을 닮게 그리고자, 흰색의 안료로 지우고 고치기를 반복한 듯하다.[69]

그러나 이처럼 정성을 다했음에도 불구하고 이 주인공의 초상은 특정

고구려의 인물화 115

인의 얼굴을 충분히 나타냈다고 보기 어렵다. 길고 각이 진 얼굴, 도식화된 이목구비의 표현, 눈썹과 눈 사이의 지나친 간격, 좌우로 수평을 이루며 뻗친 고양이 수염 같은 구레나룻의 묘사 등은 특정인의 초상화라기보다는 당시의 보편적인 인물화의 한 정형을 정성껏 표현한 것이라는 느낌이 강하다. 이 점은 주인공과 기실·성사의 얼굴이 대동소이하고 뒤에 살펴볼 주인공 부인과 시녀들의 얼굴이 서로 대단히 비슷한 점에서도 확인이 된다.

아무튼 이러한 사실은 4세기에 있어서 인물화의 수준이 아직 개개인의 특성을 충분히 표현할 수 있는 단계에 이르지 못했음을 말해준다고 하겠다. 또한 고양이 수염은 한나라와 동진의 인물화에서 종종 보이는 것으로,[70] 중국 한대 회화와 고구려 회화의 관계를 시사한다. 주인공의 모습은 회랑에 그려진 〈행렬도〉에 다시 나타나는데, 이에 대하여는 뒤에 살펴보기로 하겠다.

주인공 초상과 비슷한 구도와 특성은 주인공 부인의 초상에서도 찾아볼 수 있다(그림34). 부인 초상은 서곁방 남벽에 그려져있는데 부인은 인접한 서벽에 표현된 남편을 향하고 있어 부득이 측면관으로 그려졌다. 부인이 중앙에 크게 그려져있고 좌우에는 시녀들의 모습이 작게 묘사돼있다. 부인의 앉음새도 삼각형을 이루고 있으며 시녀들도 커다란 삼각구도 속에 짜여있다. 이러한 인물의 배치는 물론 부인이 앉아있는 장방 등도 주인공의 초상화와 유사하다.

부인은 정교한 무늬가 들어찬 화려한 옷을 입고 사치스러운 머리장식을 하고 있다. 통통한 몸매와 살이 올라 복스러운 얼굴이 화려한 복식과 어울려 농려풍비한 모습이다. 가늘고 긴 눈, 얼굴에 비하여 지극히 작은 입도 눈길을 끈다. 이러한 모습은 시녀들도 비슷하다. 즉 인물의 개성을 드러내지 못하고 있다. 이처럼 부인 초상화도 개인에 따른 특성을 충분히 살리지 못했던 것이다. 이런 사실은 4세기 고구려의 인물화의 수준을 잘 알려준다. 즉 발전의 수준에 오르고 있었으나 아직 인물의 개성이나 심성을 표출해내는 단계에는 이르지 못했던 것이다.

그런데 이 부인 초상화는 고개지(顧愷之, 344~406, 중국 동진시대의 화가로 인물화를 잘 그렸음) 화풍으로 그려진 북위의 목판 칠화에 묘사된 '노사춘처(魯師春妻)'라는 부인상과 평상에 측면관으로 앉은 모습, 농려풍비한 몸매, 머리 모양 등에서 유사하여 흥미롭다(그림60).[71] 안악3호분

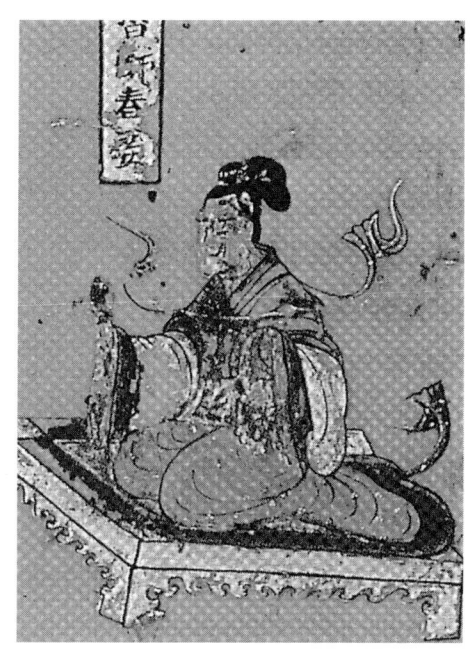

60 〈노사춘처〉
중국, 북위시대(474~484년),
산시성 다퉁(大同) 사마금룡부처묘
출토 목판 칠화 부분

의 인물화에 나타난 4세기 동아시아 인물화의 전통이 고개지에 의해 종합되고 5세기로 이어졌던 것으로 믿어진다.

안악3호분의 주인공상과 부인상은 앞에서도 지적하였듯이 화풍이나 솜씨가 서로 달라서 각기 다른 화가들에 의해 제작된 것이 분명하다. 또한 이 초상들은 우리나라 회화사상 절대연대를 지닌 가장 오래된 초상화라는 점에서도 그 의의가 지대하다고 하겠다.

덕흥리 벽화고분의 묘주 초상

덕흥리 벽화고분은 평안남도 남포시 강서구역 덕흥리에 위치하고 있는데 1976년 12월 8일 배수구 공사 중에 발견되었다고 한다. 이 무덤은 2실묘이며, 앞방 북벽에 주인공의 초상화가 그려져있고 그 위쪽 넓은 공간에 14행의 긴 묵서명이 별로 세련되지 않은 솜씨로 적혀있다. 이처럼 이곳의 주인공의 초상이 그려진 위치나 그에 관한 묵서명이 씌어진 위치는 안악3호분과 큰 차이가 난다.

덕흥리 벽화고분 묵서명은 주인공의 고향, 이름, 경력, 나이, 장례일, 사후의 기원 등을 밝혀준다.[72] 주인공은 이름이 진이며 고향은 신도인데 건위장군, 국소대형, 좌장군, 용양장군, 요동태수 등을 거쳐 유주자사에 이르렀으며 77세로 사망하여 영락 18년(408) 12월 25일에 장례를 치렀다. 또한 주공이 터를 잡고(周公相地), 공자가 택일하며(孔子擇日), 무왕이 시간을 선택하여(武王選時) 장례를 치른 후에, 부가 일곱 대 자손에 미쳐 번창하고, 관직이 날로 승진하여 후왕에 이르며, 광에는 재물이 가득 차고, 매일 소와 양을 도살하며, 술과 고기와 쌀밥이 다함이 없고, 식염(食鹽)과 시식(豉食, 콩자반)이 후세까지 이어져 기우(寄寓)하는 자가 끊이지 않기를 기원하고 있다. 주인공이 누렸던 풍요하고 영예로운 부귀영화가 후세에 지속되기를 염원하고 있음이 잘 드러난다.

묘주의 성은 지워져 알아볼 수 없고, 그의 고향인 신도에 관하여는 평안남도 운전군(雲田郡) 가산(嘉山)이라고 보는 견해가 있으나 김원용 선생은 한나라의 제후국인 신도국(信都國)의 수도였던 신도현(信都縣, 현재의 허베이성 지현)으로 간주하였다.[73] 이러한 차이는 주인공의 국적을 고구려로 보느냐 중국으로 보느냐 하는 문제와도 직접 연결돼있다. 주인공을 '석가문불제자(釋迦文佛弟子)'라고 한 일이라든지 그의 장례와 관련하여 '주공상지', '공자택일', '무왕선시' 등의 중국식 과장법을 쓴 일을 보면 그가 김원용 선생의 주장대로 유주자사를 지낸 자로서 '어떠한 사정으로 고구려에 투항해 왔던' 인물로 볼 여지도 있을 듯하다.[74]

그러나 동진의 연호를 썼던 안악3호분의 경우와는 달리 고구려 광개토대왕 때의 연호인 '영락'을 사용한 점, 고구려의 관직명인 '국소대형'이 진의 경력 중에서 두 번째의 관직인 점, 이러한 고구려의 관직을 거쳐 마지막으로 지녔던 관직명이 '유주자사'인 점, 당시 고구려가 가장 강성하고 광활한 영토를 확보하고 있었던 사실, 벽화의 회화 양식이 중국적이기보다는 고구려적인 특성을 더 강하게 띠는 점 등을 고려하면 주인공이 어느 나라 사람이든 덕흥리 벽화고분벽화의 벽화는 고구려와 떼어놓을 수 없는 것임이 분명하다.

덕흥리 벽화고분의 벽화 중에서 무엇보다도 관심을 끄는 것은 앞방 북벽에 그려진 주인공 진의 초상화와 앞방 서벽에 그려져있는 유주 13군 태수의 그림이다(그림37). 먼저 서벽에는 유주에 속한 13군의 태수와 내사(內史)가 상하 2단으로 그려져있는데 이들은 모두 진을 향하여 공손한 자세를 취하고 있으며 상단의 맨 앞의 태수는 무릎을 꿇고 무엇인가 보고를 하고 있는 모습이다. 이 태수의 머리 쪽에는 "차십삼군속유주군 부현칠십오주(此十三軍屬幽州郡部縣七十五州) 치광계 금치연국 거낙양이천삼백리 도위일부병십삼군(治廣薊今治燕國去洛陽二千三百里都尉一部幷十三郡)"의 묵서가 있고, 상단에 6명, 하단에 7명의 태수가 그려져있는데 이들 옆에는 직함과 설명이 묵서로 씌어있다.[75] 이로써 보면 상단에 연군(燕郡), 범양(范陽), 어양(漁陽), 상곡(上谷), 광녕(廣甯), 대군(代郡), 하단에 북평(北平), 요서(遼西),

61 〈묘주 초상과 묵서명〉 덕흥리 벽화고분 앞방 북벽, 408년

창려(昌黎), 요동(遼東), 현토(玄菟), 낙랑(樂浪), 대방(帶方) 태수 등 13군 태수가 주인공 유주자사 진에게 찾아와 정사를 논하거나 하례하는 모습을 그린 것임을 알 수 있어 주인공 진의 권위가 짐작된다. 유주자사와 이 13군 태수 등에 대하여는 앞으로 고대사학자들에 의해 정치적·제도적인 측면에서 역사적 고찰이 적극적으로 시도되어야 할 것이다.

  어쨌든 이 13군 태수들은 차림새만이 아니라 큰 눈과 콧수염 등 얼굴들이 거의 똑같아서 개성이 드러나있지 않다. 이런 점에서 앞서 살펴본 안악3호분의 경우와 크게 다를 바 없다. 그러나 인물들을 단으로 구분 지어 배치하고 표현한 점, 또 인물마다 직사각형 난에 직함이나 설명을 적어넣은 점 등은 안악3호분에서는 볼 수 없었던 일로, 이는 육조시대의 영향을 반영한 새로운 양상이라 하겠다.[76]

그러나 주인공의 초상은 안악3호분의 전통을 계승하고 있어 흥미롭다. 주인공 진은 갈색의 둥근 옷깃에 넓은 소매의 갈색 옷을 입고, 흑색의 내관(內冠) 위에 청라관을 겹쳐 쓴 채로 정면을 향하여 앉아있다(그림37). 허리에는 검은 띠 장식이 늘어진 흑대를 두르고 있으며 오른손에는 털부채를 들고 왼손은 설법을 하는 듯한 모양이다. 이는 진이 '석가문불제자'로 적혀있는 묵서명의 내용으로 보나 안악3호분 주인공과의 유사성으로 보나 유마거사의 모습을 차방(借倣)한 것으로 추측된다.

둥글게 흘러내린 어깨선과 넓은 무릎 폭이 어울려 이루는 삼각형의 앉음새, 길쭉하고 부드럽게 각이 진 얼굴, 개성을 충분히 드러내지 못하는 이목구비, 고양이 수염 등도 이 덕흥리 고분벽화의 주인공 초상이 약 반세기 전의 안악3호분 주인공 초상을 많이 따르고 있음을 말해준다(그림1과 비교). 그러나 고구려의 대신급이 착용하던 청라관을 쓰고 있는 점,[77] 규모 및 벽화의 내용 등으로 보아 덕흥리 벽화고분의 주인공인 진은 안악3호분의 주인공에 비하여 지위와 신분이 떨어짐을 알 수 있다.

그런데 주인공 진과 13군 태수가 그려져있는 앞방에서 보듯이 덕흥리 고분벽화의 내부에는 목조건축물이 재현돼있다. 방의 네 귀퉁이에는 두공(枓栱, 기둥과 지붕을 잇는 부분)과 도리(서까래를 받치기 위해 가로질러놓은 나무)를 그려넣어 실제 건물처럼 표현했다. 기둥에는 복잡한 모습의 검은색 파상유운문(波狀流雲紋)이 장식돼있고, 도리 위에는 삼각형의 붉은색 화염문이 늘어섰다. 이러한 요소들은 후대의 다른 고분벽화에도 종종 나타난다. 이러한 측면에서도 덕흥리 벽화고분의 벽화는 고구려의 벽화와 관련하여 대단히 중요한 의미를 지니고 있다고 하겠다.

62 〈묘주 초상〉 감신총 앞방 서감, 5세기

감신총의 묘주 초상

안악3호분이나 덕흥리 고분벽화의 주인공상과 같은 계통에 속하는 주인공 단독상은 평안남도 용강군 신녕면 신덕리에 있는 감신총의 벽화에서 찾아볼 수 있다. 앞방의 좌우(동서)에 감이 달려 있는 소위 '유감2실묘(有龕二室墓)'로 5세기경의 무덤으로 생각되는데, 동감과 서감에 각각 주인공 단독상이 그려져있다.[78]

이 중에서 서감에 그려져있는 주인공상이 주목된다(그림62). 주인공은 평상 위에 앉아있는데 줄무늬가 있는 붉은 옷을 입고 허리에는 흰 띠를 맸다. 두 손을 가슴 높이까지 들어올려 마치 설법을 하는 듯한 인상을 준다. 평상 밑에는 연화대좌가 받쳐져있는 모습으로 그려져있다. 이 점은 결국 감신총의 이 주인공상도 안악3호분 주인공의 경우와 마찬가지로 '재세불자(在世佛者)'로서 유마거사의 모습을 따른 결과로 풀이할 수 있다. 두 고분의 주인공들이 모두 줄무늬가 있는 붉은 옷을 입고 있는 점에서도 공통되나, 감신총의 주인공은 안악3호분 주인공과는 달리 털부채를 들고 있지 않고 설법인의 모습을 하고 있는 점이 두드러진 차이다.

주인공은 허리를 흰 띠로 졸라매고 두 팔을 들어 올린 관계로 허리 부분이 잘록하게 들어가 보이며 이것이 상체와 하체를 구분 지어준다. 어깨의 선과 양 무릎의 끝이 자연스럽게 이어져 하나의 안정된 삼각형을 형성하는 안악3호분이나 덕흥리 벽화고분 주인공과는 달리, 마치 두 개의 삼각형을 상하 정점이 마주하듯 포개어놓은 듯한 구도다. 특히 하체의 앉음새는 변화가 없고 딱딱해서 오려놓은 붉은 판자를 연상시킨다. 뿐만 아니라 평상의 표현도 역원근법의 구사가 지나쳐 마치 뒤쪽이 들려있는 듯하다. 이러한 점들은 모두 이 벽화를 그린 화가의 솜씨가 아직도 미숙한 단계를 벗어나지 못했음을 분명히 해준다.

주인공의 얼굴 부분은 박락되어 알 수 없으나 이 고분의 앞방 동감에 그려져있는 같은 주제의 주인공상은 백라관을 쓰고 있고 얼굴이 약간 길고 넓은 편이며 가늘고 긴 눈매와 긴 콧등, 잘 다스려진 팔자수염을 하고 있음을 보아,[79] 안악3호분이나 덕흥리 벽화고분의 주인공상과 엇비슷했을 것으로 생각된다.

주인공 뒤편에는 '왕(王)' 자가 종횡으로 반복하여 들어 있는 장막을 치고 있어서 그가 왕의 신분이었을 가능성을 강력하게 시사한다. 동쪽 감실에 그려진 주인공의 상이 왕이나 쓸 수 있던 백라관을 쓰고 있는 점과 결부해서 볼 때 그 가능성은 더욱 높다고 하겠다.

시자의 표현에 있어서도 감신총의 경우는 안악3호분이나 덕흥리 벽화고분과는 다른 양상을 보여준다. 주인공이 앉아 있는 평상 뒤쪽에 두 사람, 그리고 좌우에 각기 두 사람씩인데, 특히 좌우의 시자들은 상하로 표현돼있다. 아마도 감의 좌우 벽의 공간이 협소하여 부득이했던 것이라고 생각되지만 어쨌든 이들의 크기가 거의 모두 같아서 위계적 표현이 나타나지 않는다. 즉 시자들은 주인공보다 현저하게 작지만 시자들 사이의 위계적 차이는 나타나있지 않다. 우측 하단의 시자를 제외하고는 모두 남자인데 좌우의 위쪽 인물들은 장검을 짚고 서있어 무관임을 나타낸다. 이곳에 표현된 시자들은 아마도 주인공을 보좌하는 문무의 직책을 대표하는 인물인 듯하다. 그리고 평상 뒤편에 두 명의 시자들을 배치한 모습은 덕흥리 벽화고분과의 상호 관련성을 짐작케 한다. 아무튼 주인공은 물론 시자들까지도 큰 삼각구도 안에 들도록 표현하던 종래의 포치법이 감신총에 이르러서는 변화를 겪게 되었음을 알 수 있다.

이상 살펴본 바와 같이 '357년경의 안악3호분→408년의 덕흥리 벽화고분→5세기의 감신총'으로 이어져 내려오면서 주인공의 초상화는 하나의 뚜렷한 전통과 맥을 이루었음을 알 수 있다. 이 점은 인물의 포치, 주인공의 모습과 몸짓, 주변의 모습 등에서 거의 일관되게 엿보인다. 아직 특정인의 초상으로 볼 수 있을 정도의 개성이나 특성은 충분히 발현되지 않았지만 주인공의 권위는 잘 드러난다. 그리고 주인공 주변의 벽화 내용들은 대단히 풍부하고 다양하여 기록적 성격을 두드러지게 보여주는데, 유

63 〈부부상〉 약수리 벽화고분 널방 북벽, 5세기

마거사를 연상시켜 주거나 설법하는 듯한 모습에서 당시 상류층에 파고든 불교문화의 영향을 엿볼 수 있어 크게 주목된다.

약수리 벽화고분의 부부상

안악3호분과 덕흥리 벽화고분 그리고 감신총에서 단독상으로 나타났던 주인공의 모습이 4세기경 어느 시기부터인가 부인과 함께 앉아있는 부부 초상으로 변화하였던 것으로 여겨진다. 이에 따라 단독상에서 비교적 충실하게 지켜지던 전형적인 삼각구도도 불가피하게 변화를 겪게 되고, 점차로 더 큰 공간에 묘사하게 되었다.

부부병좌상이 그려진 고구려의 고분들 중에서 상대연대가 가장 올라가는 무덤은 1958년에 발견된 평안남도 강서군 강서면 약수리의 약수리 벽화고분이다. 이 고분은 좌우에 감이 있는 앞방과, 짧은 통로를 통하여 연결된 널방으로 이루어진 이른바 '유감2실묘'로서 5세기 초에 축조된 것으로 생각된다.[80]

이 고분에 그려진 벽화 중에서 무엇보다 먼저 눈길을 끄는 것은 널방의 북벽에 보이는 주인공 부부의 초상이다(그림63). 기둥과 기둥머리로 받쳐진 긴 도리를 갈색 안료로 그려넣어 벽면의 공간을 상하로 구분 짓고, 그 위쪽에 장막을 걷어올리고 좌정한 주인공 부부의 초상과 현무를 그렸다. 인물풍속과 사신이 함께 나타난 데서 이 고분이 앞에 다룬 주인공 단독상이 그려진 고분들보다 다소간 연대가 내려갈 것으로 생각된다. 주인공 부부는 장방 안에 놓인 평상 위에 붙어 앉았다. 부인은 남편의 왼쪽 어깨 뒤에 바짝 다가앉았고 이들 좌우에는 각각 두 명씩 시종이 보좌하고 있다. 부부를 포함한 이 인물들의 표현은 부부는 크게, 시종들은 작게 나타내는 전통적인 구성을 보여준다. 회화 기법으로 보면 전반적으로 매우 옹색하고 치졸한 단계에 머물러있다.

그런데 이처럼 주인공 부부를 함께 나란히 앉아있는 모습으로 그리는 경향은 한나라의 미술에서도 엿보인다.[81] 아무튼 이러한 부부병좌상은 앞에서 본 안악3호분이나 덕흥리 벽화고분과는 달라진 양상을 보이며, 앞으로 살펴보게 될 쌍영총 등 후대 부부 초상의 선례가 된다. 또한 도리의 위쪽에 천상의 세계를 상징하는 현무, 구름, 북두칠성 등 별자리와 함께 주인공 부부의 초상을 그려넣은 것은 사후에도 부부의 연이 지속되기를 바라는 염원을 담고 있는 것이 아닐까 생각된다.

그리고 이 고분의 앞방 북벽에는 주인공의 단독상 또한 그려져있어서 주인공의 단독상과 부부병좌상이 공존함을 보여준다.[82] 아마도 이 고분이 축조되었던 때를 즈음하여 주인공 단독상으로부터 부부병좌상으로 바뀐 것이 아닐까 추측된다.

매산리 사신총의 부부상

부부상으로서 매우 이색적인 예가 매산리 사신총에 그려져있다. 주인공과 세 부인이 나란히 앉아있어서 일부다처의 모습을 보여주는 것이다. 매산리 사신총은 단실묘로서 평안남도 용강군 대대면·매산리에 위치하고 있는데, 널방 서벽에 그려진 〈수렵도〉 때문에 한때 수렵총(狩獵塚)이라고도 불려졌다. 주인공 부부의 가슴에서 좌우로 뻗쳐나온 소뿔 모양의 문양, 천정의 초롱무늬, 말의 모습, 인물들이 앉은 평상의 형태 등이 한대의 미술과 관계가 깊어서 5세기 전반의 고분일 것으로 추정되기도 하고, 인물풍속보다 사신의 비중이 커서 5세기 말~6세기 초로 보기도 한다.[83] 그러나 화풍으로 보아 5세기 전반으로 간주함이 가장 타당할 듯하다.

주인공 부부상은 널방 북벽에 그려져있는데, 가느다란 기둥을 세우고 장막을 친 간이식 건물 안에 평상을 놓고 앉아있는 모습이다(그림64). 주인공은 맨 오른쪽에, 그 왼편으로 첫째 부인, 이어서 둘째, 셋째 부인이 표현돼있다. 그림의 진행 방향이 오른쪽의 주인공으로부터 시작되어 왼쪽으로 이어지고 있음이 주목된다. 전통적인 동양화의 전개 방향이다. 이에 따라 오른쪽의 주인공을 가장 크게 표현하고 왼편으로 갈수록 점차 작게 그렸다. 평상도 주인공의 것이 가장 높으며, 그 다음으로 첫째 부인의 것이, 둘

64 〈부부상〉 매산리 사신총(수렵총) 널방 북벽, 5세기

째와 셋째 부인은 같은 평상에 함께 앉아있고 평상의 높이가 가장 낮아서 주인공이나 첫째 부인과 차등이 있음을 보여준다.

이 그림은 특수한 상황 때문인지 전통적인 삼각구도가 아닌 일직선상에서 오른쪽에서 왼쪽으로 점차 작아지는 방식으로 구성되는 새로운 양식을 보인다. 주인공을 중앙에 가장 크게 배치하고 한쪽에 두 부인을, 다른 한쪽에 나머지 한 부인을 두어 삼각구도법을 따를 수도 있었을 텐데 일부러 피한 것이다. 어쨌든 고구려 인물화, 특히 부부 초상에서 하나의 변모라 할 수 있다.

주인공은 정면을 향하여 손을 모으고 앉아있는 모습, 나발(螺髮, 곱슬곱슬한 불상의 머리 모양)과 비슷한 머리, 가슴과 등에서 기다란 소뿔 문양이 뻗쳐나오는 것 등으로 미루어 볼 때 불상을 연상케 한다. 특히 소뿔 문양의 표시는 중국 한대와 육조시대의 선인도(仙人圖)에서 종종 엿볼 수 있는데 신통력이나 힘을 나타낸다.[84] 주인공이 소매가 넓고 붉은 띠를 두른 검은색 옷, '활수광포(闊袖廣袍)'를 입고 있는 점과 머리 위에 '선각(仙覺)'이라고 적혀 있는 점에서 그가 사후에 불선(佛仙)이 되기를 염원하고 있지 않나 생각된다. 이렇게 본다면 고구려의 고분 인물화는 단순히 주인공의 모습을 남기기 위한 기록화 이상의 의미, 즉 사후의 염원을 담은 그림일 가능성이 크다.

부인들은 모두 점무늬가 있고 옷단을 감싸는 천인 선(襈)이 달린 고구려 옷을 입었다. 그런데 첫째 부인의 옷은 우임(右袵, 오른쪽 여밈)이 뚜렷해 평양 지역에서 나타나는 중국 복식의 영향을 보여준다. 세 부인은 모두 가슴에 두 손을 모은 채 정면을 향하여 앉아있는데 어깨가 좁고 가파르게 흘러내려 앉음새가 삼각형을 이루며, 머리 모양은 나발을 연상시켜 가슴에서 솟아나는 소뿔 모양의 무늬와 함께 불선의 모습을 상징하는 듯하다.

그런데 주인공과 둘째·셋째 부인은 모두 평상 앞에 코끝이 뾰족하고 목이 긴 검은색 신발을 좌향(左向)하여 벗어놓아 흥미롭다. 첫째 부인의 것은 보이지 않으나 본래는 그려넣었던 것이 지워진 것이 아닐까 추측된다.

아무튼 묘주와 세 부인이 모두 함께 불선이 되기를 희망하는, 또는 현세에서 그들 모두가 불교를 신봉했음을 나타내는 특이한 부부상이라 하겠다. 이처럼 매산리 사신총의 부부상은 구도나 포치, 그림의 내용에 있어서 상당히 특이한 예다. 그러나 그림의 수준은 아직도 그다지 높지 않다. 그리고 여전히 불교적 색채가 강하게 드러나있음이 주목된다.

주인공 부부가 앉아있는 축조물의 오른편 밖에는 점무늬가 있는 황색의 긴 저고리와 역시 황색의 치마 속에 바지를 받쳐 입은 인물이 검은 말을 끌고 온다. 주인공이 탈 말을 준비하는 듯하다. 이 말은 가슴이 넓고 다리가 유난히 가늘어서 랴오양(遼陽) 지역의 한대 벽화에 보이는 말과 유사하다.[85]

이 밖에 주인공 부부가 앉아있는 건물의 좌우 기둥에는 세 겹의 테에 이어진 갈고리가 그려져있어 흥미롭다. 실제로 기둥에 부착하여 갈비나 다른 물건들을 매달았던 갈고리가 아닐까 추측된다. 또한 장막이 여러 겹으로 매여있고, 맨 끈이 여러 갈래 주렁주렁 매달려있어 건물이 매우 넓음을 나타낸다. 기둥 위에는 측면관의 치미형(鴟尾形) 장식을, 장막의 중앙 상부에는 보주형(寶珠形) 장식을, 그리고 보주형 장식 좌우에는 벼이삭이 구부러진 모습처럼 돼있는 줄기 끝에 풍경(風磬)을 매달아 장식하였다. 이처럼 건물의 모습도 색다르다. 전반적으로 볼 때 매산리 사신총의 이 부부상은 앞에서 본 약수리 벽화고분의 부부상보다는 진일보한 편이나 아직도 고졸한 측면을 벗어나지 못했다.

쌍영총의 부부상

묘주의 초상이 그려져있으면서도 약수리 고분이나 매산리 사신총 부부 초상화보다 훨씬 세련된 면모를 보여주는 것이 쌍영총 부부상이다(그림65). 쌍영총은 평안남도 용강읍 안성리에 있다. 앞방과 널방으로 이루어진 전형적인 2실묘이지만 앞방과 널방 사이의 통로에 중국 윈강(雲岡) 석굴처럼 팔각기둥이 한 쌍 서있으며 천정은 고구려 대부분의 벽화고분처럼 말각조정이다. 인물풍속이 주이지만 사신도의 일부가 천정으로부터 벽면에 내려와 상당한 비중을 차지하고 있고 팔각기둥이 윈강 석굴과 비교되어 5세기 중엽의 고분으로 생각된다.[86] 이 고분의 벽화들은 앞에 살펴본 무덤의 벽

65 〈부부상〉 쌍영총 널방 북벽, 5세기

화에 비하여 화려하고 수준이 높으며 고구려적인 웅장함을 더욱 두드러지게 나타낸다.

　쌍영총의 벽화 중에서 가장 관심의 대상이 되는 것은 널방 북벽에 그려진 주인공 부부상이다. 주인공 부부는 평상에 정면을 향하여 나란히 앉아있다. 남편이 오른편에, 부인이 왼편에 자리 잡고 있어 앞에서 본 약수리 벽화고분의 주인공 부부상과는 반대이다. 남편은 부인보다 훨씬 크게 그려졌는데 주황색의 품이 넉넉하고 소매폭이 넓은 합임의 활수광포를 입고 흑책(黑幘)에 백라관인 듯한, 망으로 짠 관을 덧쓰고 있어서 지체가 높은 인물임을 보여준다. 두 손을 배 앞에 모으고 앉아있는 모습, 붉은 띠선 모양의 옷 등은 어딘지 불교적인 분위기를 드러내고, 후조(後趙)의 건무(建

고구려의 인물화　131

武) 4년(338)명 금동여래좌상을 연상시킨다.[87] 주인공의 옷은 안악3호분 주인공과 유사하여 전통상의 상호관계를 짐작케 한다.

주인공의 얼굴은 적당히 살이 올라있고 팔자형의 콧수염과 다섯 갈래의 턱수염이 있다. 눈과 눈썹 사이가 넓은 것은 안악3호분이나 덕흥리 벽화고분의 주인공과 마찬가지이지만 쌍영총의 이 주인공은 이전의 묘주 초상에 비하여 개인의 특성이 잘 표현돼있어서 진정한 의미의 초상화에 가까워졌다. 인물화의 발달 과정상의 큰 진전이라 하겠다.

부인도 같은 색깔의 옷을 입고 있는데 우임으로 돼있고, 높은 상투 모양의 머리에 빨간색의 댕기를 맸다. 그런데 이들 부부는 모두 가슴 위에 손을 모은 공수 자세를 하고 있어서 삼국시대의 불상을 연상시킨다.[88] 이들은 평상 앞에 장화 모양의 신을 벗어놓았는데 서로 코를 마주하고 있다. 또한 평상은 역원근법으로 그려져 마치 뒤쪽이 들린 것처럼 보인다. 주인공 부부의 주변에는 반쯤 무릎을 꿇은 시자(향하여 오른쪽)와 서있는 시녀들(향하여 왼쪽)이 보인다. 이들은 지위에 따라 크기가 조정돼있지만 주인공 부부에 비하여 현저하게 작아서 위계에 따른 표현을 다시 확인할 수 있다.

그런데 주인공 부부가 앉아 있는 평상은 평기와로 된 목조건축 안에 놓여있고, 그 지붕 위에 화염문이 보이는데 덕흥리 벽화고분보다 진일보했다. 이 평기와 건물은 장막이 드리워진 큰 목조건축물 안에 들어있는 모습이다. 가운데의 장방은 가마 모양의 덮개가 있으며 그 꼭대기에는 부귀를 상징하는 봉황이 서있다. 이 장방을 받치고있는 기둥에는 붉은색, 파랑색, 노랑색의 '화살깃 무늬(箭羽文)'가 표현돼있으며, 그 위에는 귀면(鬼面)이 있고, 이 귀면 위에는 관형(冠形)이 있는 '역계단식' 장식이다.[89] 이러한 기둥들은 안악3호분에도 나타나있는데, 어딘지 이국적인 분위기가 강하여 서역적 요소가 아닌가 추측되지만 앞으로의 고증을 요한다.

이 장방을 품고 있는 벽면의 양쪽 끝 모퉁이에는 기둥과 두공이 그려져있고 그 위에 가로로 긴 도리가 표현돼있어 큼직한 목조건축물을 재현하고 있다(그림63 참조). 또한 도리 위에는 ∧형의 활기가 붙어있고 그 좌우의 공간에는 꽃이 꽂혀있는 화병들이 놓여있다. 그런데 이처럼 도리 위에 ∧형 활기가 붙어있는 점이나 도리 안에 '파상평행유운문(波狀平行流雲文)'이 가득히 그려져있는 점 등은 덕흥리 벽화고분과 안악3호분 등의 벽화에도 나타난다.[90] 다만 쌍영총의 두공이 덕흥리 벽화고분의 것보다 더 복잡하고 세련돼있다는 점이 차이다. 이 밖에 쌍영총과 덕흥리 벽화고분의 주인공이 앉아있는 평상에 그려진 안상(眼象)도 비슷하게 닮아 있어 두 고분 사이의 관계를 시사해준다. 이 고분의 부부상은 약수리 벽화고분의 그것보다 훨씬 진전된 것으로 고구려의 인물화가 점차 발달하고 있었음을 말해준다.

66 쌍영총 내부 투시도(널방에서 앞방 방향, 《2004 남북공동기획 고구려문화전》)

고구려의 인물화 133

각저총과 무용총의 부부상

앞에서 살펴본 부부상이 모두 평양 지역의 고분에 그려진 데 비하여 각저총의 부부상은 통구 지역의 고분에 나타난 드문 예라는 점이 우선 주목된다. 이 점은 고분벽화의 다른 많은 양상들과 함께 주인공이나 주인공 부부의 초상을 벽화에 그려넣는 풍조가 중국의 영향을 받아 평양 지역에서 먼저 시작되어 통구 지방으로 전파되었을 가능성을 강력히 시사한다. 또한 그러한 풍조가 자리 잡은 시기도 고구려가 평양으로 천도한 이후가 아닐까 생각된다.

그런데 이러한 관점과 관련하여 매우 중시되는 것이 통구 지역에 쌍둥이처럼 나란히 붙어있는 각저총과 무용총이다. 이 두 고분의 연대는 무덤의 구조, 벽화의 내용, 화풍 등으로 보아 거의 같은 시기로 생각된다. 각저총이 과연 언제 축조되었는지에 관하여는 4세기설과 6세기설이 있어 논란이 돼왔다.[91]

각저총은 앞방이 장방형, 널방이 방형인 2실묘이며, 사신도가 전혀 그려져있지 않다. 사실상 각저총의 씨름 장면과 무용총의 수렵 장면에는 '손바닥 위에 주먹밥을 올려놓은 것' 같은 모양의 나무들이 몰골법으로 그려져있는데 이러한 나무의 모습은 한대의 회화에서 자주 보인다.[92]

이러한 나무의 형태는 대단히 고식에 속하므로 이 고분들의 연대를 지나치게 낮추어볼 수 없다. 그러나 반면에 이 두 고분들의 인물이나 그 밖의 요소들은 매우 숙달되고 또 지금까지 살펴본 어느 고분의 벽화 이상으로 발달된 것이어서 그 연대를 너무 올려볼 수도 없게 한다. 아마도 인물화에 비하여 당시의 산수화 또는 산수화의 중요 구성요소인 수목의 표현이 보다 보수적이거나 전통적인 측면을 강하게 유지하고 있었던 데서 연유하지 않았나 추측된다. 종래의 연구와 이러한 실마리를 토대로 하여 각저총과 무용총의 연대를 일단 5세기로 보면 어떨까 한다.

지린성 지안현 루산 남록에 위치한 이 두 고분 중에서 각저총에는 부부상이 있고 무용총에는 없다. 대신 무용총은 널방의 북벽 접객 장면에서 주인공을 측면관으로 보여준다. 이에 대해서는 나중에 살펴보기로 하고, 우선 각저총의 부부상은 널방 북벽에 그려져있는데, 앞에서 고찰한 다른 어느 부부상보다도 능란한 솜씨를 보여준다(그림67). 벽면의 양쪽 구석에 기둥이 서있고 그 위에 두공이 올라있으며, 이를 다시 도리가 이은 모습으로 그려 부부상을 위한 공간을 마련했다. 이 안에 장막을 걷어 올린 널찍한 장방이 설치돼있는데 그 안에 주인공과 두 부인이 자리하고 있다.

주인공은 중앙에서 약간 왼편에 치우쳐 의자에 앉아있으며, 위에는 춤이 길고 선이 달린 노랑색 저고리, 밑에는 점무늬가 있는 통이 넓은 바지를 입고 있다. 주인공의 왼편에는 칼이, 오른쪽 탁자 위에는 활과 화살이 놓여있어 주인공의 신분을 상징한다. 얼굴은 회가 박락되어 알 수 없다. 두 부인들은 무릎을 꿇고 두 손을 공손하게 모은 채 남편을 향하여 측면관으로 앉아있다. 이곳의 부인들이 앞에서 본 다른 부부상에서와 달리 측면관으로 묘사된 것은 안악3호분의 주인공 부인상처럼 남편을 바라보고 있는 모습이기 때문이다. 이 부인들은 모두 춤이 길고 선을 댄 저고리와 주름이 잘게 잡힌 치마를 입고 있는데 모두 왼쪽으로 여며 입어서 통구 지역 고구려 복식의 전통을 강하게 보여준다.

주인공이 가장 크게 그려져있고, 두 부인은 오히려 둘째 부인이 첫째 부인보다 크게 그려져 이채롭다. 혹시 둘째 부인이 주인공이 남편에게 더 소중했던 때문인지도 모르겠다. 종래의 부부상들이 평상에 앉아있는 모습

67 〈부부상〉 각저총 널방 북벽, 5세기

으로 그려졌던 데 반하여, 이곳에서는 평상이 사라지고 의자가 등장했으며 다리가 넷 달린 음식상이나 탁자 같은 가구들이 보여 주목된다. 상 위에 놓인 그릇은 대부분 칠기인 듯 검고 둥근 모습이다.

그리고 장방 안의 주인공과 부인들 좌우에는 남녀 한 명씩의 시종이 작게 그려져있는데, 주인공 쪽에는 어린 남자 시종이, 부인들 쪽에는 여자 시종이 서있다. 주인공과 남자 시종 사이에는 의자에 누구인가 앉아있으나 박락되어 알 수 없다. 그런데 이 주인공 부부가 앉아있는 널찍하고 화려한 장방은 열 지어있는 구름무늬 위에 떠받쳐진 형상이다. 아마도 이들 부부가 사후 천상에서도 현세에서의 부부의 인연이 계속되기를 염원하는 뜻을 내포하고 있는 듯하다.

장방의 바깥쪽 좌우에도 각기 한 명씩의 시종이 서있는데 이들은 장방 안쪽의 시종에 비하여 훨씬 크게 그려져있다. 시종 간의 신분상의 차이와 함께 장방 바깥과 안쪽 사이의 원근을 나타낸 것인지, 혹은 바깥쪽의 시종은 현세의 보좌인들이고 안쪽의 시종은 내세의 보좌인들을 뜻하는 것인지 단정하기 어렵다. 그리고 장막 위쪽과 도리 상부에는 불교적 색채를 반영하는 화염문이 그려져있다. 이러한 모든 요소들은 무용총과 매우 흡사하다.

각저총의 부부상은 위에서 언급한 것처럼 매우 세련되고 진전된 모습을 보이고 있어서 주목된다. 통구 지역의 이 각저총 부부상은 여러 가지 면에서 평양 지역의 부부상들 중 쌍영총의 것과 제일 가깝다고 믿어지며, 이것은 두 고분의 상호 연대를 추정하는 데 참고가 될 것으로 생각된다.

이상 살펴보았듯 거의 모든 부부상들이 5세기 전반 이전에 그려졌다고 생각되며 그 이후에는 점차 사라지게 된 듯하다. 왜 사라지게 되었는지는 확실치 않으나 무용총의 경우에서 보듯이 무덤 주인공이 초상화보다는 역사적 또는 서사적 사건 속의 주인공으로 기록되면서부터 변화가 생기게 된 것이 아닐까 추측된다. 이 밖에도 시대의 흐름에 따라 묘실의 구조가 앞방이 대폭 줄어든 형식적 2실묘나 단실묘로 바뀌면서 그려넣을 공간이 줄어든 것도 한 가지 원인으로 생각된다. 이런 변화 과정에서 주인공에 관한 기록적 표현을 부부상보다 더 중요시했던 듯하다. 무덤의 구조, 벽화의 성격과 화풍 등에 있어서 서로 대단히 유사한 각저총과 무용총 중에서 전자에는 부부상이 보이는데, 후자에는 그것이 그려져있지 않아서 어쩌면 각저총과 무용총이 그 갈림길을 나타내고 있는 것은 아닐까 믿어진다.

    부부병좌상은 통구 지역보다는 평양 지역에서 주로 그려졌는데 주인공 단독상의 경우와 마찬가지로 여전히 불교적 색채가 짙다. 널방 북벽에 주로 그려진 이 부부상들은 종래 주인공 단독상에 보편적으로 나타나던 삼각구도를 차차로 벗어났지만 대부분의 경우 개성은 여전히 충분하게 드러내지 못하였다. 그러나 이러한 부부상들은 당시 고구려 사람들의 생활상, 내세관 등을 주인공 단독상의 경우보다 더 다양하고 두드러지게 보여준다는 점이 주목할 만하다.

행렬도와 수렵도
— 고구려인들의 위용과 기상

고구려의 인물화에서 주인공 초상이나 부부상에 못지않게 중요한 것은 주인공이 직접 참여하고 있는 행렬, 수렵, 기타 행사의 장면을 묘사한 그림이다. 행사의 내용과 규모, 그리고 고구려적인 특성을 이러한 그림들이 잘 보여주므로 간략하게나마 살펴볼 필요가 있다. 대표적인 예만 추려서 되도록 요점적으로 알아보고자 한다.

안악3호분의 〈행렬도〉

주인공의 위엄과 권세를 과시하는 데 무엇보다 좋은 것이 주인공과 많은 사람이 참여하는 〈행렬도〉임에는 이론의 여지가 없다. 고구려의 고분벽화 중에서 가장 연대가 올라가면서도 제일 규모가 대단한 것은 영화 13년(357)의 안악3호분에 그려진 거대한 〈행렬도〉다(그림36). 높이 2미터, 길이 10미터 정도의 회랑 벽면에 그려진 이 〈행렬도〉에는 250명 이상의 인원이 묘사돼있다. 수레를 탄 주인공, 그 앞뒤로 말 탄 문무고관, 각종 악기를 연주하는 악대, 여러 가지 무기와 기를 들고 걸어가는 의장병과 무사 등이 장관을 연출하고 있다. 이렇듯 많은 인물들이 열을 지어 행진하고 있는데, 이들 사이에 공간이나 거리감 등이 잘 드러나 인물화 기법 가운데서도 포치 능력이 특히 뛰어났음을 분명히 보여준다.

또한 수레에 버티고 앉아 행렬의 중심을 이루는 주인공은 위풍이 당당하며 복식이나 고양이 수염 등의 모습에서 서곁방의 벽면에 그려진 주인공 초상화와 유사하다. 그리고 그가 탄 수레에는 한 겹의 덮개가 씌워졌고 바퀴는 테가 두꺼워 중국 한대의 날렵한 수레바퀴와 차이가 있다. 고구려의 수레도 안악3호분의 것에서 출발하여 덕흥리 벽화고분, 쌍영총, 무용총으로 이어지면서 좀 더 복잡하고 화려한 모습으로 바뀐 것으로 보인다.

덕흥리 벽화고분의 〈행렬도〉

안악3호분의 웅장한 행렬 장면과 비교될 만한 〈행렬도〉가 그보다 반세기 뒤의 고분인 덕흥리 벽화고분의 앞방 동벽에 그려져있다(그림68). 이 벽면의 상단과 하단에는 갑옷을 입힌 말을 탄 무사들이 각기 열을 지어 주인공의 행렬을 호위하고 있으며, 중앙에는 말 탄 문관과 의장병의 호위를 받으며 두 대의 마차가 달리고 있다. 4열로 구성된 이 행렬의 선두에는 노궁(弩弓)을 높이 쳐든 기마 인물이 그려져있는데 여기에는 '薊揖令彰軒弩'라는 설명문이 적혀있어 유주가 위치했던 지역인 계(薊)의 현령이 행렬의 앞에서 길을 안내하고 있음을 알 수 있다.[93]

중앙 열에는 마차가 두 대 보이는데 앞의 것은 말이, 뒤의 것은 소가

68 〈행렬도〉 덕흥리 벽화고분 앞방 동벽, 408년

끌고 있다. 두 대 모두 산개(傘蓋)가 세워졌을 뿐 앞쪽과 어깨 위로는 모두 트여있다. 오늘날 의장 행렬 중에 사용되는 덮개 없는 무개사열차를 보는 듯하다. 즉 행렬의 주인공이 주변을 쉽게 볼 수 있고 주변의 사람들 또한 주인공을 볼 수 있다. 두 대 모두 장막이 바람에 휘날리고 있어 행렬의 위용과 속도감이 잘 드러난다. 다만 뒤의 우차는 좌우 칸막이가 높고 위로 둥글어 탄 사람을 좌우로 가려준다. 이런 점들을 고려하면 앞의 마차는 주인공이, 뒤의 우차는 주인공의 부인이 탔을 것으로 생각된다. 당시의 귀부인들은 빨리 달리는 말이 아닌 소가 끄는 우차를 탔던 듯하다. 이는 뒤에서 살펴볼 주인공 부인의 우교차(牛轎車) 그림을 통해서도 확인할 수 있다.

이 〈행렬도〉 또한 인물들의 포치가 종횡으로 잘 짜여있다. 이러한 뛰어난 포치에도 불구하고 덕흥리 벽화고분의 다른 그림과 마찬가지로 인물

개개인의 특성은 충분히 살리지 못했다. 그러나 수많은 사람들이 참여하는 〈행렬도〉에서 사람마다의 개성 표현이 이루어지기를 기대하기는 어려운 일이다. 아무튼 4세기와 5세기 초 고구려에서는 많은 사람들을 효율적으로 포치하여 표현하는 능력을 이미 터득하고 있었음이 안악3호분과 덕흥리 벽화고분을 위시한 여러 고분벽화를 통하여 확인된다.

이 〈행렬도〉는 묘주 진이 유주자사로 있을 때의 모습을 재현한 듯하다. 주인공 생전의 중요한 일을 서사적, 설명적, 기록적으로 묘사한 것이다. 또한 이 〈행렬도〉의 위쪽에는 당초문대가 있어서 현실세계를 그린 벽면과 천상의 세계를 표현한 천정부를 갈라놓는다. 이 당초문대에는 화염문이 일정한 간격으로 그려져있는데 이것은 불교적 색채를 띤 것이며 대체로 육조시대 중국 불상의 광배를 연상케 한다.[94]

약수리 벽화고분의 〈행렬도〉

약수리 벽화고분에도 앞방 남벽 우측 상반부, 동벽 상반부, 북벽 우측 상반부에 걸쳐 길게 뻗어있는 〈행렬도〉가 있다(그림69). 주인공은 소가 끄는 우교차를 탔고, 그 뒤를 부인이 탔으리라고 생각되는 우차가 따르고 있는데 그 전후좌우에 기마 인물들이 호위하여 행진한다. 말들은 발이 몹시 가는데 빠르지 않은 속도로 움직이는 느낌이다. 비교적 완만한 동세, 인물들의 비슷비슷한 형태, 작고 테가 굵은 바퀴와 굽어진 덮개가 씌워진 고식의 우교차(안악3호분 〈행렬도〉의 것과 비슷함) 등은 여전히 고졸하다. 주인공은 검은 관을 쓰고 흰옷을 입었는데 흰옷을 입은 모습은 어딘지 덕흥리 벽화고분의 묘주를 떠올리게 한다. 주인공이 말이 끄는 마차가 아닌, 소가 끄

69 (위) 〈행렬도〉 약수리 벽화고분 앞방 동벽 부분, 5세기
(아래) 〈행렬도〉 모사도(《2004 남북공동기획 고구려문화전》)

는 우교차를 타고 있는 것은 그가 연로했음을 말해주는 듯하다. 어쨌든 열지어 가는 인물들이 일정한 거리와 공간을 확보하고 있으며, 묘사가 질서정연하고 제법 동세가 나타나므로 비록 고졸하기는 하지만 고구려적 특성이 어느 정도 구현돼있다고 하겠다.

이상 살펴본 〈행렬도〉들은 고구려 지배계층의 권위와 위용을 잘 드러내며 동시에 고구려 인물화의 특징과 발달 정도를 잘 보여준다. 즉 많은 인물과 말을 효율적으로 포치하고 소화할 수 있었으며 고구려 특유의 동적인 느낌 또한 강하게 드러난다. 〈행렬도〉는 등장하는 인물, 말과 기물이 많아 제작에 많은 시간과 정력을 요했으리라 생각되는 바, 아마도 이 때문에 시대의 흐름에 따라 차차 자취를 감추게 된 듯하다. 역으로 생각하자면 〈행렬도〉가 그려진 고분은 연대가 올라간다고 볼 수 있다.

큰 규모의 〈행렬도〉는 이후 별로 나타나지 않는데 이것은 아마도 〈행렬도〉가 많은 인물과 말을 포함하므로 번거롭고, 공간의 점유가 매우 크며, 굳이 과시적인 표현을 할 필요가 없다고 실리적으로 생각한 때문이 아닌가 추측된다.

덕흥리 벽화고분의 〈수렵도〉

수렵도는 고구려인의 기질과 고구려 회화의 특성을 무엇보다도 잘 나타내는 그림이다. 고구려적인 동세의 표현이 가장 잘 나타나기 때문인데, 수렵도 중에서 연대적으로 가장 이른 시기의 것은 408년에 축조된 덕흥리 벽화고분의 그림이다(그림70).

앞방의 동쪽 천정과 그 좌우의 북쪽과 남쪽의 천정에 걸쳐 그려져있는데 벽면이 아닌 천정에 묘사된 점이 주목된다. 아마도 생전에 즐겼던 사냥을 사후에도 계속할 수 있기를 기원하여 천상의 세계를 나타내는 천정에 그린 것이 아닐까 생각된다. 고구려 사람들은 승마와 활쏘기를 즐겨했고, 그래서 고구려에는 이를 마음껏 구사할 수 있는 수렵이 성행했다.[95] 매년 봄·가을로 전국적 규모의 사냥대회가 열릴 정도로, 사냥은 무와 힘을 숭상했던 고구려인의 기상과 패기를 잘 드러내는 행사였다. 따라서 고구려 고

70 〈수렵도〉 덕흥리 벽화고분 앞방 동벽 천정부, 408년

분벽화에 수렵도가 종종 나타나는 것은 당연한 일이며, 또 이러한 수렵도야말로 고구려 회화의 특성을 잘 보여준다 하겠다.

   덕흥리 벽화고분의 〈수렵도〉에는 말을 탄 여덟 명의 사수들이 호랑이·멧돼지·사슴·노루·꿩 등을 사냥하고 있다. 달리는 말과 동물에서 약간의 속도감을 느낄 수 있지만 무용총의 〈수렵도〉와 비교하면 아직 많이 미숙하다. 사수가 활 겨누는 동작도 어설프고 충분히 힘찬 느낌을 주지 못한다. 산은 판자를 오려서 적당히 세워놓은 무대장치와 같고 산 위의 나무들은 마치 버섯 같다.[96]

   이처럼 덕흥리 벽화고분의 〈수렵도〉는 모든 면에서 빠른 속도감, 힘찬 동작, 팽팽한 긴장감 등 고구려적 특성이 나타나기 시작한 것은 사실이나 아직 미숙하고 어설픈 수준이다. 덕흥리 벽화고분과 무용총의 〈수렵도〉가 이런 차이를 보이는 이유를 연대, 지역(평양과 통구), 화가의 솜씨 중 어느 것에서 찾아야 할지, 이런 요인이 복합적으로 작용한 것은 아닌지 더욱 심도 있게 검토할 필요가 있다. 이에 대해서는 무용총 벽화를 살펴볼 때 좀 더 생각해 보기로 하겠다.

덕흥리 벽화고분의 〈수렵도〉 위쪽에는 태양을 상징하는 양광(陽光), 즉 '양수지조'가 그려져있다(그림39). 앞방의 동측 천정에 양수지조가 그려져 있는 것은 해가 뜨는 동쪽을 염두에 둔 것이 분명하다. 날개를 펴고 선 이 새는 태양을 상징하는데, 후에는 다리가 셋 달린 검은 까마귀 '삼족오'로 대체된다. 신라의 기미년명 순흥 읍내리 벽화고분의 동쪽 벽에 산 위로 솟아오르는 새의 모습으로 그려져있어 양수지조가 신라에 전해졌을 가능성이 높다.[97] 이 점은 덕흥리 벽화고분의 앞방 북측 천정에 그려진 천마와 유사한 〈천마도〉가 신라의 천마총에서 발굴된 사실과 함께 주목된다.

약수리 벽화고분의 〈수렵도〉

또 다른 〈수렵도〉는 약수리 벽화고분 앞방 서벽 상반부에 그려져있다(그림 71). 약수리 벽화고분을 통해 2실묘에서 앞방의 동벽에 〈행렬도〉를 그리고, 서벽에 〈수렵도〉를 그리던 풍조가 확인된다.

이 〈수렵도〉의 사수들은 검은 말, 갈색 말, 황색 말을 타고 각종 동물들을 사냥하고 있는데, 덕흥리 벽화고분보다 동세와 동감이 좀 더 두드러진다. 판자로 만든 무대장치 같은 산들이 앞쪽에 늘어서있는 덕흥리 벽화고분과는 달리 약수리 벽화고분의 〈수렵도〉에서는 산이 뒤편에 몰려있으며 형태도 많이 달라졌다.

산들은 작고 둥글둥글하며 꼭대기에 잎이 없는 나무가 서있는 모습인데 한 곳에 몰려있어 마치 쟁반 위에 쌓아놓은 과일처럼 보인다. 산들은 전면이 각기 흰색, 붉은 색, 또는 노란색으로 채색됐고 계곡과 굴곡을 나타내기 위해 반원의 선들이 두세 개 그어져있다. 그리고 이 약수리 벽화고분 〈수렵도〉의 왼편에는 좀 더 작은 언덕들이 몰려있는데 꼭 포도송이들 같은 느낌을 준다.[98]

이는 무용총 〈수렵도〉에 보이는 산의 앞선 형태다. 무용총의 〈수렵도〉에 그려진 산은 형태에 좀 더 변화가 있는데 반하여 이 약수리 고분의 산은 그러한 원리를 따르지 않았다. 이는 무용총의 연대 추정에도 참고가 될 듯하다. 이 〈수렵도〉에서 보면 5세기 전반 평양 지역에서는 인물화와 산악도가 모두 아직 미숙한 상태였고, 산악도는 인물화에 비하여 더욱 뒤떨어졌음을 알 수 있다.

무용총의 〈수렵도〉

고구려의 〈수렵도〉 중에서 가장 우수하고 또 제일 잘 알려져 있는 예는 말할 것도 없이 무용총 널방 서벽에 그려진 〈수렵도〉다(그림22).

벽면 모서리에 기둥·두공·도리를 그려 공간을 마련하고 주인공과 그의 무사들이 산에서 사냥하는 장면을 그렸다. 오른쪽에 장대한 나무가 치솟듯 서있고 그 뒤로 크고 작은 산이 대각선을 이루며 펼쳐져있으며 그 사이의 넓은 초원에서 무사들이 말을 타고 사슴, 호랑이 등을 사냥하고 있다.

71 〈수렵도〉 약수리 벽화고분 앞방 서벽, 5세기

　하늘 높이 솟은 나무와 그 뒤의 산을 연결한 대각선 끝부분에 사슴 한 쌍이 있고, 이 대각선과 교차하는 또 다른 대각선의 끝부분에 백마를 달리며 몸을 뒤로 틀어서 사슴을 향하여 활을 당기는 주인공을 묘사하였다. 다른 무사들은 모두 이 대각선의 아래쪽에 그려져있다. 사냥한 동물들을 실어갈 두 대의 우교차가 큰 나무 오른쪽 한적한 공간에 서있다. 주인공과 한 쌍의 도주하는 사슴들 사이에는 하늘을 상징하는 구름무늬가 그려져있는데 각저총의 것과 거의 동일하다.
　기마 인물들의 힘찬 동작, 목숨이 경각에 달린 동물들의 경황없는 모습, 이들 사이에 작열하는 격동과 속도와 긴장감이 적나라하게 표현돼있

고구려의 인물화　149

다. 이 사실은 잘 짜여진 효율적인 구성과 함께 이 그림을 그린 화가가 대단한 재능의 소유자라는 점, 그리고 고구려 회화가 이전에 비하여 상당한 수준에 올랐음을 말해준다. 그러나 여전히 중요성에 따라 크기를 조절한 위계적 차등 표현이 간취되는데 이는 회화의 수준과는 무관한 전통이다.

화면 구성, 인물과 동물의 묘사에 드러나는 능숙한 솜씨와는 대조적으로 나무와 산은 여전히 고졸한 표현법이 나타난다. '손바닥 위에 주먹밥을 올려놓은 듯한' 나무, 굵고 가는 선을 백·적·황의 바탕 위에 그려서 표현한 상징적인 산 등은 중국 한대의 미술과 관계가 깊다.[99] 인물 표현의 뛰어남과, 산과 나무 표현에 보이는 고졸함의 극적인 대조는 무용총의 연대를 상정하는 데 있어 매우 큰 어려움이다. 산과 나무의 표현만을 보면 이 고분의 연대를 4세기로 보아도 지장이 없으나 뛰어난 인물 묘사를 감안하면 408년의 덕흥리 벽화고분보다 더 올라간다고는 도저히 볼 수 없다. 그러므로 후대적 요소가 강한 인물화의 발달에 중점을 두고 그 밖의 요소, 목조건축, 화염문, 운문, 연화문을 감안하여 일단 5세기 전반으로 보는 것이 좋을 듯하다. 산수적 요소가 보여주는 고졸함은 앞에서도 언급했듯 통구 지역의 특수한 전통에 기인한 탓으로 볼 수 있다. 나무의 우측에 그려져있는 우교차도 크고 테가 굵은 바퀴, 어깨가 넓고 힘이 세어 보이며 표정이 있는 소의 묘사 등으로 볼 때 덕흥리 그림보다 훨씬 더 발전됐다.

이처럼 무용총의 〈수렵도〉는 같은 주제의 고구려 그림들 중에서 가장 뛰어나며 고구려적인 동감, 속도감, 긴장감을 제일 두드러지게 표현하고 있다. 따라서 무용총에 이르러 수렵도의 전통이 꽃을 피웠다고 볼 수 있다.

장천1호분의 〈수렵도〉

수렵도의 또 다른 좋은 예는 1970년 6월 압록강 중류 연안의 충적지대에서 발견된 장천1호분에서 찾아볼 수 있다(그림46). 2실묘인 이 고분의 연대는 5세기 중엽 또는 5세기 말~6세기 초로 추정되는데,[100] 대체로 무용총보다 다소 늦은 5세기 후반으로 볼 수 있지 않을까 한다. 이 고분의 앞방 동쪽 천정의 아랫부분에는 선정인(禪定印)을 한 여래좌상이, 북쪽 천정 아랫부분에는 네 구의 보살입상이 그려져있어 불교적인 색채가 대단히 강하다(그림9).[101]

앞방 북벽에 그려진 〈수렵야유회도〉에는 사냥 장면과 함께, 큰 나무의 주변에 야유회인 듯한 장면도 표현돼있다(그림46). 아마도 사냥과 그것을 기회로 삼아 야유회가 함께 열렸던 듯하다. 넓은 공간에 크고 작은 나무들이 여기저기 드문드문 서있고 그 사이의 넓은 대지 위에서 사냥과 야유회가 벌어지고 있다. 대체로 화면의 하반부에는 사냥 장면이, 상반부에는 야유회의 모습이 표현돼있다.

이곳에는 산이 전혀 표현돼있지 않아 앞서 언급한 다른 고분의 수렵 장면과 현저한 차이를 보인다. 넓은 공간을 확보하기 위한 것인지, 아니면 평평한 초원이기 때문인지는 분명치 않다. 아무튼 산이 배제되면서 화면이 훨씬 여유 있어졌다. 모퉁이에 기둥과 두공이, 위쪽에 도리가 그려져있어 벽면에 〈수렵야유회도〉를 위한 공간이 확보돼있는데, 공간을 아주 효율적으로 활용하였다.

화면 전체에 수많은 인물과 동물이 가득 차도록 그려졌는데, 하반부에는 급하게 쫓기는 각종 동물들과 새들, 그리고 이들을 향하여 쾌속으로 말을 달리며 활을 당기는 기마 무사가 있다. 경쾌한 속도감, 넘치는 박진감,

팽팽한 긴장감이 이들의 동작에서 느껴진다. 그러나 상반부에는 춤이 긴 점무늬 바지 저고리를 입은 남자, 주름치마 위에 포를 겹쳐 입은 여인들이 유쾌한 듯 오고가는 모습이어서 훨씬 여유 있고 평화로운 분위기이다. 이들은 사냥에는 직접 참여하지 않고 수렵대회에 구경꾼으로 와서 즐거운 야유회를 갖고 있다. 화면의 왼편 상단부에 묘사된, 두 사람의 장사가 맞붙어서 씨름을 하고 있는 모습에서도 이를 짐작할 수 있다. 그리고 화면의 중앙에는 유난히 큰 백마를 마부가 끌고 가고 있는데 주인공의 말인듯 하다.

이 그림에서도 중요성에 따라 모든 인물과 동물이 크기가 달리 표현됐다. 또한 인물들의 모습과 복식, 나무의 형태 등이 전반적으로 무용총과 비슷하여 연대 차이가 반세기 이상은 나지 않을 것으로 생각된다. 그러나 표현 기법이나 솜씨는 아무래도 무용총의 〈수렵도〉에는 미치지 못한다. 연대적 차이보다는 화가들 간의 솜씨 차이에 기인한 것으로 보아야 할 듯하다. 어쨌든 이 고분의 〈수렵도〉는 세부적인 묘사는 좀 뒤져도 많은 인원과 동물 등 복잡한 요소들을 넓은 공간에 적절히 배치하여 거리감, 깊이감, 공간감 등을 효율적으로 표현했을 뿐만 아니라 고구려적인 힘, 속도, 긴장감 등을 두드러지게 나타냈음을 부인할 수 없다. 이처럼 5세기에 고구려의 회화는 고유한 특성을 충분히 발현하고 있었다.

수렵도도 5세기 이후에는 행렬도처럼 차차 자취를 감췄다. 많은 인원과 동물을 그려넣어야 하는 이러한 주제들은 점차 비교적 단순한 소재들로 대체되었다. 아무튼 수렵도는 그림의 주제와 내용, 표현 방법상 다른 어느 주제의 그림보다도 고구려적인 특성을 강하게 나타내고 있으며, 이들 수렵도에서는 시대의 변화에 따른 발전의 정도가 무엇보다 분명하게 나타난다.

생활도
— 생생한 삶의 재현

고구려 고분벽화에는 많은 인원이 동원되는 행렬도와 수렵도 외에도 주인공과 부인의 생활상을 표현한 그림들이 많이 그려졌다. 이러한 그림들은 당시의 생활상을 다양하게 보여줄 뿐만 아니라 인물 표현에 있어서도 어떤 형식이나 틀에 덜 매여있어 당시의 화풍과 특성 및 실력을 가늠하는 데 많은 참고가 된다. 이러한 의미에서 특별히 주목을 요하거나 인물화의 발달 정도를 엿보는 데 도움이 된다고 판단되는 대표적인 예를 몇 가지 간추려서 살펴보겠다.

덕흥리 벽화고분의 생활도

덕흥리 벽화고분의 그림 가운데 앞서 살펴본 주인공 초상에 이어 흥미를 끄는 것은 앞방과 널방 사이의 통로 동벽에 묘사돼있는 부인의 우교차와 그 뒤를 따르는 여인들이다(그림72). 한 마리의 소가 끄는 수레에 묘주의

72 〈우교차를 탄 부인〉 덕흥리 벽화고분 통로 동벽, 408년

부인이 타고 그 뒤를 두 명의 시녀, 크고 검은 일산(日傘)을 받쳐든 남자, 그리고 기마 인물들이 차례로 따르고 있다. 소의 옆과 뒤에는 어린 소년으로 여겨지는 사람이 걷고 있는데 앞의 사람이 고삐를 쥐고 있다. 수레 속에는 부인이 타고 있는 듯하나 가려서 보이지 않는다.

    그런데 이 장면에서 남자들은 춤이 긴 합임의 저고리를 입고 허리띠를 매었으며 발목에서 오므려진 바지를 입고 있어서 안악3호분의 일부 인물과 차림새가 유사하나 우교차 뒤의 여인들은 좀 색다른 옷차림이다. 상의는 합임이지만 치마는 약간 짧고 색동의 주름 잡힌 모양이며 치마 속에 발목에서 조이는 바지를 받쳐 입고 있다. 이처럼 치마에 바지를 받쳐 입은 여인들의 모습은 무용총과 각저총 등의 벽화에 보이고, 색동 주름치마는 덕흥리 고분의 다른 벽화에서 견우와 직녀도 입고 있으며 수산리 고분과 고구려의 영향을 강하게 받은 일본 다카마쓰 고분의 벽화에도 나타나있다.[102] 이는 이 시녀들이 고구려 여인임을 나타냄은 물론, 고구려 복식이 안악3호분이 축조된 4세기 중엽보다 반세기 뒤인 5세기 초에 이르러 좀 더 적극적으로 착용됐음을 강력히 시사한다.

우교차와 시종은 상하로 구분된 벽면의 상단에 그려져있는데 인물마다 하나같이 눈이 크고 생김새가 전혀 개인별 특성이 드러나있지 않다. 묘사가 서투르고 어설프며 단순하여 앞에 언급한 13군 태수의 그림(그림37)의 경우와 비슷한 수준을 반영한다.

이 그림에 표현돼있는 수레의 모양은 안악3호분의 것과 큰 차이가 있다(그림35와 72를 비교). 바퀴의 테는 얇아졌으며 겉덮개 아래 다시 덮개가 달린 수레칸이 보인다. 앞에는 검은색 장막이, 뒤에는 노란색 장막이 쳐져 있는데, 뒤의 장막이 바람에 날리고 있어서 좌우에만 칸막이가 돼있고 앞뒤는 트여있음을 알 수 있다. 그리고 위쪽에는 덮개가 씌워져 있고 그 아래쪽에 사각형의 투창(透窓)이 마련돼있다. 이처럼 마차의 꾸밈새가 전대에 비하여 좀 더 복잡하고 품위 있게 변하였음을 알 수 있다. 이러한 유형의 우차는 무용총의 〈수렵도〉에서도 보인다(그림22). 다만 무용총의 우차는 겉덮개가 없는데 아마도 산행(山行) 때문에 떼어낸 것이 아닐까 추측된다.

덕흥리 벽화고분에서 또 한 가지 흥미로운 것은 〈견우직녀도〉다(그림38). 이것은 우리에게 잘 알려져있는 애틋한 전설을 표현한 그림이지만 당시의 인물풍속을 반영하고 있어 회화사적인 측면에서도 관심을 끈다. 사랑하는 견우와 직녀가 1년에 단 한 번 칠월칠석에 까마귀들이 만든 다리를 건너 서로 만난다는 이 전설은 중국에서 생겨난 것으로, 은하수와 관련되면서 천상의 세계를 반영한다. 덕흥리 벽화고분에 그려진 이 견우와 직녀의 그림도 이러한 배경을 지니고 있음에 이론의 여지가 없다. 이 견우직녀의 그림은 중국 전설을 수용하여, 천상세계에 대한 당시의 우주관을 피

73 〈공양행렬도〉 쌍영총 널방 동벽, 5세기

력하는 동시에 주인공 진의 부부애를 상징하고 있는지도 모른다.

　소를 끌고 가는 견우와 곡선을 이룬 은하수 건너편에서 남편 쪽을 향하여 다가오고 있는 직녀의 모습이 그려져있다. 이들 옆에는 각각 '견우지상(牽牛之像)', '직녀지상(織女之像)'이라고 씌어있다. 견우는 도포같은 긴 옷을, 직녀는 소매가 풍성한 저고리와 색동의 주름치마를 입고 있다. 이들 주변에 성성(猩猩)과 운문(雲紋)이 그려져있다. 전체적인 포치와 표현은 마치 어린이의 그림처럼 서투르지만 천진하다. 특히 크고 둥근 눈을 지닌 소와 직녀를 따르는 강아지가 더욱 그러한 느낌을 고조시킨다. 이 그림을 통해 5세기 초 고구려 회화의 고졸함을 재확인하게 된다.

쌍영총의 생활도

쌍영총의 널방 동벽에 그려져있는, 여주인공이 불공을 드리러 가는 그림

은 주인공 부부의 불교 신앙이나 극락왕생을 염원하는 뜻을 보여줄 뿐만 아니라 당시 인물들의 차림새와 인물화의 발달 정도를 가늠하는 데 크게 참고가 된다(그림73). 연기가 나는 향로를 머리에 인 여인, 석장(錫杖)을 짚고 가사(袈裟)를 입은 승려, 시녀, 묘주의 부인으로 보이는 여성 등이 일렬로 걸어가고 있어 이들이 불공을 드리러 가는 길임을 알 수 있다. 또한 묘주 또는 부인이 돈독한 불교신자였을 가능성이 높다고 생각된다. 그런데 이 그림에서도 부인과 승려는 크게 그려져있는 반면에 다른 두 여인들은 작게 그려져있어 위계적 차등 표현을 뚜렷하게 드러낸다. 이 때문에 마치 두 사람씩 짝을 지어 걸어가고 있는 듯한 시각적 착각을 불러일으킨다.

여인들은 춤이 긴 반코트 모양의 저고리를 오른쪽으로 여며 입었고 주름이 잘게 잡힌 긴치마를 착용하였다. 특히 가장 크게 표현된 귀부인이 입은 검은색 상의에는 빨간색 깃과 끝동이 달려있고 단에는 역시 빨간 무늬가 그려져있어 멋이 넘친다. 이처럼 쌍영총의 인물이 입은 옷은 고도로 세련됐으며, 그 표현도 대단히 숙달된 수준을 보여준다. 또한 승려의 가사에도 파상의 붉은색 띠무늬가 두드러져 불교와 붉은색의 관계를 엿보게 한다.

고구려의 인물화 157

74 〈거마행렬도〉 쌍영총 널길 동벽, 5세기

부인의 뒤에는 크고 작은 크기의 남자들이 다섯 명 따르고 있는데 이들 중 앞의 세 명은 고구려 특유의 점무늬 바지저고리를 입고 있으며, 이러한 복장은 수산리 고분벽화와 무용총의 벽화에서도 간취된다.

고구려 문화와 인물화의 발달된 면모는 쌍영총의 널길 동벽에 그려진 〈거마행렬도(車馬行列圖)〉의 남자와 세 여인에서도 알 수 있다(그림74). 아마도 주인공인 남편과 세 부인을 표현한 것으로 믿어진다. 세 여인들은 남자와의 거리에 따라 차등적으로 그려져 있다. 즉 남자와 가장 가까운 거리에 있는 여성은 나머지 두 여인들과 약간 떨어져 조금 크게 표현되어있다. 첫째 부인을 우대하여 차별화한 듯하다.

어쨌든 이 세 여인들은 춤이 길고 아름다운 저고리와 잔주름 치마를 입었는데 머리에는 똑같이 건괵(巾幗)을 썼다. 또한 이들은 모두 가슴에 모은 소매 속에 손을 감춘 채로 오른편의 남자를 바라보고 있다. 얼굴의 양볼에는 하나같이 붉은색 둥근 연지를 찍은 모습이다. 우리나라에서 연지의 역사가 오래됨을 이로써 분명히 알 수 있다. 아름다운 얼굴에 성장을 한 이 세 여인은 자세와 차림새는 비슷하지만 얼굴은 개인별 생김새와 표정의 차이가 드러나있어서 이전보다 발달된 인물화의 양상을 보여준다.

이 세 여인들이 바라보고 있는 남자의 얼굴에도 얘기를 하는 듯한 표정이 잘 드러나있다. 이 남자도 긴 저고리와 바지를 입고 있는데 저고리는 여인들의 경우와 마찬가지로 우임이다. 고구려식 좌임을 했던 통구 지역과는 달리, 평양 지역에서는 고구려 옷에 중국식 우임을 했던 것이다. 그리고 이 남자는 위쪽 끝이 둥근 관모를 쓰고 있는데 이것이 혹시 발해의 정효공주(貞孝公主, 757~792)의 묘에 그려진 인물들이 쓴 관모의 시원 형태가 아닐까 여겨진다.

이 세 여인들과 남자의 위쪽에는 말을 탄 무사와 우교차가 그려져있다 (그림74). 먼저 무사를 보면, 목을 포함하여 전신을 보호해 주는 찰갑(札甲) 을 입고 털장식이 달린 투구를 썼으며, 마갑(馬甲)과 마면갑(馬面甲)을 입힌 말을 탔다. 왼손은 고삐를 잡고 오른손은 갈래진 깃발이 달린 기다란 창을 움켜쥐고 있다. 당당하고 씩씩한 무사의 모습이 역연하여 고구려의 기상 과 문화적 특성을 실감케 한다. 이를 통해 당시 고구려 인물화의 또 다른 면모를 엿볼 수 있다.

그런데 이 말의 안장 뒤쪽에는 꼬불꼬불한 연결쇠가 달려있고, 그 끝 에는 세 갈래진 장식기가 바람에 펄럭이며 고구려 미술의 한 특성인 속도 감을 잘 나타내고 있어 주목된다. 이 꼬불꼬불한 연결쇠는 가야 지역에서 출토된 바 있고, 또 거기에 매달린 깃발 모양을 나타낸 토마(土馬)는 일본 에서도 발굴되어 당시의 고구려 문화가 가야와 일본에까지 널리 파급됐음 을 분명히 알려준다.[103]

그 위쪽에 보이는 우교차도 관심을 끈다. 우선 소의 모습을 보면, 어깨 가 넓고 강인한 전형적인 한국 소이며, 덕흥리 벽화고분에 그려진 소보다 훨씬 특성 있게 그려졌다. 또한 이곳의 소와 비슷한 것은 무용총 〈수렵도〉 에서도 찾아볼 수 있다(그림22). 우교차는 주황색의 곡개(曲蓋)를 덮고 옆면 에 창이 나있는 수레와 다시 이것을 덮듯이 가린 ∧모양의 평산개(平繖蓋) 로 구성돼있다. 잘 꾸며진 우교차임을 누구나 알 수 있다. 이와 유사한 우 교차의 모습은 이미 덕흥리 벽화고분의 앞방과 널방 사이의 통로 동벽에 그려진 우교차에서 보았다(그림72). 이 둘은 대단히 비슷하지만, 쌍영총의 것이 훨씬 사치스럽게 꾸며져있으며, 또 수레바퀴가 작아진 대신에 그 테 의 두께가 현저하게 두꺼워졌다. 소가 끄는 것이기 때문에 속도보다는 바퀴의 견고성이 더 중시된 듯하다.

쌍영총의 벽화에서 또한 빼놓을 수 없는 것은 널길의 서벽에 그려져있는 유명한 〈기마무사상〉이다(그림27). 두 개의 기다란 새 깃을 꽂은 관모를 쓰고, 왼손으로는 고삐를 잡아쥐고 오른손엔 채찍을 거머쥔 채, 당당하고 품위 있는 얼굴의 무사가 적당한 속도로 말을 몰고 있다. 왼쪽 무릎 위에는 각궁(角弓)을 반쯤 낀 활집을 매달고 등에는 화살을 잔뜩 꽂은 살통을 메고 있다. 말은 입에 재갈이 물려있고 몸에는 화려하게 장식된 마구들이 부착돼있다. 이 기마무사상은 구체적이고 사실적인 묘사가 뛰어날 뿐 아니라 무사와 말이 각기 개성이 있고 기운생동하도록 표현돼있어서 당시의 인물화에 상당한 진전이 있었음을 확인하게 된다.

이처럼 쌍영총의 벽화는 그 이전의 안악3호분, 덕흥리 벽화고분, 약수리 벽화고분 등에 비하여 훨씬 발전되었다. 뛰어난 사실적 묘사, 개성이 두드러진 표현, 고구려적 특성의 구현 등이 특히 돋보인다. 이러한 의미에서 쌍영총의 벽화는 평양 지역의 벽화 발달에 있어서 하나의 뚜렷한 획을 긋는다고 볼 수 있다.

무용총의 생활도

무용총의 벽화 중에서 앞에서 이미 살펴본 〈수렵도〉와 함께 크게 주목되는 것은 널방의 북벽에 그려진 〈접객도〉와 널방의 동벽에 표현돼있는 〈무용도〉다. 먼저 북벽의 〈접객도〉에는 장막을 걷어 올린 널찍한 실내에서 주인공이 두 사람의 승려와 마주 앉아 얘기를 나누고 있는 모습이 그려져있다(그림42). 주인공과 그의 시자들은 장방의 오른편에, 두 명의 승려들은 왼편에 그려넣어 대강이나마 대칭을 이루었다. 주인공과 첫째 승려 사이에는 반쯤 무릎을 꿇고 음식상을 주인에게 바치는 하인이 그려져있어 대칭 구도의 중심을 이룬다. 그러나 주인공이 승려들보다 약간 크게, 그리고 그의 음식상과 음식의 양도 승려들보다 좀 더 크고 많게 묘사돼있어 철저한 위계적 차등 표현을 다시 확인하게 된다.

주인공은 붉은 선이 달린 검은색 저고리에 허리띠를 매고 붉은 점무늬가 있는 통이 넓은 바지를 입은 채 공수하고 있다. 손을 들고 이야기 중인 승려의 모습으로 보아 주인공은 공손한 자세로 설법을 경청하고 있는 듯하다. 이곳의 시자들은 모두 점무늬가 촘촘이 나있는 긴 저고리와 바지를 입었으며 주인공과 마찬가지로 통구 지방의 고구려 전통대로 저고리를 왼쪽으로 여미고 허리띠를 매고 있다. 그런데 이들은 고구려의 전형적인 통이 좁은 바지를 입고 있는 데 반하여 주인공은 고구려의 복식이면서도 바지의 통이 넓은 관고(寬袴) 또는 대구고(大口袴)를 입고 있음이 주목된다.[104] 이 점은 신분에 따른 바지 폭의 차이를 말해준다. 이것은 또한 5세기경의 통구 지역에 있어서의 고구려 문화의 양상을 이해하는 데도 참고가 될 듯하다. 한편, 승려들은 검은색 가사 밑에 주름이 잡힌 치마를 받쳐 입고 있어 당시의 승복을 알 수 있다.

이 〈접객도〉의 경우 모든 인물들이 측면관으로 표현되어있는 것도 대강의 대칭구도와 함께 주목된다. 이러한 측면관은 고대 인물화에서 보편적으로 나타나는 것으로 고구려 회화에서도 흔하게 찾아볼 수 있다. 그러나 이미 살펴본 부부 초상화들에서 보듯 주인공만은 정면을 향한 자세로 그릴 수도 있었음 직한데 그러지 않았다. 아마도 부부 초상의 경우와는 달리 이 경우에는 주인공에게 불법과 그 대변자인 승려의 비중이 매우 컸고,

또 설법을 하고 듣는 장면이기 때문에 다른 벽화에서와 달리 예외적으로 대칭구도가 채택되었고 측면관이 준수되지 않았나 한다.

특히 이러한 대칭구도는 고구려 벽화에 흔히 나타나는 삼각구도와 대비되어 주목된다. 이와 함께 무용총에는 주인공 초상이나 부부상이 그려져있지 않은 점이 가장 큰 변화의 하나로 주목된다. 이러한 점들도 이 고분의 벽화에서 볼 수 있는 비교적 세련된 솜씨와 함께 이 고분의 연대를 4세기로 올려 추정하기 어렵게 한다.

그리고 이 널방 북벽의 틀을 이루고 있는 목조건축물을 재현한 표현, 장막 위에 일정한 거리를 두고 그려져있는 삼각형의 화염문 등은 옆에 위치한 각저총과의 친연성을 분명히 한다. 또한 먹선으로 벽면을 상하로 구분하여 위쪽에 접객도를 표현하고 아래쪽에는 열 지어 서있는 인물을 그려넣은 벽면의 상하 분획은 덕흥리 벽화고분, 약수리 벽화고분, 수산리 벽화고분 등에서 볼 수 있는 전통이라 하겠다.

무용총의 벽화 중에서 또한 빼놓을 수 없는 그림이 명칭의 근거가 된 〈무용도〉다(그림75).[105] 널방 동벽에 그려져있어 서벽의 〈수렵도〉와 마주하고 있는 이 장면은 고구려 인물화의 또 다른 면모를 보여준다. 벽면 중앙에 말을 탄 주인공이 그려져있어 화면을 좌우로 양분한다. 좌반부에는 두 채의 기와집이 위아래에 그려져있는데, 위쪽 집에서 음식을 든 세 명의 여인들이 줄지어 나오고 있다. 이 여인들은 북벽쪽을 향하고 있어서 북벽의 접객도와 연결된 듯이 보이기도 하지만 양 벽 사이에 기둥이 그려져있는 것으로 보아 그렇게 보기는 어려울 것 같다. 이 동벽의 우반부에는 위쪽에 무용수들이, 그리고 아래쪽에는 기타 인물들이 묘사돼있다. 이처럼 동벽의 그림도 말 탄 주인공을 중심으로 하여 좌우로 반분돼있고 어느 정도 대

75 〈무용도〉(전체) 무용총 널방 동벽, 5세기

칭을 이루고 있다. 이는 북벽의 〈접객도〉에서도 나타난다(그림42).

　동벽의 벽화는 이처럼 반분돼있어 통일감을 잃었으며 나타내고자 하는 내용이 명확치 않다. 아마도 주인공을 위한 연회 장면이 아닐까 생각된다. 즉 좌반부의 그림은 연회에 필요한 음식을 내가는 장면이고, 우반부의 그림은 연회 중의 가무 공연 장면으로 추측된다. 주인공이 말을 타고 있는 것으로 보아 승전 등 무언가 큰일을 해내고 온 듯하다. 특히 말을 탄 주인공이 우반부의 무용수들과 인물들을 향해있어 이 장면은 주인공을 위한 가무 행사임을 알 수 있다.

　우반부 가무 장면에서는 일렬로 선 다섯 명의 무용수 외에도 더 위쪽에 도창(導唱)으로 보이는 또 한 사람의 무용수와 거의 박락된 또 다른 인물이 보인다. 그 아래쪽에는 일렬로 늘어선 일곱 명의 남녀 인물들이 자유로운 모습을 하고 있다.

　주인공은 변(弁)이나 절풍(折風)으로 생각되는 것을 쓰고 검은 저고리를 입고 있어 북벽의 〈접객도〉에 보이는 주인공과 비슷한 차림새다. 말을 탄 주인공의 앞쪽에는 강아지 한 마리가 말과 같은 방향으로 앉아있어 풍속화다운 분위기를 높여준다. 이처럼 강아지가 등장하는 그림은 안악3호분의 부엌, 각저총의 씨름 장면 등을 들 수 있다.

　동벽의 그림 중에서 가장 관심을 끄는 것은 무용수들의 모습이다. 이들은 모두 점무늬가 촘촘한 저고리와 바지를 입고 허리끈을 매었다. 저고리는 왼쪽으로 여며져있고 소매가 길며 바지는 통이 좁다. 이들 중에서 두 여인은 바지 위에 주름치마를 입고 겉에는 다시 긴 포(袍)를 겹쳐 입었다. 고구려 전통 복식과 중국에서 전래된 뒤 고구려화한 포를 함께 입고 있어서 주목된다. 그런데 이 무용수들이 입은 저고리와 포의 소매는 유난히 긴

데 아마도 춤출 때 입는 옷이기 때문일 것이다.

　무용수의 표현은 고졸성이 꽤 강하다. 우선 팔이 모두 왼쪽 겨드랑이에서 돌출한 것처럼 표현돼있어서 합리적이지 못할 뿐 아니라 얼굴들도 서로 비슷해 개성이 보이지 않는다. 그러나 열 지어 선 다섯 명의 무용수를 완벽한 수평선상에 세우지 않고, 처음 세 명은 엇비스듬하게 세우고 뒤의 두 명만 수평을 이루게 포치하여 변화를 준 점은 괄목할 만하다.

　전반적으로 이 동벽의 그림은 서벽의 〈수렵도〉에 비하여 수준이 떨어진다. 이는 동벽과 서벽의 화가가 동일인이 아님을 뜻하며, 또한 고구려 벽화의 제작이 적어도 경우에 따라서는 한 사람에 의하지 않고 몇 사람의 분업 하에 공동제작되었을 가능성이 있음을 시사하는 것이라 하겠다. 따라서 화가에 따른 솜씨의 차이가 같은 고분의 벽화, 같은 시대의 벽화에서 나타나는 것이다. 아무튼 무용총의 벽화는 동벽의 벽화는 아직 고졸한 느낌을 완전히 벗지 못했으나 서벽의 〈수렵도〉처럼 상당히 활력에 넘치고 세련된 면모를 보여주기도 하는 등 복합적인 성격을 띤다.

수산리 벽화고분의 〈곡예감상도〉

쌍영총과 연대 및 여러 가지 양상이 매우 엇비슷한 무덤이 1971년에 발견된 평안남도 강서군 수산면 수산리 소재의 수산리 벽화고분이다. 판석으로 된 단실묘로 남쪽에 널길이 나있으며 방대형 분구(方臺形墳丘)를 지었다. 다실묘나 2실묘가 아닌 단실묘이기 때문에 인물풍속화를 그려넣을 공간이 극히 제한적이었다. 그래서 벽면에 문양띠를 그려 상하 양분, 공간을 효율적으로 활용하였다.

76 (위) 〈곡예감상도〉 수산리 벽화고분 널방 서벽, 5세기
   (아래) 〈곡예감상도〉 모사도(《2004 남북공동기획 고구려문화전》)

이 수산리 벽화고분은 북벽에 부부 초상이 그려져있어 약수리 고분 및 쌍영총과 비교되고, 동벽 하부에는 주인공의 〈행렬도〉가 묘사돼있어 안악 3호분·덕흥리 벽화고분·약수리 벽화고분·대안리(大安里) 1호분·팔청리 (八淸里) 벽화고분과 비교된다.[106] 또한 여인들의 옷차림은 쌍영총·무용총·안악3호분과 비교되며, 서벽 상부에 표현된 곡예 장면은 약수리 벽화고분 및 팔청리 벽화고분과 비교된다. 이를 종합하여 보면 수산리 고분의 연대는 대체로 5세기 초로 판단된다.

수산리 벽화고분의 벽화 중에서 가장 잘 알려지고 관심을 끄는 것은 서벽 상부에 그려져있는 곡예 장면과 그것을 감상하는 주인공 부부의 모습이다(그림76). 이 장면에서 주인공과 부인은 서벽에, 곡예 장면은 남벽 서측에 연이어 그려져있다. 곡예는 위편에 긴 나무다리 걷기를 하는 장면을, 아래편에 다섯 개의 둥근 고리와 둥근 고리가 달린 막대기를 엇바꾸어 던지는 사람들로 이루어져 있다.[107] 이 곡예사들은 움직이기 편하도록 바지를 각반으로 감쌌으며, 주인공 부부와 시자들과는 달리 좌임의 상의를 입고 있어 흥미롭다. 어쩌면 주인공 부부를 위해 멀리 통구 지방으로부터 왔는지도 모르겠다.

그런데 곡예 장면 중에서 긴 나무다리 걷기 재주를 부리는 소년은 머리를 귀 뒤쪽에서 두 갈래로 묶었는데 이러한 머리 모양은 백제의 아좌태자 (阿佐太子)가 그렸다고 전해지는 〈쇼토쿠 태자와 두 왕자상[聖德太子及二王子像]〉의 왕자들이 하고 있는 머리와 비슷하여 주목된다.[108] 고구려 소년들의 머리매무새가 백제나 일본에 전파되어 영향을 미쳤던 것으로 보인다.

주인공은 어린 소년으로 보이는 시자가 받쳐 든, 자루가 구부러지고 긴 검은색 일산을 받고 측면이 보이게 서있다. 오늘날 웨딩드레스처럼 길게 늘어지고 넓게 퍼진 누런색의 장포를 입었는데 소매는 넉넉한 모습이며 깃과 소매와 끝동에는 검은색 선이 달려있다. 머리에는 검은색의 관을 썼다. 그의 차림새는 마치 군왕과 같다.[109] 주인공과 시종 뒤에 검은 저고리와 점무늬가 있는 통이 넓은 바지를 입은 인물이 서있는데 신분이 꽤 높은 듯 주인공 부부와 비슷한 크기로 그려져있다. 혹시 왕자나 그와 비슷한 인물이 아닐까 추측된다.

    이 사람 뒤에 주인공의 부인이 서있는데 검은색 일산을 받고 있다. 남자주인공은 남자 시자가, 부인은 시녀가 모시고 있어 철저한 남녀유별을 보여준다. 부인은 얼굴에 연지를 찍었으며 붉은색 옷깃과 소매 끝동이 있는 검은색 저고리와 색동으로 된 주름치마를 입고 있다. 이러한 색동의 주름치마는 이미 덕흥리 벽화고분에서 여주인공의 우교차 뒤를 따르는 시녀가 입고 있었다. 주름치마는 또한 일본 다카마쓰 고분 벽화에 나타나는 여인들도 입고 있어 고구려 복식의 일본 전파를 알 수 있다.[110] 이처럼 여러 가지 색으로 된 색동의 주름치마는 늦어도 5세기 초부터 유행하기 시작하였고 멀리 일본에까지 영향을 미쳐 다카마쓰 고분이 축조되었던 7세기 말~8세기 초까지 이어졌음이 확인된다.

    이 부인 뒤에는 다섯 명의 여인이 따르고 있는데 그 차림새가 대체로 앞에서 본 쌍영총 널길 동벽에 그려진 여인들과 매우 흡사하다. 머리 모양, 연지를 찍은 볼, 좁은 어깨, 가슴에 손을 모은 모양, 검은색 단이 달린 춤이 긴 저고리와 잘게 주름 잡힌 치마, 정면을 향한 채 약간 측면으로 몸을 튼 듯한 자세 등이 매우 비슷하다. 이것은 결국 쌍영총과 수산리 고분의 축조 연대가 비슷함을 의미한다. 이 밖에도 벽면과 천정을 구분 짓는 도리와 그 안에 그려진 파상평행유운문(波狀平行流雲紋)에서 두 고분의 유사성을 알 수 있다.

 이와 같이 수산리 벽화고분은 쌍영총과 함께 5세기 초 고구려의 활달하고 당당하며 세련된 인물화의 면모를 잘 보여준다. 그 이전의 약간 어설픈 듯한 표현과는 달리 매우 숙달되어서 5세기에 이르러 고구려의 회화가 매우 높은 수준에 이르렀음을 알려준다.

투기도
— 넘치는 힘과 상무의 전통

고구려인의 기질과 고구려 회화의 특성을 잘 드러내는 것으로 수박(手搏)이나 씨름 등 투기(鬪技) 장면을 묘사한 그림이 있다. 이러한 그림들은 힘과 재주를 겨루는 장면을 묘사한 것이다.

안악3호분의 〈수박도〉

투기 장면을 보여주는 고구려의 벽화 중에서 제일 먼저 관심의 대상이 되는 것은 안악3호분의 앞방 동벽 상부에 그려져있는 〈수박도〉이다(그림15). 두 인물이 태껸이라고도 하는 전통무예 수박희(手搏戱)를 하고 있는데, 그 표현이 매우 허술하여 같은 무덤의 주인공 부부 초상이나 〈행렬도〉를 그린 솜씨로 보기가 어렵다. 비교적 덜 중요한 그림이기 때문에 다소 솜씨가 떨어지는 화공이 그린 것으로 여겨진다.

　아무튼 이 인물들의 신체적 특성과 동작의 표현은 매우 어설프다. 그런데 주목되는 것은 왼편의 인물은 코가 유난히 크고 구부러져 있어서 서역인으로 보인다. 이는 신체가 장대하고 용맹한 서역인과 겨루어서도 이길 수 있었던 주인공의 힘을 상징적으로 표현한 것이 아닐까 추측되는데, 무용총의 〈수박도〉와 각저총의 〈씨름도〉에서도 이와 같은 양상이 보인다. 이는 안악3호분을 비롯한 많은 고구려의 벽화 고분에 나타나는 말각조정, 신수·서조·영초 등의 서역적인 요소들과 함께 주목해야 할 사항이다.[111]

각저총의 〈씨름도〉

투기도의 대표적인 예는 각저총 널방 동벽에 그려져있는 씨름 장면이다 (그림41). 벽면의 중앙에 큰 나무가 한 그루 비스듬히 솟아올라 화면을 좌우로 양분하여 좌반부에는 세 개의 보주(寶珠)로 장식된 집과 운문(雲紋)을, 우반부에는 맞붙어 씨름하는 인물과 이를 지켜보는 노인과 강아지를 그렸다. '손바닥 위에 주먹밥을 올려놓은 듯한' 모습의 나무에는 검은 새들이 씨름 장면을 구경하듯 묘사돼있다. 나무, 집, 구름 등이 모두 무용총 벽화와 유사하며 화면을 반분하여 그림을 그리는 기법도 〈무용도〉와 상통한다(그림75).

그런데 이 각저총의 그림에서는 주제를 나무 밑에 표현하고 있어 일종의 '수하인물도(樹下人物圖)'의 유형을 보여준다. 두 명의 장사가 맞붙어 씨름을 하고 있는데 이들은 간단한 하의와 샅바를 착용하고 있다. 오른쪽 장사는 전형적인 한국 사람의 모습이지만 왼편의 인물은 눈이 유난히 길고 크며 매부리코를 지니고 있어 서역인으로 여겨진다.

나무로 경계 지어진 오른쪽의 씨름 장면만 보면 삼각구도의 전통이 남아있다. 각 인물의 개성이 두드러져 보이고 장사들의 하체는 굵고 튼튼하게 그려 특징을 잘 잡아냈다. 이러한 모든 점들은 이 각저총의 화가가 꽤 솜씨 있는 인물이었음과 고구려의 인물화가 각저총 축조기에 이르러 높은 수준에 올라있었음을 확인시켜준다. 또한 나무의 표현에는 몰골법을, 인물의 묘사에는 구륵전채법(鉤勒塡彩法, 윤곽선을 그리고 그 안을 색으로 채우는 회화 기법)을 구사한 사실도 주목된다. 그리고 측면관이 인물들의 표현에 여전히 지배적인 경향으로 남아있음을 볼 수 있는데 전통성과 함께 주제의 성격과 묘사의 용이성에 연유한 것으로 보인다.

무용총의 〈수박도〉

고구려적인 힘과 활력을 잘 표현하고 있는 투기의 장면은 무용총 널방 북벽 천정 받침에 그려져있는 〈수박도〉(또는 〈태권도〉)다(그림77). 이곳의 두 장사도 각저총 씨름 장면의 장사들처럼 간단한 하의와 샅바를 갖추고 겨루고 있는데 힘이 넘쳐 보인다. 두 사람이 서로 떨어져 한 팔은 상대를 향하여 힘차게 뻗고 다른 한 팔은 다음 공격을 위하여 접은 채로 대결의 자세를 취하고 있다. 적을 대하고 있는 긴장된 표정, 강인해 보이는 턱, 가슴과 굵은 장단지 근육 등이 두드러진다. 이는 특히 왼편의 인물에게서 더 강하게 나타난다. 인물 묘사는 약간 미숙하지만 힘과 긴장감의 표현은 성공적이다. 약간의 담채가 곁들여졌지만 마치 백묘화를 보는 듯한 느낌을 준다.

77 (위) 〈수박도〉 무용총 널방 북벽
　　천장고임, 5세기
78 (아래) 〈씨름도〉 장천1호분
　　〈수렵야유회도〉 왼쪽 윗부분, 5세기

장천1호분의 〈씨름도〉

고구려의 씨름 장면은 각저총 외에 앞서 소개한 장천1호분의 수렵과 야유 장면에서도 보인다. 여기에서는 씨름이 수렵과 야유 장면의 한쪽 구석에 나타나있어 소극적으로 다루어진 느낌이 들지만, 오히려 고구려인들이 수렵이나 야유회 등 기회 있을 때마다 씨름을 하거나 태권도를 겨루거나 했음을 보여주는 좋은 예다. 이곳의 씨름꾼들은 서로 붙들고 서서 다리를 걸어 쓰러뜨리려는 모습을 하고 있다(그림78). 이들은 끝에 검은 선을 댄 하의를 입고 검은 띠를 매고 있는데 하체가 굵고 튼튼하다. 이는 장사들의 신체적인 특징과 힘을 표현하기 위함이다. 그러나 얼굴은 작게 그려져 신분이 높지 않은 인물임을 나타낸다. 각저총, 무용총, 장천1호분을 위시한 고분의 벽화들에서 신분이 낮은 인물들은 신체에 비하여 얼굴이 아주 작게 표현돼있음을 확인할 수 있다.

이렇듯 투기 장면을 묘사한 그림들은 힘과 무예를 중시하던 고구려인의 기질과 고구려 회화의 특성을 잘 드러낸다. 그러나 각저총의 경우를 제외하고는 이러한 투기도들은 대부분 솜씨가 떨어지는 화가에 의해 제작되었거나 주요 벽면을 벗어난 화면에 그려져있어 그 특성이 충실히 부각되지 못하는 측면이 있다. 그리고 투기에 임하는 두 인물들 중에서 한 사람은 코와 눈이 커 서역 인물로 간주되는 점도 주목된다.

신선도
— 불로장생의 상징

후기에 이르러 단실묘가 지배적으로 지어지고 사신도가 네 벽을 차지하게 되면서 묘주의 생활상을 보여주는 인물풍속도는 거의 그려지지 않게 되었다. 후기가 되면서 일상생활 속의 인물화가 사라진 대신 도교적 경향과 함께 불로장생(不老長生)의 상징인 신선의 모습이 종종 그려졌으므로 6~7세기 고구려 인물화의 양상을 이 신선들의 모습을 통해서 어느 정도 살펴볼 수 있다. 후기의 인물화를 이해하는 데 참고가 되는 그림으로는 신선도 외에도 비천상, 복희와 여와 등이 있지만 통상적인 인간형과 거리가 있으므로 이곳에서는 되도록 고찰에 포함시키지 않겠다. 후기 이전에도 무용총의 경우에서 대표적으로 볼 수 있는 바와 같이 신선도가 그려졌던 것이 사실이지만(그림12),[112] 여기서는 신선의 연구가 목적이 아니므로 그것들에 대한 고찰은 생략하고 후기의 신선도에 한정하여 살펴보기로 하겠다.

후기의 고분 중에서 참고가 될 만한 신선도를 가장 풍부하게 지니고 있는 것은 지안 지역의 5회분 4호묘와 5호묘다. 이 고분은 단실묘로서 7

세기에 축조된 것으로 추정되는데, 농신, 수신, 야철신, 제륜신, 무용신(舞踊神), 각종 악기를 연주하는 신, 용이나 학을 탄 신 등 다양한 신선들의 모습이 그려져있다.[113] 전반적으로 5회분 4호묘의 벽화가 5호묘보다 세련돼 있으므로 이 4호묘 벽화 중에서 대표적인 몇 작품만을 간략하게 살펴보기로 하겠다.

먼저 5회분 4호묘의 천정 1층 말각에 그려져있는 수신과 야철신의 그림이 주목된다(그림53, 79). 화면의 중앙에 입을 크게 벌리고 머리와 몸을 뒤튼 채 서 있는 청룡을 표현하고 그 좌우의 공간에 각기 수신과 야철신을 그려 넣었다. 왼편에는 두 그루의 나무들이 이룬 공간에 수신의 모습이 보이는데 얼굴은 길고 넙적하며 긴 머리와 옷자락들이 바람에 휘날리고 있다(그림53). 이 수신은 길고 넓은 소매가 달린 장포를 입고 있는데 마치 춤추는 듯한 자세여서 소맷자락과 옷자락이 바람에 나부끼고 있다. 이 때문에 동적인 느낌을 강하게 풍기는데, 이 점은 강서대묘의 비천상이나 진파리1호분의 비운연화문(飛雲蓮花紋)에서 느낄 수 있는 것과도 같아서 고구려 후기 벽화의 공통적인 특색임을 알 수 있다. 얼굴도 초기나 중기의 인물들에 비하여 훨씬 개성과 특징을 잘 드러내고 있다. 뒤로 날리는 소맷자락들 사이에는 불을 나타내는 붉은 화염이 보인다.

야철신은 나무 밑에서 무엇엔가 걸터앉아 오른손에 망치를 들고 모루 위에 놓인 벌겋게 달궈진 쇠를 두드리며 일을 하고 있는데 작업에 편리하도록 소매가 짧은 저고리와 다리가 드러나는 짧은 바지를 입고 있다(그림 79). 저고리는 합임으로 돼있고 노란색 선을 끝에 댄 담흑색 옷이다. 앉음새, 동작 등이 흠잡기 어려울 정도로 자연스러워서 종래의 고졸함을 찾아보기 어렵다. 후기에 이르러 고구려 인물화의 수준이 현저하게 높아졌음

79 (위) 〈야철신〉 5회분 4호묘 널방 천장고임, 7세기 전반
80 (아래) 〈제륜신〉 5회분 4호묘 널방 천장고임, 7세기 전반

을 이에서 확인하게 된다.

그리고 반원을 그리는 나무의 밑에 주제를 표현하는 경향은 이미 각저총의 씨름 장면에서 본 바 있다(그림41). 이로써 구성상의 전통을 확인하게 된다. 또한 이 그림에 보이는 나무들의 형태, 나무를 적당한 거리를 두고 그려넣어 공간을 적절하게 할애하는 구성 방법 등은 중국 육조시대 회화의 영향을 소화하여 발전한 것임을 부인할 수 없다.[114] 이곳의 나무들은 몰골법으로 그려졌는데 나무의 모습이 이전에 비하여 훨씬 사실적이며 진전된 형태를 지니고 있다. 공간의 구획을 담당하는 기능과 함께 형태도 육조풍(六朝風)을 지니고 있다.

이 4호묘의 야철신과 모서리를 경계로 하여 그려져있는 것이 제륜신의 모습이다(그림80). 두 그루 나무 사이에서 바퀴를 굴리며 달리는 모습을 하고 있다. 역시 노란 깃이 달린 담흑색 포를 입었는데 소맷자락과 옷자락이 갈라져서, 뛰는 동작에 따라 바람에 휘날리고 있다. 발에는 검은색의 큰 신을 신었다. 인물의 빠른 동작과 동세 등이 아주 자연스럽고 능란한 솜씨로 묘사돼있어 화가의 기량과 회화의 발달을 느끼게 한다. 그리고 바퀴는 직경이 크고 테가 가늘어서 앞에서 보았던 어느 수레의 바퀴보다도 효율적으로 발달된 모양이다.

이처럼 이 고분은 신선, 수목, 기타의 소재를 표현하는 정확하고 숙달된 묘사력, 넘치는 활력과 힘찬 동작, 선명한 색채 감각 등이 돋보여 7세기에 이르러 고구려의 인물화를 포함한 회화가 전반적으로 크게 발전했음을 확실하게 밝혀준다.

이는 4호묘의 천정에 그려진 여와의 모습에서 재확인된다(그림81). 섬여가 든 둥근 월상을 이고 있는데, 상체는 사람의 모습이며 하체는 뱀의 몸을

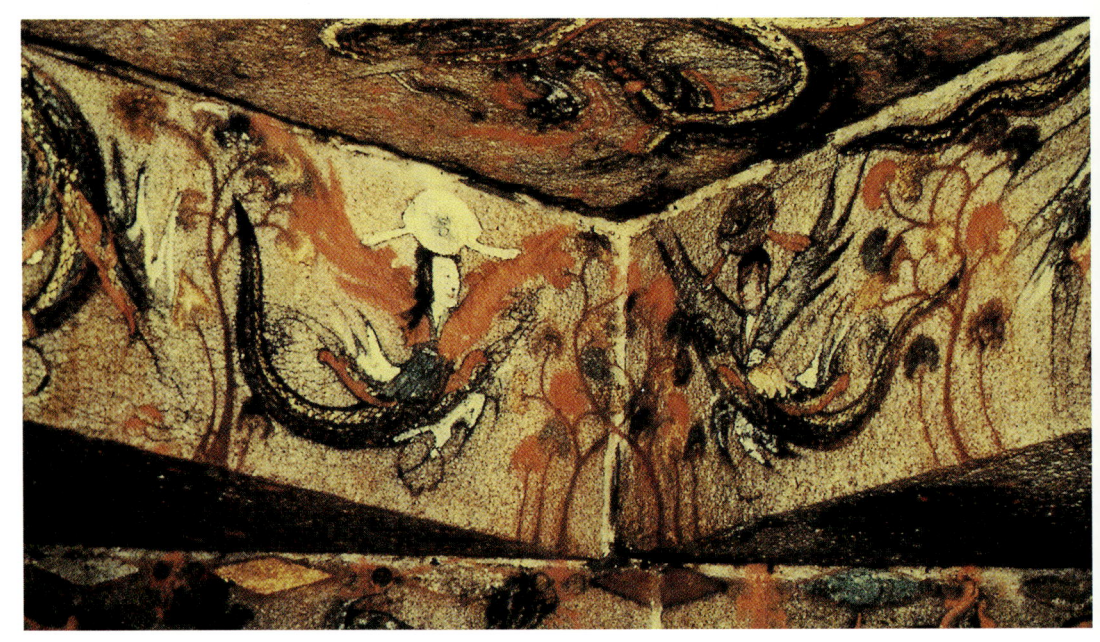

81 〈복희와 여와〉 5회분 4호묘 널방 천장고임, 7세기 전반

하고 있다. 정상적인 인물의 모습은 아니지만 얼굴과 상체의 표현은 고구려 후기 인물화의 수준을 이해하는 데 크게 도움이 된다. 붉은색 저고리에 흰 깃이 달려있으며 소맷자락은 갈라진 채 나부끼고 있다. 무엇보다도 이목구비가 뚜렷하며 개성이 분명하게 나타나있다. 얼굴이 약간 길고 희며 미인이다. 마치 살아있는 고구려 미인을 대하는 듯한 느낌이 든다. 고구려 후기의 인물화가 이전과 달리 궤도에 올랐음을 다시 확인하게 된다.

이제까지 인물화를 중심으로 대강 살펴보았듯이 고구려 고분벽화는 그 내용이나 화풍 면에서 대단히 풍부하고 괄목할 만한 것이다. 또 시대의 변천에 따라 그 양상이 계속 변화하였고 화풍 면에서는 발달을 거듭했음을 알 수 있다. 고분벽화에서 확인할 수 있는 여러 가지 양상들은 당시 고구려의 일반회화에도 대부분 투영되었을 것이고, 또 다른 문화적 요소들과 함께 백제, 신라, 일본 등에 영향을 미쳤을 가능성이 높다고 생각된다. 다만 벽화가 아닌 고구려 회화 작품이나 고구려의 문화적 영향을 받았던 나라의 전하는 작품이 드물어 구체적인 양상의 규명이 어려울 따름이다. 그러나 일본에서 발견된 다카마쓰 고분 벽화, 주구지(中宮寺) 소장의 〈천수국만다라수장〉, 호류지 소장의 옥충주자의 그림들은 그러한 고구려 영향의 실례로 매우 귀중하다.[115]

고구려 인물화의 특성과 의의

 지금까지 살펴본 바와 같이 인물화를 위시한 고구려의 회화는 초기부터 후기에 이르기까지 시대의 흐름에 따라 발전하면서 변화했음이 확인된다. 인물화의 주제와 내용에 있어 주인공 초상, 주인공 부부상, 행렬도, 수렵도 등 주인공과 직접 관련된 것들이 초기부터 중기에 걸쳐 활발하게 제작되다가 후기에 이르면 여러 신선들이 등장하였다.

 초기와 중기에 주인공의 권위와 부귀영화를 보여주던 벽화는 시대의 변천에 따라 점차 간소화됐다. 많은 사람과 말이 등장하는 행렬도 같은 그림이 안악3호분, 덕흥리 벽화고분, 수산리 벽화고분 등 초기 벽화에서 적극적으로 그려지다가 그 후에는 자취를 감추게 된 것이 그 좋은 예이다. 이는 무덤의 내부구조가 '다실묘→2실묘→단실묘'로 점차 단순화된 것과도 맥을 같이한다. 즉 복잡하고 번거로운 것을 피하면서 꼭 필요한 내용의 표현에 주력하려는 실리적 경향과 묘실 및 공간의 축소에 따른 화면의 감소가 합치되었기 때문인 것으로 여겨진다.

주제를 표현하는 방법도 중국적인 것에서 고구려적인 것으로 빠르게 변화하였다. 가장 연대가 올라가는 357년 안악3호분에 보이는 주인공 부부 등 인물의 모습과 복식은 중국적 요소를 비교적 강하게 드러내고 있으나, 그 반세기 뒤인 408년의 덕흥리 벽화고분에 이르면 상당히 고구려화되었다. 후대로 갈수록 벽화에서 고구려적인 특성이 더욱 철저하고 강하게 드러난다. 덕흥리 벽화고분이 축조되었던 5세기 초가 고구려 회화나 문화가 '고구려화'로 치닫게 된 고비로 여겨진다. 안악3호분과 덕흥리 벽화고분 이후에는 모두루묘(牟頭婁墓)를 제외하고는 주인공에 관해 기록하는 중국식의 묵서법이 사라진 점이나 인물들이 지위고하를 막론하고 모두 고구려 복식을 착용하고 있는 점과 화풍이 더욱 고구려의 특성을 드러내고 있는 사실 등이 그 증거다.

고구려의 문화는 평양 지역과 통구 지역 사이에 어느 정도의 차이가 있었던 것으로 생각된다. 평양 지역 고분벽화에 나오는 인물들이 고구려 복식을 착용하고 있으면서도 중국식으로 우임을 하고 있는 데 반하여 통구 지역에서는 인물들이 고구려적인 좌임을 고수하고 있는 점은 이를 강력히 시사한다.[116] 이로써 보면 평양 지역에서 중국 문화의 수용에 더 적극적이었던 듯하고 통구 지역에서는 고구려 문화의 전통을 지키려는 경향을 강하게 띠었으리라고 짐작할 수 있다.

고구려의 인물화는 인물의 신분에 따라 크기와 비중을 달리 나타내는 '위계적 차등 표현'을 전통적으로 유지했다. 이에 따라 주인공 초상의 경우 삼각구도가 보편적으로 활용되었다. 많은 인물들이 등장하는 경우에는 대칭구도 등의 좀 더 자유로운 구도가 채택되었다. 이러한 경우에 주인공은 대체로 중심이나 중심축 가까이에 표현되었다. 또한 주인공 초상이나 주인공 부부상의 경우를 제외하고는 거의 모든 인물들이 측면관으로 표현되었다. 이러한 점에서 보면 고구려의 인물화는 고대 인물화의 보편적인 특성을 지니고 있다고 할 수 있다.

종교나 사상과 관련하여 보면 고구려의 벽화에 나타나는 인물화는 초기부터 중기에 걸쳐 불교적 색채를 강하게 띠었으나 후기에 이르면 도가적 취향이 현저해졌다. 안악3호분과 덕흥리 벽화고분의 주인공이 유마거사를 연상시키는 모습을 하고 있는 점 외에, 쌍영총의 여주인공이 불공을 드리러 가는 장면, 무용총의 주인공이 승려들을 접대하고 있는 장면, 장천1호분의 〈예불도〉와 연화화생 장면 등은 초·중기의 인물화와 불교의 밀접한 관계를 말해주는 분명한 예들이다. 이와는 대조적으로 후기 고분벽화에는 통상적인 인물들이 아닌 여러 신선들의 모습이 종종 보이고 있어 도가적 측면을 강하게 보여준다.

고구려의 인물화는 사실적 표현에 충실하였다. 복식이나 각종 기물 등의 충실한 묘사만을 보아도 알 수 있다. 이러한 충실한 사실적 묘사는 시대적 변천에 따라 점차 발달하였다. 초기의 주인공 초상들이 충실한 묘사에 노력을 기울였음에도 불구하고 아직 주인공 특유의 개성을 다른 인물들과 구분하여 표현하지 못했던 데 비하여 후기의 신선도나 복희·여와 등의 얼굴이 뚜렷하게 개성 있는 표정을 지니고 있는 점에서도 그러한 사실을 확인할 수 있다.

이 밖에도 고구려의 인물화는 고구려의 회화나 미술 문화가 일반적으로 나타내는 힘차고 활달하며 동적이고 다소 긴장감이 감도는 특성을 고스란히 드러낸다. 대부분 정지된 모습보다는 움직이는 모습으로 표현돼있는 점에서도 이를 단적으로 엿볼 수 있다. 특히 많은 인물이 등장하는 행렬도, 빠른 속도의 표현을 필요로 하는 수렵도, 강한 힘겨루기의 표본인 투기도, 하늘을 나는 비천상과 신선 등에서는 더욱 더 고구려 특유의 힘차고 동적이며 긴장된 분위기를 잘 드러낸다.

고구려의 인물화는 이처럼 고구려 문화의 다양한 측면과 특성을 잘 담고 있다고 하겠다. 이러한 고구려의 인물화는 앞에서도 언급했듯 다른 회화나 미술과 마찬가지로 백제, 신라, 가야, 발해, 일본에 전해져 많은 영향을 미쳤다.

고구려 회화의
대對 일본 영향

01
일본에서
활약한
고구려계
화가들

우리나라의 미술 문화가 일본에 영향을 미치기 시작한 것은 선사시대부터이며 그러한 흐름은 조선시대까지 이어졌다. 특히 삼국시대에는, 고구려·백제·신라·가야가 일본의 아스카 조정에 회화·서예·조각·각종 공예·건축 등 다방면에 걸쳐 심대한 영향을 주었다. 미술의 여러 분야 중에서도 회화가 미친 영향이 특히 컸는데 그 대강이 소개된 적은 있으나 구체적이고 체계적인 연구는 우리 학계에서 아직 이루어진 바가 없다.[117]

그래서 이 책을 통해 삼국시대 우리나라에서 일본에 파견된 화가 및 그곳에 정착하여 살면서 일반 회화 발전에 기여한 국제 화사(畵師)들 또는 화사씨족집단(畵師氏族集團)에 관하여 알아보고, 이어서 삼국시대 우리나라 회화의 영향이 담긴 〈천수국만다라수장(天壽國曼茶羅繡帳)〉, 옥충주자(玉蟲廚子), 다카마쓰(高松) 고분 벽화, 호류지(法隆寺) 금당벽화 등의 대표적 작품들에 대한 양식적 특징의 분석 및 비교 고찰을 시도하여 이 시대 우리나라의 회화가 일본에 미친 영향의 실상을 검토해 보고자 한다. 이러한 작업은 결국 회화 사료가 영성한 우리나라 고대 회화의 이해에도 보탬이 되리라고 본다.

일본에서는 〈천수국만다라수장〉이나 옥충주자를 비롯한 대표작에 관한 다양한 관점의 수많은 논문과 저서가 나와있어 일본 학계가 지닌 관심의 심도를 엿볼 수 있다.[118] 일본 학자의 연구 업적은 대단히 주도면밀하여 그 작품의 제반 문제를 파악하는 데 크게 도움이 된다. 그러나 양식적 특징의 분석 및 비교 고찰은 부족한 감이 없지 않고 또한 그들의 결론에 수긍하기 어려운 경우도 꽤 있다. 이에 저자는 지엽적인 문제에 관해서는 기왕에 일본에서 나온 업적에 독자들이 관심을 가져주기 바라면서 좀 더 본질적인 문제를 다루고자 한다. 국내의 학계에서는 처음으로 이루어지는 작업이므로 부족한 점이 많을 것으로 생각되나 후배들에 의한 앞으로의 보다 철저한 연구를 위하여 하나의 디딤돌이 된다면 더없는 기쁨이겠다.

삼국시대의 우리나라에서는 고구려, 백제, 신라, 가야 등이 정치·외교·군사면에서의 국력 신장을 위한 치열한 경쟁을 벌이면서도 문화적으로는 서로 교류하면서 상당히 괄목할 만한 정도의 영향을 주고받았던 사실이 여러 면에서 확인된다. 또한 이 나라들은 중국의 영향을 선별적으로 수용하여 수준 높고 특성 있는 자체적 미술 문화를 발전시키고, 더 나아가 일본에 그것을 전하여 그 나라의 고대 문화 형성에 결정적인 기여를 했다. 이처럼 삼국시대의 미술 문화는 우리나라 역사상 국가와 지역에 따른 다양성과 특수성, 국제적 성격 형성과 기여라는 면에서 가장 괄목할 만한 업적을 남겼다. 이 시대의 회화가 일본에 미친 영향도 이러한 역사적 현상을 반영함은 물론이다.[119]

회화를 포함한 미술이나 문화의 전파와 교류는 일차적으로는 양 지역이나 국가를 오고 가는 사람들에 의하여 이루어지며, 부차적으로는 이들이 전하는 작품이나 물건들에 의하여 형성된다. 이러한 의미에서 무엇보다도 먼저 우리나라로부터 어떠한 인물이 일본에 건너갔는지 알아볼 필요가 있다. 《삼국사기(三國史記)》의 기록을 중심으로 살펴보기로 하겠다.

삼국시대의 회화를 일본에 전하고 뿌리내리는 데 기여한 화가들은 출신국별로 구분되는 이외에도 크게 보아 두 계통으로 나뉜다. 그 첫 번째 부류는 삼국으로부터 일본에 파견되는 사절단을 따라 그곳에 가서 영향을 미쳤던 인물들이며, 두 번째 부류는 그곳에서 장기간에 걸쳐 대대로 정착하여 살면서 화사씨족을 이루어 일본 조정의 회사(繪事)에 임함으로써 그곳의 회화 발전에 기여한 화가들이다.

첫 번째 부류의 화가들이 일본에 일정한 기간만 체류하였던 반면 두 번째 부류의 화가들은 대를 이으며 아스카 시대(飛鳥時代, 552~645년)부터 헤이안 시대(平安時代, 794~1185년)까지 여러 세기에 걸쳐 활동하였다. 그러나 어느 부류에 속하든 그들은 삼국시대의 우리나라 화풍을 일본에 전하고, 그것을 계승·발전시키는 데 크게 기여하였다는 점에서 막중한 의미를 지니고 있다. 여기서는 이들 가운데 고구려계 화가를 살펴보고자 한다.

일본에서 고구려계의 화가들이 본격적으로 활동한 것은 백제계 화가보다 약간 늦은 7세기 초 무렵부터로 생각된다. 즉 백제계의 화가들이 이미 수립한 회화상의 계보에 이어 새롭게 고구려의 화가들이 늦어도 7세기경부터 적극적으로 일본에 건너가 활동하기 시작했던 것이다.

고구려 출신의 화가로 제일 먼저 주목되는 인물은 너무나 잘 알려져 있는 담징(曇徵)이다. 《일본서기(日本書紀)》에 의하면 그는 610년 3월에 승려 법정(法定)과 함께 일본에 파견되었는데, 오경(五經)을 알고 또한 채색 및 지묵을 능히 만들었으며, 일본에 맷돌 만드는 법을 전했다고 한다.[120]

이 기록에 의하여 생각하면 그는 오경과 불법에 통달한 학승이었고, 동시에 회화와 관계가 깊은 채색 및 지묵을 직접 만들 줄 아는 화승(畵僧)이었을 가능성이 높다. 담징은 일본 고대의 대표적 명찰인 호류지의 금당벽화를 그렸다고 전해지는데 이 벽화에 관해서는 뒤에 소개하겠다.

고구려계의 화가로서 담징 못지않게 중요시되는 인물은 가서일(加西溢, 가세이쓰)이다. 가서일은 쇼토쿠 태자가 622년 사망하자 그의 비가 극락왕생을 염원하며 채녀(綵女)들을 시켜서 제작한 〈천수국만다라수장〉의 밑그림을 야마토노 아야노 마켄(東漢末賢), 아야노 누노 가고리(漢奴加己利)와 함께 그렸다. 천수국만다라의 명문(銘文) 끝에 "화자동한말현 고려가서일 우한노가기리 영자량부진구마(畵者東漢末賢 高麗加西溢 又漢奴加己利 令者椋部秦久麻)"라고 돼있어 고마노 가세이쓰, 즉 고려가서일이 고구려계임을 확인할 수 있다. 〈천수국만다라수장〉에 표현되어 있는 인물들은 뒤에 소개하듯이 고구려 복식을 착용하고 있어 가서일을 통한 고구려 회화의 영향을 짐작케 한다.

어쨌든 삼국의 학자와 예술가들을 활용하여 일본 고대 문화의 전통을 세운 쇼토쿠 태자 등 당시 일본 최고의 인물을 위한 회사(繪事)에 고구려계의 가서일이 참여하였던 사실은 가서일 자신의 실력도 실력이지만 고구려 회화의 영향이 그곳에 크게 미치고 있었음을 말해준다고 하겠다.

이 밖에 7세기경부터는 고구려계 화가들의 활동이 백제계 이상으로 적극적이었음이 당시 일본에 형성돼있던 여러 화사씨족들에 대한 검토를 통하여 확인된다. 기부미노 에시(黃文畵師), 야마시로노 에시(山背畵師), 고마노 에시(高麗畵師), 기와치노 에시(河內畵師), 수하타노 에시(簀秦畵師), 야마토노 에시(倭畵師) 등의 여러 화사씨족 중에서 기부미, 야마시로, 고마 등은 고구려계, 가와치는 백제계, 그리고 수하타는 신라계로 믿어진다. 이것만 보아도 당시 일본 화단에서 고구려를 비롯한 삼국계 화가들이 차지했던 비중을 쉽게 짐작할 수 있다.

기부미노 에시와 야마시로노 에시는 604년 9월에 처음 정해졌고 이때부터 호과(戶課)를 면제받는 특혜를 누리게 되었다.[121] 나머지 화사씨족은 그 후에 정해졌을 가능성이 높다. 일본 조정이 화사씨족을 선정한 이유는 정치 제도와 의례(儀禮)를 정비하고 불교문화를 진작시키면서 그에 따라 자연히 증가하게 된 회화적인 수요에 대응하기 위함이었다.

기부미노 에시 계통의 화가로는 야마시로국(山背國) 구제군(久世郡)의 기부미노 무라지쿠로도(黃文連黑人)와 그의 호주(戶主)이며 정칠위상(正七位上)의 화공사령사(畫工司令史)의 직책을 맡았던 기부미노 무라지오토마로(黃文連乙麻呂), 야마시로국 구제군의 기부미노 가와누시(黃文川主), 야마토국(大和國) 야마노베군(山邊郡)의 기부미노 미타(黃文三田) 등이 있다.[122] 특히 기부미노 무라지혼지쓰(黃文連本實)는 7세기 후반에 견당사(遣唐使)를 따라 당나라에 가서 〈불족적도(佛足跡圖)〉를 그려 돌아온 것으로 유명하며,[123] 그 후에 줄곧 조정의 회사에 기여하였다. 이러한 사례들로 볼 때 기부미노 에시는 7세기 초부터 8세기에 걸쳐 일본 황실과 조정의 회사에 깊이 관여했음이 분명하다.

야마시로노 에시에 관하여는 604년 이후에 별다른 언급이 없고 기부미노 에시가 대개 야마시로(山背)에 살았던 사실로 미루어 볼 때, 야마시로노 에시란 결국 기부미노 에시를 지칭하는 것이 아닐까 추측되기도 한다.[124] 고마노 에시로는 고마로(子麻呂)가 《일본서기》에 기록돼있다. 그는 659년에 같은 성을 가진 고구려의 손님을 자신의 집에 초청하여 잔치를 베풀었으며, 그보다 앞서 653년에는 승려 민(旻)이 죽었을 때 천황의 명을 받아 불보살의 상을 많이 제작했다고 한다.[125] 이처럼 7세기부터는 고구려계 화가들이 백제계 화가들 이상으로 일본의 국가적 회사에 주도적인 역할을 했던 것이다.

02
일본에 남아있는
고구려계 화풍의
작품들

〈천수국만다라수장〉

삼국시대의 우리나라 회화가 일본에 미친 영향은 그곳에 전해지고 있는 작품을 통해 확인해야 한다. 이러한 작품들은 대체로 고구려계와 백제계로 나뉘는데, 고구려계 작품이 백제계보다 좀 더 남아있는 편이다. 신라계나 가야계의 작품은 전해지지 않는다. 남아있는 작품이 지극히 한정돼있는 상황에서 삼국 회화가 미친 영향의 심도를 논하는 것은 타당치 않다고 생각되나, 현존작으로 국한한다면 고구려계의 영향이 가장 컸던 것 같다.

현재 일본에 전해지고 있는 고구려계 작품 가운데 제작 연대나 화가 등에서 가장 먼저 주목되는 것이 〈천수국만다라수장〉이다.

조성 배경 및 내력

〈천수국만다라수장〉은 622년 2월 22일에 사망한 쇼토쿠 태자를 추모하고 그의 극락왕생을 염원하여 그의 비인 다치바나 다이노로(橘大女郞)가 스이코(推古) 여왕의 허락을 얻어 채녀들로 하여금 제작케 한 것이다(그림82).[126]

이 작품은 야마토노 아야노 마켄(東漢末賢), 고려가서일(高麗加西溢, 고마노 가세이쓰), 아야노 누노 가고리(漢奴加己利), 이 세 사람이 그린 밑그림에 의해 만들어졌으며, 이때 지도 감독을 담당했던 사람이 구라베(椋部)의 하타쿠마(秦久麻)였음이 명문에 의해 확인된다.[127] 앞에서 지적했듯 밑그림을 그렸던 인물 중에서 고려가서일은 고구려 출신임이 자명하며, 야마토노 아야노 마켄과 아야노 누노 가고리도 가야계의 인물이었고 하타쿠마는 신라계 사람이었다고 여겨진다.[128] 〈천수국만다라수장〉에 고구려를 비롯한 우리나라 고대 회화의 영향이 미쳤음은 관계자들의 이름뿐 아니라 뒤에 살펴보듯이 수장(繡帳)에 나타난 회화적 요소와 양식에 의해서도 드러난다. 특히 고구려 회화의 영향이 현저하다.

본래 〈천수국만다라수장〉은 전체 두 장의 비단에 수놓아 만들어졌으며, 크기가 1장 6척 또는 2장에 가까웠던 큰 작품이었으나, 현재는 그 중 일부만 남아있으며 그 크기도 88.5×82.7센티미터에 지나지 않는다. 원래 호류지의 보고(寶庫)에 소장돼있었으나 완전히 잊혀졌다가 가마쿠라 시대(鎌倉時代, 1185~1336년)인 1273년 2월 26일 비구니 신뇨(信如)의 발원으로 새롭게 수놓은 뒤 주구지(中宮寺)에 양도되어 현재에 이르렀다.[129] 쇼토쿠 태자 사후에 만들어진 아스카 시대 작품을 고수장(古繡帳), 가마쿠라 시대에 새로 만든 것을 신수장(新繡帳)이라고 하는데, 모두 주구지의 화재로 잔편만 남게 되었다. 현재 액자로 꾸며져서 전해지는 것은 이 두 가지 수장의 잔편이 함께 섞여있다.

1275년에 완성된 신수장의 경우에도 제작에 관여했던 인물의 이름이 '천수국만다라이서(天壽國曼茶羅裏書)'에 의해 확인되는데 글을 쓴 이는 아자리 조칸(阿闍梨定觀), 그림을 그린이는 호간 료치(法眼良智), 수를 놓은 이

82 〈천수국만다라수장〉 일본 나라현 주구지(中宮寺) 소장, 비단에 자수, 잔편 액자

는 후지이 구니요시(藤井國吉)와 그의 아들 구니모리(國守)와 야스쿠니(安國)다.¹³⁰ 신수장의 제작자는 모두 13세기의 일본인으로 그 내용과 양식은 고수장을 비교적 충실하게 따르면서 가마쿠라 시대의 새로운 요소를 가미했다고 한다.

그런데 고수장이 호류지에서 발견되었던 13세기에는 수장의 아래쪽에 거북이 100마리가 수놓여 있었으며 한 마리 당 넉 자씩, 총 400자의 글자가 있었다고 한다.¹³¹ 수놓인 글자들은 《상궁성덕법왕제설(上宮聖德法王帝說)》인데,¹³² 이로 미루어 보면 13세기까지만 해도 아직 100마리 거북이와 그 안의 글자들이 알아볼 수 있을 정도였음을 알 수 있다. 사실상 신수장이 제작될 수 있었던 것도 그 고수장의 보존 상태가 내용을 알아볼 수 있는 정도는 되었기 때문이라고 생각된다.

이 신·구(新·舊) 수장은 모두 주구지에 보관되었으나 그 후로 무로마치 시대(室町時代, 1333~1573년)와 모모야마 시대(桃山時代, 1574~1614년)를 거치는 동안 화재로 일부가 소실, 잔편화되었다.¹³³ 신수장이 만들어진 지 5세기 가량 지난 1731년에 요시노리(良訓)라는 사람이 주구지에서 본 바에 의하면 명문을 지닌 귀갑(龜甲)은 불과 네 개였으며 그나마 한 개는 글자를 판독할 수 없을 정도였다고 한다.¹³⁴ 이처럼 18세기 전반에 이미 수장 잔편의 보존 상태가 극도로 나빠졌던 것을 알 수 있다. 그 후 18세기 후반에 두루마리로 꾸며졌다가 1919~1920년에 액자로 만들어져 현재에 이르게 되었다(그림82).¹³⁵

한 가지 흥미로운 것은 〈호류지가람연기병류기자재장(法隆寺伽藍緣起幷流記資財帳)〉의 "수장이장(繡帳二張) 기대입십조(其帶卄十條) 영삼백구십삼(鈴三百九十三)"이라는 기록으로 보아 〈천수국만다라수장〉에는 393개의 방울

83 〈천수국만다라수장〉
바탕깁 분포도
(大橋一章, 〈天壽國繡帳の原形〉)

이 달려있었을 가능성이 있으나, 다른 수장을 얘기했다는 이설(異說)도 있어 단정하기 어렵다.[136]

〈천수국만다라수장〉의 잔편은 현재 액자로 만들어져 주구지에 전해지는 것 외에도 역시 주구지 소장의 잔편(세 명의 승려 좌상과 귀갑 한 개), 호류지 소장의 잔편(인물 한 명과 비운, 당초), 후지타 헤이타로(藤田平太郎) 소장의 잔편(한 명의 천인과 한 개의 귀갑) 등이 남아있다. 따라서 글자를 지닌 귀갑은 주구지의 액자에 남아있는 네 개, 호류지와 후지타 헤이타로가 소장한 한 개씩을 합쳐 모두 여섯 개가 된다. 본래 100개였던 귀갑은 수장의 좌우와 아래쪽의 가장자리에 배치되었던 것으로 추정된다.[137]

이처럼 잔편들이 여기저기 흩어져있고 주구지 소장의 잔편도 고수장과 신수장이 혼합된 것으로 보여 본래의 구성이 어떠했는지는 단정하기 어렵다. 이 문제에 관해서는 뒤에 다시 거론하기로 하겠다. 현재 남아있는 잔편에는 보살·비구·속인 등의 인물, 궁전·종루 등의 건물, 월상, 화초, 초목, 비운, 연화 등이 보이는데 이것들은 백·적·황·청·녹·자(紫) 등 다양한 색으로 표현되었다. 그리고 수를 놓은 바탕의 깁은 자라(紫羅)·자릉(紫綾)·백평견(白平絹)의 세 종류인데, 자라 바탕은 아스카 시대의 고수장, 자릉과 백평견 바탕에 수를 놓은 것은 가마쿠라 시대의 신수장이다. 자라·자릉·백평견의 분포를 오하시 가즈부미(大橋一章)의 논문에 발표된 그림을 통하여 보면 다음과 같다(그림83).[138] 수를 놓은 기법도 평자(平刺)·연자(撚刺)·낙자(絡刺) 등을 비롯하여 아홉 가지나 된다고 한다.[139]

내용과 구성

〈천수국만다라수장〉의 내용에 관해서는 아미타정토, 미륵정토, 유마의 묘희정토(妙喜淨土), 석가의 영산정토(靈山淨土) 등 여러 가지 설이 있다.[140] 수장의 이름에 관해서도 '천수국(天壽國)'이 아니라 '무수국(无壽國)'이며, 따라서 석가가 태어난 나라인 천축국(天竺國), 즉 인도를 정토로 한 신앙을 반영한 것이라는 설이 있으나[141] 《법왕제설(法王帝設)》에 '천수국'이라 적었고 수장을 본 사람들이 모두 '천수국'이라 한 것으로 보아 타당치 않다고 생각한다. 이러한 여러 가지 설에도 불구하고 잔편들로 이루어진 현재의 작품으로는 어느 설이 맞는지 단정할 수 없는 형편이다. 다만 연화화생의 장면 등으로 미루어 보아 아미타정토설이 가장 유력시 된다.[142]

〈천수국만다라수장〉의 전체 내용이 본래 어떠했었는지 현존 수장을 통해서는 정확하게 알 길이 없다. 다만 고수장이 발견되었을 때 그것을 구체적으로 관찰한 조엔(定圓)이라는 사람이 쓴 《태자만다라강식(太子曼茶羅

講式)》이나 《성덕태자전기(聖德太子傳記)》의 기록을 통하여 대체적인 내용을 짐작할 뿐이다.[143]

먼저 《태자만다라강식》에 의하면, "사중궁전(四重宮殿)이 층을 이루어 서있고, 남녀와 금수의 격이 없으며, 일월(日月)의 이륜(二輪)이 있고, 양쪽 모서리에는 종경(鐘磬)이 있다"고 되어있다. 《성덕태자전기》에는 "보탑 궁전이 겹쳐있고, 금궐누대(金闕樓臺)가 역력하며, 마노(瑪瑙)와 호박(琥珀)이 색을 더하고, 연못에는 보련(寶蓮)이 피었으며, 영조(靈鳥)가 묘법의 이치를 노래하고, 성중집회(聖衆集會)에서는 이타(利他)의 일을 얘기하며, 계절의 변화가 없어 추위도 더위도 없는 그야말로 완연한 극락을 이루고 있다"고 전한다. 또한 "그 땅의 중앙에는 사중의 궁전이 있고, 좌우에는 종경이 있어 오쇠(五衰, 천인이 죽을 때 나타나는 다섯 가지 징조)의 꿈을 일깨운다"고도 했다.

이 기록들로 보아 〈천수국만다라수장〉의 내용이나 모습이 매우 아름답고 이상적인 극락의 세계를 이루고 있었음을 짐작할 수 있다. 이 기록에 나오는 모습이 현존의 주구지 소장 작품에도 보인다. 그러면 기록의 내용을 염두에 두고 액자로 돼있는 주구지 소장의 작품을 살펴보겠다.

먼저 이 작품은 여섯 개의 면으로 구분된다. 현존 작품은 타고 남은 조각을 이리저리 맞추어놓은 것으로 〈천추수국만다라수장〉의 본래의 구성이나 모습과는 차이가 많거나 심지어 전혀 관련이 없을 가능성도 높다. 그러나 좌측 상단에 월상을 배치하고 우측 하단에 종루를 배치한 것을 보면 본래의 구성을 가능한 한 존중하려 노력한 흔적이 엿보인다.

이와 관련하여 고구려 초기와 중기의 고분벽화가 좋은 참고가 된다. 초기와 중기의 고구려 고분벽화를 보면 네 벽에 주인공의 생활 장면을 그리고 천정에는 일월성신·신수·서조·영초 등 천상의 세계를 상징하는 것들을 그려넣어 무덤 내부를 하나의 소우주적인 세계로 꾸몄음이 확인된다.144 이것을 참조하면, 〈천수국만다라수장〉은 두 장 모두 하부에는 쇼토쿠 태자가 생전에 생활하던 모습이, 상부에는 그가 사후에 향한 천상의 세계가 묘사되었을 것으로 추측된다. 그리고 지상과 천상의 사이에는, 고구려 고분벽화에서 벽면과 천정의 사이를 당초문대나 도리로 구획 지었듯이 연주문(蓮珠紋) 등을 수놓았을 가능성도 없지 않다고 믿어진다.

어쨌든 두 장으로 이루어졌던 〈천수국만다라수장〉은 좌우에 나란히 놓여 대칭을 이루었으리라 여겨진다. 이에 따라 첫 장(우폭)의 우측 상단에는 일상이, 둘째 장(좌폭)의 좌측 상단에는 월상이 표현되었을 가능성이 높다. 마찬가지로 첫 장 우측 하단부와 둘째 장 좌측 하단에는 각기 대칭을 이루는 종루가 배치되었을 것이다. 이처럼 두 장의 수장이 나란히 놓여 상부에서는 일상과 월상이, 그리고 하부에서는 두 채의 종루가 안정된 좌우 대칭을 이루었을 것이다.

그 사이의 공간은 여러 가지 모티브들로 메웠을 가능성이 높다. 즉 두 종루들 사이, 하부 공간에는 현세를 나타내는 궁전과 사찰 등의 건물, 오고가는 비구 및 속인들을 표현하고, 상부 공간에는 일상과 월상 외에 천상 세계를 상징하는 비천·신수·서조·영초·비운·연화 등을 묘사했을 가능성이 크다. 연화화생 장면은 천상을 상징하는 상부에 표현되었을 것이다. 귀갑문은 현재와 같이 화면 내에 위치하지 않고 화면의 가장자리에 틀을 이루듯이 열 지어 배치되었을 것으로 믿어진다.

이처럼 두 장의 〈천수국만다라수장〉의 내용은 서로 대칭을 이루면서 연결되고 하부에는 쇼토쿠 태자가 현세에서 공덕을 쌓으며 불심으로 생활

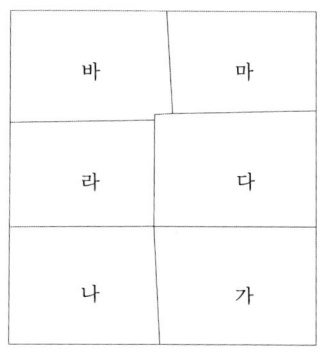

84 〈천수국만다라수장〉 구성
(源豊宗, 〈天壽國繡帳〉)

하던 모습이, 상부에는 일월·신수·서조·영초·비운·연화 등이 있는 아름다운 천상의 정토에서 극락왕생 또는 연화화생하는 장면이 묘사돼있었을 가능성이 크다고 추측된다. 이렇게 볼 때 현재 주구지 소장의 액자에 들어있는 작품은 원형을 그대로 재현하고 있지는 못하지만 되도록 본래의 구성에 근접하도록 배려하여 배치된 것이라고 판단된다.

양식적 특징 및 비교

이제 〈천수국만다라수장〉의 양식을 하나씩 살펴보기로 하겠다. 설명의 편의를 위해 주구지 소장의 액자를 위 그림처럼 '가'~'바'의 여섯 부분으로 구분하여 보기로 한다. 우선 오른쪽 맨 아래 '가' 부분부터 살펴보겠다. 자릉 바탕의 종루와 백평견 바탕의 길 떠나는 속인의 모습이다. 바탕 깁이 다른 데서 알 수 있듯, 종루와 길 떠나는 속인들은 본래는 현재처럼 붙어있지 않았다. 이 점은 길 떠나는 인물들의 아래에 종루에는 없는 연주문대가 있음을 보아도 알 수 있다.

종루 안에서 승려가 종을 치고 있다. 승려는 주름치마 위에 가사를 입고 있어 무용총 널방 북벽 〈접객도〉나 쌍영총 널방 동벽 〈공양행렬도〉 중의 스님의 모습과 유사함을 보여준다(그림6, 7). 즉 이 승려는 고구려식 승복을 입고 있는 것이다. 이 점은 이 〈천수국만다라수장〉에 보이는 여인들

85 〈산수문전〉 잔편 백제, 부여군 규암면 외리 출토,
26.9×28.8cm, 7세기, 국립부여박물관 소장

이 한결같이 주름치마를 비롯한 고구려 복식을 하고 있는 것과 맥을 같이 하는 것으로 이 수장이 고구려 문화의 영향을 강하게 반영하고 있음을 말해준다. 현존하는 고구려의 것이 남아있지 않아 단정하기는 어려워도 종의 형태도 고구려와 무관하지 않을 것으로 추측된다.

종루는 팔작집인데 지붕은 횡으로 겹치듯 꺾어진 모습을 하고 있어 단을 이루며 포개져있는 소위 철용(錣茸, 시코로부키)임을 알 수 있다.¹⁴⁵ 이러한 시코로부키, 즉 겹지붕은 부여 규암면 출토의 산수문전(山水紋塼) 가운데 보이는 절의 지붕이나 뒤에 살펴볼 옥충주자 궁전부의 지붕과 상통한다(그림85, 88). 중국의 남조와 백제계 건축 양식으로 믿어지고 있는 이 시코로부키의 지붕 형태로 본다면 백제계 건축양식이 반영되었을 가능성도 없지 않다고 생각된다.

이 종루의 오른편에는 큰 나무가 한 그루 서있으나 형태가 명확하지 않아 고구려 고분벽화에 보이는 나무들과 비교하기 어렵다.

종루의 왼편에 보이는 길 떠나는 인물들도 어렴풋이 그 형태만 알아볼 수 있을 뿐이다. 이 인물들은 등에 짐을 지고 지팡이를 짚었으며 여행에 간편하도록 바짓가랑이를 무릎 아래쪽에서 질끈 동여매었다. 최소한 세 사람의 모습이 확인된다. 이들과 종루 사이에는 종류를 알 수 없는 식물이 서 있어 길 주변의 모습을 나타낸 것이 아닌가 생각된다. 또한 무엇을 위한 여행인지 알 수 없으나 이 수장이 불교적 내용으로 가득 차 있음을 보아 구도(求道) 또는 구법(求法)을 위해 떠나는 장면이 아닐까 추측할 수 있다.

'나' 부분은 백평견 위에 수를 놓은 것으로 13세기 가마쿠라 시대에 제작된 신수장의 잔편으로 보인다. 여기에는 두 채의 건물과 그 안에 있는 인물들이 표현돼있다. 두 채의 건물 사이에 나무가 서있고 그 뒤편에 또 한 채의 건물이 표현돼 있었던 듯하다. 이러한 건물들이 바로 앞에서 살펴본 《태자만다라강식》에 언급된 사중궁전이나 《성덕태자전기》에서 말하는 금궐누대로 생각된다.

오른편의 제일 높은 건물 안에는 무릎을 꿇고 앉아 있는 두 사람과 그 뒤에 서 있는 세 명의 승려가 보인다. 그 앞에는 고승이 설법을 하고 있거나 지체 높은 인물이 무엇인가 얘기를 하고 있는 장면이 묘사돼있었을 가능성이 있다고 여겨지나 박락이 심하여 확인할 수 없다. 혹은 불상이 있었을지도 모르겠다.

왼편의 좀더 낮은 건물 안에는 연꽃처럼 보이는 꽃을 받쳐 들고 반쯤 무릎을 꿇은 여인이 중앙에 보이고 그 앞에는 무릎을 꿇고 앉아있는 승려와 서있는 승려의 모습이 표현돼있다. 이 여인은 높은 신분인 듯, 앞의 승려보다 훨씬 크게 묘사돼있다. 후기 고구려식 합임 저고리와 주름치마를 입었다. 이 부인을 따라온 뒤쪽의 인물들도 고구려 복식을 하고 있다. 또한 이 부분의 승려나 옆 건물 안에 서있는 세 명의 승려가 모두 평양 지역에서 유행하던 우임의 고구려 복식을 하고 있다. 이 부분의 인물이 모두 우임이나 합임의 고구려 복식을 하고 있는 것을 보면 고구려 후기 평양 지역 복식 문화의 영향을 받은 듯하다.[146] 이 밖에 인물을 측면관으로 표현한 점도 물론 고대 회화의 보편적인 특성이기는 하지만 전반적으로 고구려 고분벽화에 나타난 인물화의 전통과 깊은 연관이 있다고 생각된다.[147]

그리고 이 부분의 위편에는 연주문대가 보이는데 이 연주문대는 아마도 위에서 지적하였듯이 현세를 나타내는 하부와 천상을 나타내는 상부를 감싸는 테의 역할을 했을 가능성이 있다.

'다' 부분에는 연화화생 장면과 춤이 긴 저고리와 치마를 입은 여인들의 왕래하는 모습이 주를 이루고 있다. 이 부분에도 고수장과 신수장이 섞여있다. 비교적 선명해보이는 것이 고수장이고 더 낡아보이는 잔편이 신수장이다. 새하얀 얼굴의 인물들은 본래부터의 것이 아니라고 생각된다. 합임의 저고리와 주름치마가 고구려 복식 문화의 영향을 받은 것임은 이미 앞에서 지적하였다. 다만 횡선문이 들어가있는 치마는 고구려 고분벽화에서 아직까지 발견된 바 없는 것으로 7세기에 새롭게 유행하지 않았나 추측된다.

이 부분의 연꽃 모양은 대체로 무용총의 천정이나 천장고임에 보이는 연꽃과 비슷하다. 물론 무용총이 〈천수국만다라수장〉보다 2세기 정도 올라가지만 무용총이나 각저총 그리고 그 밖의 고분벽화에 연꽃이 종종 그려졌음을 고려할 때 연꽃 그림의 전통은 면면히 이어졌고 일본에도 전해졌으리라 쉽게 짐작할 수 있다.

'라' 부분은 좌우의 잔편을 제외하고는 대부분 자릉의 바탕 위에 수를 놓은 것이다(그림83 참조). 좌우의 인물들은 앞에서 살펴본 '다' 부분과 비슷하다. '라' 부분의 중앙에는 오른손에 칼을 들고 범안호상을 지닌 좌상의 인왕(혹은 신장)이, 그 위에는 세 명의 앉아있는 승려들이, 그리고 아래

86 주구지 소장 〈천수국만다라수장〉
가운데 단 왼쪽 면(그림84의 '라' 부분)
복원도(大橋一章, 〈天壽國繡帳の原形〉)

쪽에는 보지(寶池)의 수파(水波)와 연꽃이 보인다. 그런데 이곳의 연못과 연꽃은 '바' 부분의 연화화생 장면과 서로 연결되었을 가능성이 높다. 그리고 인왕 오른편의 잔편은 오하시 가즈부미의 생각대로 연화대좌를 나타낸 것으로 판단된다.[148] 이 연화대좌 위에는 당연히 앉아있는 불상이 표현돼있었을 것으로 짐작된다(그림86).

그런데 연못에서 자생하는 연꽃으로부터 화생하는 장면을 묘사한 것과 연못의 물결을 표현한 것이 흥미롭다. 연못에 자생하는 연꽃의 모습을 표현하는 경향은 고구려에서는 덕흥리 벽화고분 널방 동벽 벽화에서 보듯이 이미 5세기경부터 있었다고 생각된다. 이러한 경향이 시대가 흐를수록 더욱 보편화되었을 것이다.

'마' 부분에도 연화화생의 모습과 여러 인물의 자태가 보인다. 합임의 긴 저고리를 입고 허리띠를 맨 채 두 손을 소매 속으로 넣은 모습으로 서 있는 인물은 고구려의 복식 문화를 다시 한 번 확인해준다. 이 사람의 아래쪽에는 호랑이를 타고 달리는 인물이 보인다. 검은 옷을 입고 앉아서 이야기 나누는 모습의 인물은 신분이 높아 보인다.

왼쪽 맨 위에 있는 '바' 부분은 월상·꽃을 입에 문 함화서조(含花瑞鳥)·비운(飛雲) 등이 자라에 표현되었는데, 자룽에 나타낸 연화화생 장면보

87 〈홍감아발루 바둑알〉 백제, 일본 나라 쇼소인 소장

다 오래된 고수장의 잔편으로 여겨진다. 월상·함화서조·비운 등은 천상을 나타낸다. 특히 토끼와 월계수가 들어있는 월상은 두 장의 수장 중에서 좌폭 좌측 상단에 있었던 것으로 생각된다. 이러한 월상이나 일상은 고구려 고분벽화의 천정 부분에 흔히 그려지던 것이다. 다만 월상의 경우 두꺼비였던 것이 내리1호분에서 보듯 후기에 토끼와 월계수로 바뀌었으므로[149] 〈천수국만다라수장〉의 월상은 고구려 후기의 영향을 받은 듯하다.

그리고 서조나 비운문도 고구려 고분벽화에 자주 나타나는 모티프들이다. 꽃을 문 새의 모습은 서역적인 모티프로 볼 수 있는데 쇼소인 소장의 백제 바둑알, '홍감아발루 바둑알〔紅紺牙撥鏤碁子〕'에도 나타난다(그림 87).[150] 또한 비운문은 진파리1호분이나 강서대묘 등 고구려 후기의 것과 유사하여 7세기 동아시아의 공통적인 양식으로 생각된다(그림23).

이 '바' 부분의 연화화생 장면은 위에서도 지적한 바와 같이 '라' 부분의 연화나 연화대좌와 서로 연결되었던 것일 가능성이 높다. 그리고 귀갑이나 귀갑문도 서역적 요소로서, 고대 우리나라 미술에서 자주 표현되던 것임이 주목된다.[151] 다만 삼국시대의 우리나라에서는 육각형의 귀갑문이 주로 그려진 반면, 이 〈천수국만다라수장〉에서는 거북 모양〔龜形〕이 그대로 채택된 점이 큰 차이라고 하겠다.

이제까지 〈천수국만다라수장〉의 이모저모를 살펴보았다. 밑그림을 그린 사람이 고구려계의 가서일(가세이쓰)과 가야계의 인물이었음이 말해주듯이 표현된 모티프들의 양식도 고구려적인 특성을 강하게 보여준다. 특히 6~7세기 초의 고구려 양식이 주로 표현되었음이 확인된다.

옥충주자의 회화

삼국시대 미술의 일본 전파와 관련하여 무엇보다 중요시되는 것은 호류지 소장의 옥충주자(玉蟲廚子, 다마무시 즈시)다(그림88). '주자(廚子)'란 불상을 모셔놓는 일종의 불감(佛龕)을 말하는 것인데 옥충주자는 주자의 상부인 궁전부(宮殿部) 주변의 모서리를 감싸고 있는 투조(透彫)의 금동제 테 밑에 옥충(玉蟲, 비단벌레라고도 하는 초록 또는 금록빛 광택이 나는 딱지를 가진 곤충)의 날개를 깔아 장식을 하였으므로 붙여진 이름이다. 이 옥충주자는 '귤부인주자(橘夫人廚子)'와 함께 호류지에 소장되어온 것으로 하부의 기단, 중부의 수미좌(須彌座), 상부의 궁전부 등 세 부분으로 이뤄져있고, 회화·조각·공예·건축 미술의 여러 분야가 어우러진 종합적 미술문화재의 정수다. 또한 이 주자에는 삼국시대 우리나라 미술의 영향이 많이 투영돼있어 그 의의가 지대하다.

이러함에도 불구하고 우리나라에서는 이 옥충주자에 대하여 단 한 편의 논문조차도 발표된 바가 없다. 일본에서는 19세기 말에 연구가 시작된 이후 우에하라 가즈(上原和) 교수를 필두로 하여 수많은 학자들에 의하여

88 〈옥충주자〉, 높이 226.6×정면 너비 114.5cm, 7세기 중반, 호류지 소장

사상적 배경, 제작국과 제작 시기, 회화, 안료, 금속공예, 문양, 건축 양식, 옥충, 목재 등 다각적인 측면에서 수십 편의 업적이 나온 것과 큰 대조를 보인다(참고문헌 약목 참조). 앞으로 우리 학계에서도 분야별로 이에 대한 연구가 이루어졌으면 한다.

제작국 및 연대에 대한 여러 학설

그러면 우선 이 주자가 우리나라와 무슨 관계가 있는지를 알아보기 위해 제작국에 관하여 일본 학계에서 제기된 설을 대충 살펴보기로 하겠다. 일본에서는 이 주자가 백제에서 만들어졌다는 설, 중국의 남조, 특히 양(梁)나라에서 제작되었다는 설, 중국의 간쑤성(甘肅省) 량저우(涼州) 부근에서 만들어졌다는 설, 일본에서 제작되었다는 설, 일본에 정착한 소위 귀화인들이 만들었다는 설 등이 나와있다.[152] 이러한 설들은 제각기 그를 뒷받침하는 근거를 지니고 있다.

대체로 백제설, 또는 백제박재설(百濟舶載說)은 옥충주자를 처음 연구하기 시작한 이토 주타로(伊東忠太郞)가 1898년에 발표한 《호류지건축론(法

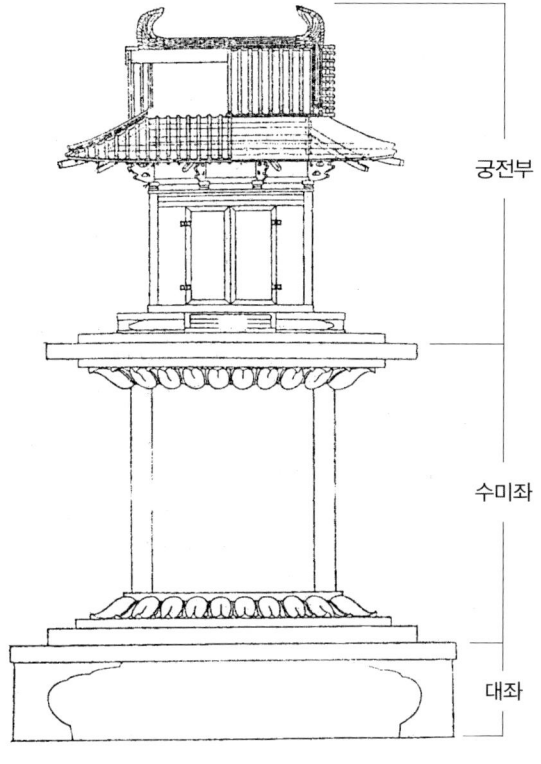

89 옥충주자 정면도(上原和,〈玉蟲廚子〉)

옥충주자의 크기
전체 높이   233.3cm
궁전부의 높이 108.0cm
수미좌의 높이 94.5cm
대좌의 높이   30.3cm
대좌의 폭   137.6cm

隆寺建築論》에서 주장했다.[153] 이 설은 옥충주자의 건축 양식에 근거를 두고 있는데 특히 궁전부 지붕의 겹지붕(시코로부키)이 백제의 산수문전에 보이는 사찰 건물과 유사하여 설득력을 지니고 있다(그림85). 이 밖에도 옥충주자의 수미좌 각주(角柱)를 장식한 금동투조(金銅透彫) 장식이 백제 능산리 고분에서 출토된 '왕관중심식(王冠中心飾)'과 유사하다는 점에서 더욱 백제설이 유력시된다.[154] 그러나 백제설을 처음 주장했던 이토 주타로도 나중에는 종래의 자기 설을 뒤집고 옥충주자가 쇼토쿠 태자의 지휘 하에 일본에서 만들어졌다고 보았다.[155]

백제설이라고 볼 수는 없어도 한국계의 작품일 가능성을 시사하는 견해가 미나모토 도요무네(源豊宗)에 의해 제기된 바 있다. 그는 옥충주자의 금속공예와 비슷한 것이 백제 고분에서 나왔고 옥충의 날개로 장식하는 기법이 한국적이며 화풍도 중국이 아닌 한국적이거나 일본적이라고 보았다.¹⁵⁶ 일종의 절충적인 견해라고 볼 수 있다. 결국 적극적인 백제설은 일본에서 처음 제기되었다가 사라지거나 약화된 셈이다.

양나라 제작설은 일제강점기 어용 건축학자로 고고학 발굴에 열중했던 세키노 다다시(關野貞)가 제기했다. 《조선미술사(朝鮮美術史)》를 펴내기도 한 그는 처음에는 백제설을 이었다가 뒤에 양나라설로 바꾸었다. 옥충주자의 우수성으로 보아 백제보다는 백제에 영향을 준 양나라의 작품으로 보고자 했던 것이다.¹⁵⁷ 이 양나라설을 그대로 추종하는 경우는 많지 않은 듯하지만, 옥충주자가 육조시대, 특히 남조와 연관이 깊다고 믿는 경향은 많다.

중국 제작설과 관련하여 특이한 주장으로는 오노 겐묘(小野玄妙)가 있다. 오노는 주자의 도상(圖像)이 운강이나 용문의 석굴보다 고식이며 도상에 새겨진 경전이 동일인에 의해 간쑤성 고장(姑蔣, 현재의 우웨이(武威)현)에서 번역되었다는데 근거하여 이 주자를 조립식으로 만들어 양주 부근으로부터 운반해왔다고 주장하였다.¹⁵⁸ 이 설은 일본에서도 별로 받아들여지지 않고 있다.

일본에서 옥충주자를 만들었다는 주장을 처음 편 사람은 일제강점기 어용 고고학자로 활약한 하마다 고사쿠(浜田耕作)다. 그는 〈옥충시식고(玉蟲翅飾考)〉라는 글을 통하여 옥충주자 궁전부 외면을 둘러싸고 장식한 투조당초문금구(透彫唐草紋金具)의 밑에 옥충의 날개가 부착돼있는 바, 옥충은 일본에서만 자생하고 한국에서는 나지 않는다는 데 근거하여 일본제작설을 주장하였다. 그러나 옥충이 한국에도 있다는 사실이 교토 대학 농학부 곤충학 연구실의 야마다 호지(山田保治)에 의해 확인됨으로써 하마다의 설은 물거품이 되어 버렸다.¹⁵⁹

그런데 푸른빛을 띠는 옥충의 날개는 황금빛과 어울려 영롱한 조화를 이룬다. 이 때문에 삼국시대의 우리나라에서는 왕실의 금속공예에 종종 활용되었다. 지금까지 알려진 예로는 고구려의 진파리 고분에서 나온 맞새김 용봉문 금동관형장식(그림26)을 위시하여 신라 금관총 출토의 옥충장식[玉蟲飾] 안교(鞍橋, 말안장), 옥충장식 능라(綾羅), 황남대총(98호분) 남분에서 발굴된 옥충장식 안교, 옥충장식 등자(鐙子), 옥충장식 행엽(杏葉, 말띠드리개)과 재갈 등을 들 수 있다.[160] 일본의 경우에는 이곳에서 살펴볼 옥충주자 이외에 쇼소인에 소장돼있는 옥충장식 시(矢), 옥충장식 도자(刀子) 등이 알려져 있다.[161] 이처럼 옥충의 날개로 금속공예 등을 장식하는 기법은 삼국시대의 우리나라와 이 시대 미술의 영향을 강하게 받은 일본의 고대미술에서만 확인된다. 이러한 사실을 염두에 두면 하마타 고사쿠의 설은 학자적 양식을 잃은 것이라 하겠으며 식민주의 어용학자의 일면을 엿보게 한다.

일본제작설은 국수주의적 경향을 띤 일본 학자들 사이에서 추종돼왔다. 가메다 쓰토무(龜田孜)는 재료가 회(檜)이고 옥충이 대량으로 사용되었다는 점에 의거하여 일본제작설을 주장하였다.[162] 우에노 나오아키(上野直昭)나 아키야마 데루카즈(秋山光和)도 같은 의견이다. 특히 아키야마 데루카즈는 주자의 본체는 '히노키(檜木, 노송나무)'로 만들고 조각을 필요로 하는 부분에만 '구스노키(樟木, 녹나무)'를 쓴 것으로 보아 일본에서 제작된 것이 틀림없다고 보고 있다.[163] 이러한 일본 제작설도 히노키·구스노키 등 쓰인 재료가 일본에서 나는 것이라는 점에 의존하고 있어 옥충에 의거한 하마타 고사쿠의 설과 별반 다를 바가 없다. 재료는 수입을 통하여 이동될 수 있다. 실제로 신라의 금관총에서 출토된 목편이 구스노키임이 밝혀졌고, 백제 능산리 고분에서는 일본의 특산인 '고야마키(高野槇)'로 된 목관재(木棺材)가 발견된 바 있다.[164] 백제 무녕왕릉의 관재도 우리가 금송

(金松)이라 부르는 일본의 고야마키임이 경북대학교 임학과 박성진 교수에 의해 확인되었다. 그러므로 목재에 의거한 주장은 설득력이 약할 수밖에 없고 따라서 일본 제작설의 취약점을 반영한다고 볼 수 있다.

일본에서 제일 폭넓게 받아들여지고 있는 것은 소위 귀화인이 제작하였다는 설이다. 이를 주장하는 사람 중에 다나카 호조(田中豊藏) 같은 학자는 옥충주자가 일본에 있는 불교미술품 중에서 가장 오래된 것이며 당시 일본의 문화 수준으로는 도저히 그러한 작품을 만들 수 없었다고 보고, 한(韓) 또는 소위 오(吳)의 땅으로부터 귀화해온 외국 공장(工匠)에 의해 제작된 것이라고 보았다.[165] 옥충주자를 다각적인 측면에서 가장 정열적으로 연구하여 많은 업적을 낸 우에하라 가즈는 "5세기 이래의 신·구 귀화인 기술 집단, 즉 이른바 낙랑의 유민들 사이에서 생긴 아스카 예술의 정화"라고 결론내기도 했다.[166]

이제까지 옥충주자의 제작지에 관한 일본에서의 몇 가지 설들을 알아보았다. 일반적으로 국수주의적 경향이 지배적이며 그러한 경향은 일제강점기에 우리나라에 와서 조선총독부의 어용학자로 활약한 사람들이나 그들의 영향권에 있던 사람들 사이에서 더욱 강함을 알 수 있다. 또한 일본 제작설을 반대하는 경우에도 중국이나 중국으로부터 귀화한 집단에 의한 작품으로 보려는 경향이 널리 퍼져있음도 엿볼 수 있다. 이 밖에 우리나라와 연관지을 경우에도 삼국 중에서 오직 백제설만이 나와있을 뿐, 고구려나 신라설은 찾아볼 수 없다.

저자는 옥충주자의 건축이나 공예 부문에 백제적 요소도 있지만 회화 부문에서는 고구려적인 요소가 훨씬 강하다고 믿는다. 옥충으로 장식한 공예기법도 현재까지 확인된 바로는 백제보다는 고구려와 관계가 깊을 뿐 아니라 화풍이나 문양도 고구려와 불가분의 관계가 있다. 이에 관하여서는 뒤에서 화풍을 위주로 살펴보겠다.

그에 앞서서 옥충주자의 제작연대에 관한 일본 학자들의 견해를 우선 알아볼 필요가 있다. 옥충주자의 제작연대에 대하여 견해를 밝힌 학자들이 많고 또 그 근거도 다양하나 여기서 그것들을 일일이 소개하는 것은 번거로운 일이다. 여러 가지 견해들을 정리하여 보면 대체로 옥충주자를 스이코 여왕의 어물(御物)로 보고 그 제작연대도 아스카 시대(飛鳥時代, 552~645년)나 그 이전으로 믿는 경향과 그보다 후대인 하쿠호 시대(白鳳時代, 673~685년) 것으로 보는 견해로 크게 나뉘고 그 중간인 650년경의 것으로 추정하는 주장도 있다.[167] 즉 7세기 초나 그 이전, 7세기 중엽, 670년대 이후로 보는 다양한 견해들이 나와있는 셈이다. 이러한 견해들 중에서 어느 것이 옳고 틀리다고 단정적으로 얘기하긴 어렵다. 이 문제에 관해서는 옥충주자의 회화를 검토한 후에 얘기해보기로 하겠다.

옥충주자의 회화

이 주자의 수미좌의 4면과 궁전부의 4비(扉, 문)에는 각기 불교적 내용의 그림이 그려져있다. 수미좌의 앞면에는 〈공양도(供養圖)〉, 우측면에는 〈사신사호도(捨身飼虎圖)〉, 좌측면에는 〈시신문게도(施身聞偈圖)〉, 뒷면에는 〈수미산도(須彌山圖)〉가 각각 그려져있으며, 궁전부에는 정면에 〈천왕상(天王像)〉, 좌측과 우측의 비에 〈보살상(菩薩像)〉, 후면 벽에 〈보탑도(寶塔圖)〉가 표현돼있다. 그러면 우선 수미좌의 그림들부터 살펴보기로 하겠다.

〈공양도〉

수미좌의 앞면에는 작은 사리탑과 향로가 중심축에 그려져있고 그 좌우에는 사자(밑부분), 비구(중앙부), 비천(윗부분)이 각각 둘씩 대를 이루며 묘사돼있어 철저하게 좌우대칭적인 구성을 보여준다(그림90).

이 장면을 사리공양(舍利供養)하는 모습으로 보는 것이 통상적인 경향이나, 밑부분의 영수(靈獸)들에 의한 재물공양, 비구들에 의한 분향공양(焚香供養), 비천들에 의한 산화공양(散花供養)의 세 가지 공양을 함께 묘사한 것으로 보기도 한다.[168]

어쨌든 이곳의 그림은 철저하게 좌우대칭의 균형을 중요시하고 있으며, 모든 요소들은 같은 평면상에 상·중·하로만 표현돼있을 뿐 깊이감이나 거리감은 나타나있지 않다. 즉 화면이 지극히 평면적으로 처리돼있다. 이 평면 위에 지상과 천상, 그리고 그 중간의 공간이 수직적으로 표현돼있다. 이러한 특성은 〈시신문계도〉나 〈사신사호도〉, 〈수미산도〉 등에도 마찬가지로 나타나는데 이를 우에하라 가즈는 '허공 공간'이라고 부르기도 한다.[169] 아무튼 이러한 공간의 여백은 비운과 연화 등으로 채워져 있어 공간충전식(空間充塡式) 표현이 엿보이기도 한다. 이러한 평면적 공간의 설정이나 공간충전식의 표현은 고대 회화에서 흔히 볼 수 있는 특성이라 하겠다.

그런데 이 그림에서 특별히 저자의 관심을 끄는 것은 비구와 비운이다. 특히 오른편의 비구는 비교적 큰 붉은 반점문(斑點紋)이 있는 가사를 입고 있는데, 이것은 쌍영총 널방 동벽의 〈공양행렬도〉에 보이는 승려의 옷과 유사하여 고구려의 승복으로 믿어진다(그림6, 7과 비교). 이 점은 수미좌 우측면의 〈시신문계도〉 중 주인공이 고구려 복장을 하고 있는 사실과

90 〈공양도〉 옥충주자 수미좌 앞면

함께 주목된다. 비운문이나 연화문도 진파리1호분이나 강서대묘를 비롯한 고구려 후기의 고분벽화에 보이는 것과 대단히 유사하다.

　이곳의 비천은 강서대묘의 비천과는 차이가 있지만, 모두 바람에 날리는 옷자락을 통하여 강한 동세를 나타내고 있다는 점에서 상통한다. 이러한 동세는 한대 및 육조시대 미술의 영향을 받아 발전한 고구려 미술의 특징으로, 후기로 갈수록 더욱 두드러졌다.[170] 그리고 이 비천들의 머리 위쪽의 공간을 메우고 있는 연꽃이 강서대묘의 비천 밑에 그려진 것과 대단히 유사한 점도 주목된다(그림91). 이처럼 〈공양도〉에 보이는 비구, 비운, 연꽃 등이 모두 고구려적인 영향을 강하게 반영하고 있음을 알 수 있다.

〈사신사호도〉

수미좌의 우측면에는 《금광명경(金光明經)》의 〈사신품(捨身品)〉에 나오는 마하나타 왕(摩訶羅陀王)의 셋째 왕자 마하살타(摩訶薩陀)에 관한 얘기가 그림으로 표현돼있다(그림92). 즉 여래는 과거세(過去世)에 마하나타 왕의 셋째 왕자였는데 어느 날 형제들과 함께 성 밖의 죽림(竹林)에 놀러 갔다가 어미 호랑이가 일곱 마리의 새끼들과 함께 굶어 죽어가고 있는 것을 보고 자기의 몸을 제공하여 이 동물들을 구하는 성행(聖行)을 했다는 내용이다. 그림에는 이 본생담(本生譚)이 대단히 효율적인 방법으로 묘사돼있다.

　왕자가 산에 올라가 옷을 벗어서 나뭇가지에 건 후 밑으로 '다이빙' 하듯이 뛰어내리는 모습과 호랑이들의 먹이가 되는 장면 등 세 가지 동작과 장면이 동일 화면에 함께 표현돼있다. 이야기의 전개는 왼편 하단부의 산에서 시작되어 상부의 옷 벗는 장면을 거쳐, 뛰어내리고 먹이가 되는 장면에 이르기까지 기다란 타원형의 구성을 이루며 펼쳐져있다. 이처럼 동

91 〈비천·연화문〉 강서대묘 천정부, 7세기 초

일 화면에 복잡한 이야기를 간단명료하게 구성하고 전개시키는 점은 대단히 놀랍다. 이러한 구성과 전개는 수미좌 좌측면의 〈시신문게도〉에도 마찬가지로 나타나있다. 깊이나 거리감이 없는 평면적인 공간 구성도 역시 마찬가지로 드러난다.

〈사신사호도〉는 보는 사람의 눈으로부터 제일 가까운 하단의 근경에 가장 중요한 호랑이의 먹이가 되는 장면을 묘사하고 있는 점도 주목할 만하다. 또 이 중요한 장면을 대나무 숲 뒤에 전개시키고 있음도 주목된다. 그런데 대나무를 동일 수평선상에 일정한 간격으로 배치하고 그 뒤에 주제를 전개시키는 방법은 한대부터 육조시대에 걸친 미술품에서 엿볼 수 있는 고식적 표현 방법이다. 이러한 표현 방법은 525년에 제작된 육조시

92 〈사신사호도〉
옥충주자 수미좌
오른쪽(정면에서
바라볼 때) 면

대 석관의 석각화(미국 넬슨갤러리 소장)나 그 영향을 받은 진파리1호분 널방 북벽의 〈수목·현무도〉에도 나타나 있다(그림56, 23).[171]

또한 대나무의 크기를 적당히 조절하여 공간을 효율적으로 채우고 있는 점도 매우 흥미롭다. 이로써 보면 이 그림을 그린 화가는 매우 치밀한 구성 능력을 갖추었던 듯하다. 그런데 또 한 가지 재미있는 것은 이곳의 대나무들이 가느다란 줄기나 부드러운 느낌의 잎 등 익산의 백제 미륵사지에서 수습된 대나무 그림과 어느 정도 유사하다는 점이다.[172] 굶주려서 마른 어미 호랑이, 먹이 주변을 맴도는 새끼 호랑이들, 유혈이 낭자한 왕자의 모습 등에 제법 사실적이고 극적인 표현이 두드러져 화가의 뛰어난 솜씨를 엿보게 한다.

옷을 벗어서 나무에 걸고 있는 왕자는 어깨가 좁아보이지만 상체를 뒤로 젖히고 배를 내밀고 있어 7세기 이후 불상의 삼곡자세(三曲姿勢, 머리·상체·하체가 구부러져 신체를 율동감 있게 표현하는 자세)를 연상시킨다. 또한 몸이 세장(細長)한 점은 호류지 소장의 백제관음(百濟觀音)과 비교되기도 한다.[173] 이러한 특징들은 이 그림이 고식의 양식을 위주로 하고 있으면서도 7세기 전후한 시기의 신양식이 가미돼있음을 말해준다.

왕자가 옷을 걸고 있는 나무도 주목을 요한다. 우선 나무 동체가 왕자의 몸과 같은 곡선을 이루며 나란히 굽어져있음이 흥미롭다. 화가의 세심한 배려가 감지된다. 그리고 몰골법으로 묘사된 이 나무는 삼각형 모양의 나뭇잎과 함께 고구려의 내리1호분 천정받침에 그려져있는 〈산악도〉 중의 나무들과 비교된다(그림56). 구부러진 형태, 삼각형을 이룬 나뭇잎, 몰골법 등의 묘법에서 상통하는데, 이러한 나무는 고구려의 금동인왕상에도 보인다(그림93). 고구려 회화의 영향이 옥충주자의 회화에 짙게 배어있음을 말

93 〈금동인왕상〉 고구려, 6~7세기

해주는 점이라 하겠다.

 이 밖에 특히 관심을 끄는 것은 산의 표현법이다. 이곳의 산들은 대체로 C자형의 골편(骨片)을 겹쳐 쌓은 듯한 모습을 하고 있는데 이것은 한대 산악 문양을 이은 표현법이라고 생각된다.[174] 도쿄 예술대학 자료관에 소장된 낙랑 출토 경통(經筒) 표면에 새겨진 수렵문의 산악 모양과 어느 정도 유관하다고 믿어진다.[175] 특히 추상화된 형태가 유사하다. 전반적으로 볼 때 이처럼 추상화된 형태의 산악상(山岳狀)은 공예화에서 비롯된 것이 아닐까 생각된다. 색깔이 다른 조각을 이어 붙인 듯한 모습은 화각(華角)이나 나전공예를 연상시켜 더욱 공예적 전통을 엿보게 한다. 그리고 하단의 산에서 보듯이 산봉우리마다 나무가 한 그루씩 서있는 모습은, 408년에 축조된 고구려 덕흥리 벽화고분 앞방 동쪽 천정에 그려진 〈수렵도〉 속의 산에서도 나타나는 고식에 속하는 특징이라 하겠다(그림70).

 이처럼 이 그림에는 앞에서도 지적하였듯이 고식의 양식이 주를 이루고 있으면서 부분적으로는 새로운 양식이 약간씩 가미돼있음을 확인할 수 있다.

〈시신문게도〉

수미좌의 좌측면에 그려진 〈시신문게도(施身聞偈圖)〉(그림94)도 앞에서 살펴본 〈사신사호도〉와 비슷하다. 깊이감이나 거리감이 없는 평면적 공간, 공간충전식 표현, 원형(圓形)의 이야기 전개, 산과 나무의 묘사법에서 두 그림은 서로 같다.

　그림의 내용은 《열반경(涅槃經)》〈성행품(聖行品)〉에 나오는 것으로, 여래가 전생에 바라문(婆羅門)으로 태어나 설산(雪山)에 들어가서 고행하며 수도할 때 생긴 일을 그린 것이다. 제석천(帝釋天)이 그를 시험하기 위해 나찰(羅刹)로 변신하여 과거불(過去佛)이 설한 '제행무상(諸行無常), 시생멸법(是生滅法)'의 두 구절을 말한 바, 설산동자(雪山童子), 즉 여래의 전생은 나머지 두 구절도 마저 듣고 싶어 하였다. 이에 나찰은 배가 고파 인육을 먹고 싶으니 그렇게 해주면 나머지 구절을 마저 들려주겠다고 하였다. 그는 자기의 몸을 나찰에게 주겠다고 약속하고 산에서 뛰어내렸는데 이때 나찰은 본래의 제석천이 되어 그를 받아 살렸다는 것이다. 나머지 두 구절은 '생멸멸이(生滅滅已), 적멸위락(寂滅爲樂)'이었다.[176] 따라서 이 그림은 "우주의 만물은 덧없으며, 이 세상의 생명은 모두 멸하게(사망하게) 돼있다"는 의미의 앞 구절과 "나고 죽는 것이 없어졌으니 적멸(미망의 세계를 영원히 떠난 경지)이 낙이 되도다"라는 뜻의 뒤 구절을 함께 도해한 것이라 하겠다.

　하단부에는 설산동자가 나찰과 대화하는 장면, 왼편 중앙의 산에는 그가 들은 구절을 바위에 쓰는 모습, 오른쪽 위에는 그가 뛰어내리는 장면과 그 밑에서 제석천이 받을 자세를 하고 있는 모양이 그려져있다. 이야기는 왼쪽 밑에서 시작하여 원을 그리듯 전개되고 오른쪽 밑부분 가까이에서 끝맺고 있다. 타원형의 이야기 전개법이다. 이는 앞에서 살펴본 〈사신사호도〉과 꼭 같다.

　오른쪽 가장자리에 서 있는 나뭇가지에는 매가 위아래로 두 마리 앉아

94 〈시신문게도〉
옥충주자 수미좌 왼쪽
(정면에서 바라볼 때) 면

있는데, 이 나무도 〈사신사호도〉 속의 나무와 마찬가지로 고구려 내리1호분의 나무나 금동인왕상의 나무 모습과 유사하다(그림93).

이 그림에서 무엇보다도 관심을 끄는 것은 인물의 모습이다. 설산동자는 세장한 몸매에 점무늬가 있는 옷을 입고 있으며 허리에는 띠를 두르고 있다. 춤이 긴 저고리는 좌임을 하고 있다. 좌임의 춤이 긴 저고리, 허리를 띠로 맨 모습, 옷에 나 있는 점무늬 등은 바로 고구려 복식, 특히 통구 지방의 순수한 고구려식 복식이다.[177] 이러한 복식은 통구의 무용총 널방 동벽에 그려진 〈무용도〉를 비롯한 5세기의 여러 고분의 벽화에서 자주 보인다(그림75). 다만 옷소매와 바지 끝이 갈라져있고 짧은 것은 그가 고행하면서 옷이 헤졌음을 보여주기 위한 것이라 생각된다. 어쨌든 바라문의 복장만 보아도 5세기경 고구려의 영향이 이 옥충주자에 짙게 미쳤음을 다시 한 번 확인하게 된다.

반면에 제석천은 상체를 뒤로 젖히고 배를 앞으로 내밀고 있어 600년경을 전후한 시기의 삼곡자세가 수용되었음을 말해준다. 이 밖에 나찰이 하체를 가린 옷의 모습은 고구려의 고분벽화에 보이는 역사상과 대단히 비슷하다. 이것도 역시 고구려적인 요소로 간주된다.

〈수미산도〉

수미좌의 뒷면에는 〈수미산도(須彌山圖)〉가 그려져있다(그림95). 중심축을 따라서 수미산이 하늘을 향하여 높이 솟아있고 그 상하에는 사찰이, 좌우에는 일상과 월상·누각·비천·서조 등이 공간을 메우듯 그려져있다. 철저하게 좌우대칭적인 구성을 보여주며 동일 평면상에 상·중·하의 높이의 구분만이 가능할 뿐 깊이감이나 거리감은 표현돼있지 않다.

95 〈수미산도〉 옥충주자 수미좌 뒷면

그림의 내용을 하부로부터 상부로 올라가면서 살펴보기로 하겠다. 하부의 중앙에는 큰 건물이 있고 그 안에는 삼존불의 모습이 보인다. 이 건물의 좌우에는 사자가 한 마리씩 앉아있는데, 그 뒤편에는 바다가 보인다. 수미산은 바다에서 솟아오른 듯한 모습인데 중간 부분은 흡사 버섯 같으며 이 산허리를 커다란 용 한 쌍이 휘감고 있다. 이런 사실을 종합해서 보면 이 그림은 우에하라 가즈 교수가 지적하였듯이 《해룡왕경(海龍王經)》〈청불품(請佛品)〉의 내용과 유관한 수미산 및 해룡 왕궁의 모습을 담고 있을 가능성이 높다고 생각된다.[178]

수미산의 좌우 공간에 표현된 비운문이나, 삼족오가 있는 일상 및 토끼가 있는 월상 등이 고구려의 고분벽화에서 흔히 볼 수 있는 요소임은 더 말할 것도 없다. 다만 이 〈수미산도〉의 맨 위쪽의 좌우에 보이는 새를 탄 신선을 그린 승조선인상(乘鳥仙人像) 역시 통구사신총의 〈승학선인도〉에서 보듯이 고구려 후기의 고분벽화에서 종종 발견되는 요소라는 점만은 다시 한번 지적해 두고 싶다(그림54).[179]

〈천왕상〉 및 〈보살상〉

궁전부의 정면비(正面扉)에는 〈천왕상(天王像)〉이(그림96), 좌측과 우측의 문비(門扉)에는 〈보살상(菩薩像)〉이 각각 둘씩 그려져있다(그림97). 궁전부에는 불상이 봉안되므로 그 정면의 문에 천왕이 배치되는 것은 당연하다. 천왕들은 모두 완연한 삼곡자세를 취하고 있는데 바깥쪽으로 허리를 내밀고 상체를 안쪽으로 굽히고 있어 마름모형을 이루고 있다. 즉 이들은 완전한 대칭을 이룬다. 비교적 넓은 어깨와 가는 허리, 삼곡의 자세는 이 천왕들의 모습이 수나라와 당나라 초기의 영향을 받은 새로운 양식을 반영하고

96 (왼쪽) 〈천왕상〉 옥충주자 궁전부 정면비
97 (오른쪽) 〈보살상〉 옥충주자 궁전부 측면비

있음을 말해준다.

　이러한 점은 궁전부 좌우측 비면(扉面)에 그려진 보살상들에도 정도의 차이를 막론하고 나타나있다. 넓어진 어깨, 가늘어진 허리, 삼곡의 유연한 자세 등에서 새 양식의 수용을 엿볼 수 있다.

　그런데 이들의 자세나 옷자락의 처리, 테를 이룬 두광(頭光), 대좌의 연판문 등은 고구려의 금동인왕상과 너무나 유사하여 놀랍다(그림93). 다만 고구려의 것이 좀 더 동적인 느낌을 강하게 풍기는 것이 차이라면 차이라 하겠다. 또한 이 고구려 금동인왕상에 보이는 나무들과 이 〈사신사호도〉 상부의 나무가 거의 같은 모습을 하고 있음도 알 수 있다.

〈보탑도〉

궁전부의 배면(背面)에는 흡사 등자와도 같은 C자형을 쌓아 올린 듯한 산과 그 꼭대기에 올려져 있는 세 개의 탑이 그려져있다(그림98). 이 C자형의 산과 탑 안에는 각각 좌선하는 모습의 비구와 여래가 표현돼있으며 좌우의 공간은 서조·비운·비천·일월이 채우고 있다. 여기에서도 철저한 대칭구도가 역력하다. 해와 달은 바다 위에서 떠오르는 모습을 사실적으로 표현했다. 그런데 이곳의 산은 석가 신앙과 관련되는 영취산의 상징적인 표현이라는 설이 나와있기도 하다.[180]

이제까지 옥충주자의 회화를 고찰하고 고구려 회화와 비교해보았다. 그 결과 인물, 불보살, 수목, 비운, 연화 그 밖의 여러 가지 요소에 이르기까지 고구려적인 특징이 강하게 나타나있다. 따라서 회화에 관한 한 옥충주자는 중국의 양나라나 백제보다는 고구려의 영향을 강하게 반영하고 있다고 판단된다. 그러므로 저자는 이 옥충주자의 그림들이 일본인 학자들의 주장과는 달리 고구려계 화가들의 솜씨에 의한 것임을 주장하는 바이다. 고구려에서 만들어 일본에 보낸 것이기보다는 그곳에 귀화하여 정착한 고구려계 화가에 의해 제작되었을 가능성이 농후하다고 본다. 고구려에서 만들었든 일본에서 고구려계 인물에 의해 만들어졌든 고구려 회화의 전통을 반영한 것만은 틀림이 없다.

금속공예나 건축에 백제적인 요소가 보이는 것은 두 가지 가능성이 있

98 〈보탑도〉 옥충주자 궁전부 뒷면

다고 생각한다. 그 하나는 백제가 고구려 미술의 영향을 강하게 받았으므로 백제적인 요소라고 생각되는 것이 사실은 고구려에서 기원했을 공산이 크다는 것이고, 다른 하나는 옥충주자를 제작함에 있어서 회화는 고구려계 인물이 맡고 금속공예나 건축적인 측면은 백제계 인물이 맡아서 합작했을지도 모른다는 점이다. 그러나 저자가 과문한 탓인지는 모르나 백제에서는 고구려나 신라의 경우와 달리 아직 옥충의 날개로 장식한 금속공예가 발견되지 않고 있음을 보면 옥충주자의 금속공예나 건축적인 측면도 회화와 마찬가지로 고구려계 인물들이 담당하여 완성했을 가능성도 전혀 없지는 않다고 생각된다.

어쨌든 옥충주자를 논함에 있어서는 고구려의 영향을 가장 중요시해야 한다고 생각한다. 그리고 그림에 의거하여 보면 고구려가 육조시대의 남조 계통보다는 북조 계통의 영향을 더 수용했음이 여러 가지 면에서 확인되는데, 이 점은 옥충주자의 경우에도 예외가 아니다. 즉 고구려는 한대 및 육조시대의 북조의 영향을 수용하여 자기화하고 독자적 특성을 형성한 후 백제나 신라는 물론 일본에까지 영향을 미치면서 옥충주자나 〈천수국만다라수장〉, 다카마쓰 고분 벽화 등을 일본 땅에 남기게 되었던 것이다.

옥충주자의 제작연대에 관해서는 일본의 많은 학자들이 다양한 의견을 제시한 바 있다. 옥충주자가 회화, 조각, 공예, 건축, 불교 신앙의 문제 등을 고루 갖추고 있어서 연대를 추정하는 일이 결코 쉬운 일이 아니므로 의견이 백출할 수밖에 없다. 이 주자의 제작연대에 관하여 일본에서 제기된 여러 이설(異說)들은 무라타 지로(村田治郎)와 하야시 료이치(林良一)에 의하여 요점적으로 정리된 바 있으므로 그 중요성을 감안하여 이곳에서 간단하게 소개할 필요가 있다고 생각된다.[181]

대체로 일본에서 옥충주자에 대한 연구가 시작되었던 초기에는 그 제작 시기를 스이코 천왕 때로 올려 보는 것이 보편적이다가 1940년대부터는 내려 보는 것이 지배적인 추세를 이루게 되었다. 이를테면 메이지 천왕 때(明治期, 1868~1912년)에는 구로카와 마요리(黑川眞賴), 고스기 온손(小杉榲邨) 등의 학자들은 옥충주자를 스이코의 어물(御物)이라고 보았고, 이토 주타로는 이 주자가 다치바나데라(橘寺)로부터 호류지로 옮겨 온 스이코의 어물이며 이 주자 궁전부의 건축 양식이 호류지 양식과 일치하는 것을 보아 아스카 시대의 작품으로 판단하였다. 이처럼 연대를 올려 보는 경향은 다이쇼 천왕 때(大正期, 1912~1926년)에도 이어져 다키 세이치(瀧精一) 같은 학자는 이 주자가 스이코의 어물이었다는 전설이 허설이라고 하더라도 "예술 양식으로 보면 철두철미 스이코식이다"라고 주장하였다.

그러나 다이쇼 천왕 시대부터는 연대를 낮추어보려는 추세가 이루어지기 시작하였다. 기다 사다키치(喜田貞吉)의 주장이 바로 그것이다. 기다 사다키치는 호류지가 670년 화재 이후에 재건되었다는 설을 반대하는 세키노 다다시와 히라코 다쿠레이(平子鐸嶺)의 이른바 호류지 비재건설(非再建說)에 대립되는 재건설(再建說)을 강조하고 호류지 금당과의 비교에 의해 덴치 천왕 때(天智朝, 661~671년) 이후라는 설을 내놓았다. 그 이후 마치다 고이치(町田甲一), 노마 세이로쿠(野間淸六), 아키야마 데루카즈, 하야시 료이치, 무라타 지로 등이 모두 덴치 천왕 이후로 보는 설들을 내 놓았다. 마치다는 덴치 천왕 전후로, 노마는 하쿠호 시대로, 아키야마는 7세기 중엽으로, 하야시는 650~666년으로, 무라타는 7세기 말~8세기 초로 보았다. 이러한 학자들의 주장에는 물론 각기 근거가 따르고 있다. 그러나 이들의 주장은 시대를 낮추어 봄과 동시에 일본 제작설로 연결되어 있어서 주목을 요하는 측면도 있다.

    이들과는 달리 우에하라 가즈만은 한결같이 여러 논문을 통하여 스이코설을 주장하여 왔다. 우에하라도 옥충주자의 제작지에 관해서만은 일본에서 만들어진 것으로 간주하고 있다. 어쨌든 일본 학자들의 의견은 6세기 말~8세기 초 사이의 기간 중 어느 때 이 옥충주자가 제작되었는가에 모아지기도 하고 달라지기도 한다고 볼 수 있다. 이 기간 중에 과연 언제 만들어졌는지 확단하기는 사실 매우 어렵다. 그러나 회화적인 측면에서 본다면 옥충주자의 제작 연대는, 고졸한 고양식이 주를 이루고 있으면서, 동시에 7세기 초에 삼국이 수용했다고 보이는 신양식을 부분적으로 가미한 점으로 보아 고구려에서 만들었을 경우에는 7세기 초, 일본에서 고구려계 인물들에 의하여 만들어졌을 경우에는 양국간의 문화전파에 소요되는 기간을 어림해서 대체로 7세기 전반, 즉 650년 이전으로 볼 수 있을 듯하다. 단정적인 얘기는 어려우나 대체로 650년 이후까지 내려간다고 보기는 어려울 것이다.

    이 밖에 옥충주자의 그림을 그린 재료가 밀타승(密陀僧, 산화납)이라는 설과 칠회(漆繪)라는 설이 나와있는데, 학자에 따라서는 안료에도 고구려적인 요소가 강하다고 보고 있다.[182]

다카마쓰 고분 벽화

벽화의 내용

고구려 회화의 영향을 뚜렷하게 보여주는 또 하나의 대표적인 예는 1972년 3월에 일본 나라현(奈良縣) 다카이시군(高市郡) 아스카(明日香)에서 발견된 다카마쓰 고분의 벽화다. 다카마쓰(高松) 고분은 회석(灰石)을 다듬어서 석곽을 만들고 그 안에 목관을 안치한 후에 가옥형 천정석으로 덮고 봉토를 씌운 원형의 횡혈식 석곽봉토분이다. 석곽의 크기는 길이가 약 2.655미터, 너비는 약 1.035미터, 높이는 1.134미터이며, 무덤 전체의 크기는 직경이 약 18미터, 높이는 약 5미터다.[183] 현재 본래의 고분은 항구적인 보존을 위해 완전히 밀폐됐고 그 옆에 원형을 충실하게 재현한 모형이 축조돼있다. 석곽은 규모가 작고 협소한 편인데 벽면에 회칠을 한 후 남녀군상, 사신, 일상과 월상을 채색을 써서 표현했으며(그림99), 천정부에는 하늘을 상징하는 성수도(星宿圖)를 그려넣었다.

1972년 이 고분이 발견되자 일본 학계에는 일대 '센세이션'이 일어나 수많은 학자들이 피장자(被葬者), 연대, 출토품, 벽화 등에 대하여 다양한 견해를 피력하였고, 그 개요는 여러 저서와 논문에 정리되어 있다(참고문헌 약목 참조). 여기서 그것을 일일이 소개할 수는 없으나, 다만 연대에 관해서는 대체로 7세기 후반~8세기 초로 의견이 모아져있음을 밝혀둔다. 피장자가 누구이든 연대가 어떻게 되든 한 가지 분명한 사실은 이 고분이 벽화 및 여러 가지 측면에서 삼국시대 우리나라의 문화, 특히 고구려 미술의 전통을 계승하여 그 바탕으로 삼고 있다는 점이다. 그러면 벽화의 내용과 특징을 알아보기로 하겠다.

묘실 동벽에는 가운데에 일상과 청룡을 그리고, 그 왼쪽(북쪽)에 여인군상을, 오른쪽(남쪽)에 남자군상을 그렸다. 청룡과 남자군상은 짙은 채색으로 그려진 반면 일상은 금박을 붙여서 나타낸 점이 특이하다.[184] 서벽의 벽화는 동벽과 대칭을 이루듯 같은 구성을 지니고 있다. 즉 가운데에 백호, 그 위에 은박의 월상, 왼쪽(남쪽)에 남자군상, 오른쪽(남쪽)에 여인군상을 표현하였다. 북벽에는 현무가 그려져있다. 남쪽 벽에는 도굴꾼이 뚫은 구멍이 나있을 뿐, 주작은 없어지고 말았다(그림99).

벽면의 가장 중요한 부분에 사신을 표현하고 그 나머지 공간에 풍속화적 성격이 강한 남녀군상을 나타냈다. 말하자면 사신에 가장 큰 비중을 두고 인물들은 곁들인 형식인 셈이다. 이처럼 〈사신도〉를 가장 중요시한 점에서 강서대묘나 강서중묘, 통구사신총 등으로 대표되는 고구려 후기 고분이 떠오른다.[185] 그러나 인물군상들의 모습은 주인공 부부의 생활상 등 풍속적 내용을 담은 고구려 중기 고분벽화의 전통을 엿보게 한다. 이처럼 다카마쓰 고분의 벽화는 내용면에서 고구려 중기와 후기 고분의 전통이 함께 어우러져있다.

이 고분에서 〈사신도〉가 가장 중요시된 것이 사실이지만 회화적 측면에서 보면 역시 인물화가 가장 먼저 관심의 대상이 된다. 그러므로 인물상, 사신도, 일·월상의 순으로 벽화의 내용과 특징을 살펴보면서 고구려 고분벽화와의 관련성을 비교히어 보고자 한다.

벽화의 특징

〈여인군상〉

인물상 중에서도 특히 아름답고 보존 상태가 양호한 것은 동벽과 서벽 각각 네 명씩 그려져있는 〈여인군상〉이다(그림100, 101). 이 여인들은 노랑·빨강·초록 등 화려한 색깔의 긴 저고리와 색동치마를 입고 있는데 모두 남쪽을 향하여 걷고 있다. 몸의 자세와 뒤로 나부끼는 치맛자락이 그들의 움직임을 잘 드러낸다. 두 벽의 첫 번째 여인은 둥근 모양의 자루와 긴 원예(圓翳, 둥근 햇빛가리개)를 들고 있다. 동벽의 네 번째 여인은 먼지털이 모양의 승불(蠅拂)을 어깨에 메듯이 들고 있고 건너편 서벽의 세 번째 여인은 현대의 하키채를 연상시키는 여의(如意, 불교 법구의 하나)를 역시 어깨에 메듯이 왼손으로 들고 있다(그림102). 여의는 발해 정효공주묘의 남자상에도 보인다.

〈여인군상〉의 포치는 동쪽 벽이나 서쪽 벽이나 거의 동일하여 함께 보면 좌우대칭을 이룬다. 원예를 든 첫 번째의 여인들, 고개를 다른 여자들과 반대 방향으로 돌리고 있는 두 번째의 여인들 등을 비교하면 이 대칭성이 쉽게 이해된다. 이러한 대칭성은 여인들의 전체적인 포치에서 더욱 두드러진다. 첫째와 넷째 여인을 거의 동일 선상에 배치하고 두 사람 사이의 뒤쪽

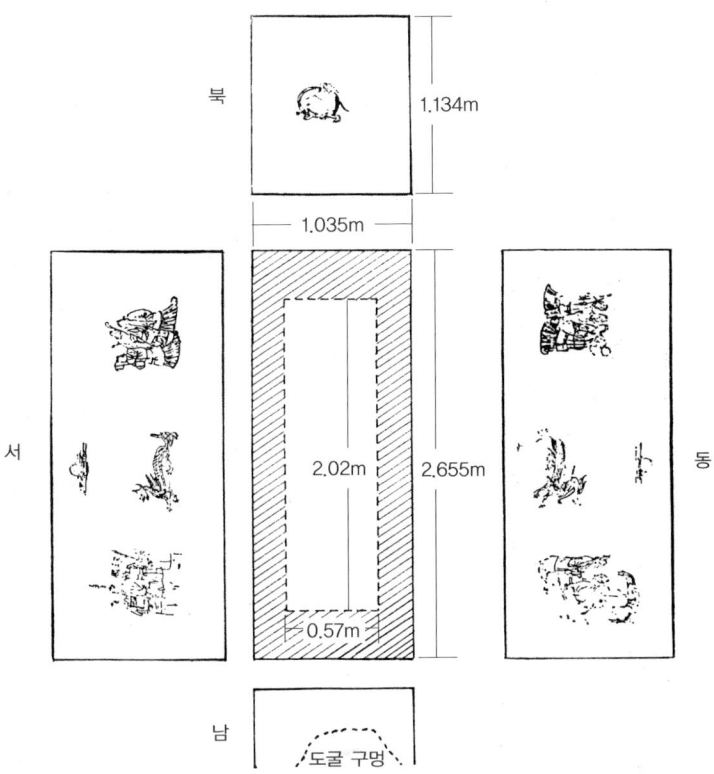

99 다카마쓰 고분 벽화 분포도(《高松塚壁畵館》)

공간에 나머지 셋째와 둘째 여인을 그려넣었다. 이 점은 두 벽 모두 마찬가지다. 괄목할 만한 점은 이 여인들의 포치에는 거리감과 깊이감이 함께 표현돼있다는 사실이다. 즉 고대 인물화의 삼각구도를 기본으로 하고 있으면서도 이렇게 변화를 주어 거리감과 깊이감을 함께 표현한 것은 고대 회화의 고졸성을 상당히 벗어난 발전된 화법과 능숙한 솜씨를 보여주는 것이라 하겠다. 그리고 셋째 여인과 넷째 여인은 마치 대화를 나누며 걷고 있는 듯한 모습이어서 화면에 생동감을 자아내기도 한다. 이러한 점들은 고대 회화

100 〈여인군상〉 다카마쓰 고분 널방 동벽

101 〈여인군상〉 다카마쓰 고분 널방 서벽

동벽　　　　　　　　　　서벽

102 다카마쓰 고분 〈여인군상〉 복원도(《高松塚壁畵館》)

에서 진일보한 것으로 706년에 축조된 당나라 영태공주묘(永泰公主墓)에 그려져있는 여인군상과 어느 정도 비교할 만한 요소다(그림103).[186]

　　그러나 영태공주묘의 여인군상이 삼각구도의 고졸성을 거의 완전하게 탈피한 반면에 다카마쓰 고분의 여인군상의 경우에는 아직 그 전통이 남아 있으며, 또 전자의 여인들이 9등신에 가까운 세장한 삼곡자세를 하고 있는 것과는 달리 후자의 여인군상에 보이는 인물들은 비교적 통통하고 5등신 정도여서 현저한 차이가 있다. 이 점은 다카마쓰 고분의 벽화가 아직 성당기(盛唐期)의 영향을 적극적으로 받았다고 보기 어려우며, 또 연대적으로 8세기 이후에 제작되었을 가능성이 희박함을 말해준다. 그러나 다카마쓰 고분의 여인들 모습에 초당대(初唐代) 인물화의 영향이 어느 정도 스며있음을 부인할 수 없다. 농려풍비한 몸매, 통통한 얼굴, 가늘고 긴 눈, 작은 입 등은 아무래도 초당대 인물화의 영향을 반영하고 있는 것으로 보아야 할 것이다.

103 〈궁녀도(宮女圖)〉, 영태공주묘, 중국(당), 706년, 중국 섬서성

    이러한 후대적 요소와 함께 이 다카마쓰 고분의 〈여인군상〉에는 삼국시대 우리나라 회화, 특히 고구려 회화와의 관련성이 짙게 나타나있다. 비록 변형되기는 했지만 고구려 고분벽화에서 흔히 보이는 삼각형 구도의 전통이 현저하게 남아있고,[187] 또 여인들의 복식이 고구려의 영향을 강하게 반영하고 있기 때문이다. 물론 삼각구도가 고구려 회화에서만 볼 수 있는 특성은 아니며, 또 고구려 복식을 하고 있다고 해서 그 회화까지도 고구려 것으로 보기는 어렵다고 하는 논리도 성립될 수 있다.[188] 그러나 이미 앞에서 누누이 살펴보았듯이 고구려계 화가들이 백제계 화가들과 함께 아스카 시대 이래로 일본 화단을 이끌었으며 그 전통이 8세기 이후까지도 면면히 이어진 사실을 다카마쓰 고분에 보이는 농도 짙은 고구려적 요소와 함께 고려할 때, 과연 다카마쓰 고분의 벽화가 고구려의 회화 전통과 전혀 무관하다고 볼 수 있겠는가 라는 의문이 든다. 물론 고구려계이든 백제계이든 일본에 토착한 이후 정도의 차이를 막론하고 일본화되었을 가능

성과 시대의 흐름에 따라 화풍도 변했을 것임이 십분 짐작되지만, 그렇다고 그 영향이 하루아침에 한꺼번에 사라졌다고 볼 수는 없을 것이다.

이러한 일반론은 앞서 살펴 본 〈천수국만다라수장〉, 옥충주자를 비롯하여 뒤에 살펴볼 작품들에 의해서도 뒷받침된다. 특히 고구려계의 가세이쓰가 밑그림을 그린 〈천수국만다라수장〉에 다카마쓰 고분 여인들의 복식과 비슷한 고구려 복식이 보이는 점은 크게 참고가 된다. 어쨌든 어느 면으로 보아도 다카마쓰 고분의 벽화는 고구려의 문화와 회화의 전통과 관련지어서 보는 것이 가장 합당하다고 여겨진다. 일본 학계에서도 669년에 당에 다녀온 기부미노 모토자네(黃文本實)를 비롯한 고구려계 기부미노에시 씨족과 다카마쓰 고분이 관계가 있을 것으로 보는 견해도 있다.[189]

다카마쓰 고분의 여인들의 차림새를 좀 살펴볼 필요가 있겠다. 이들은 앞에서도 지적한 바와 같이 한결같이 춤이 긴 저고리와 주름치마를 입고 있다. 허리에는 끈을 매고 저고리는 합임으로 돼있으며 옷깃이 합쳐진 부분에는 끈이 매어져있다. 또 소매 끝에는 저고리의 바탕색과 다른 색깔의 선이 달려있다. 이러한 저고리는 고구려 복식을 토대로 하면서도 통구 지방의 좌임이나 평양 지방의 우임, 어느 쪽도 아니어서 더 후기의 옷차림으로 생각된다.[190]

한편 이 여인들은 주름치마를 입었는데 그 중에서도 빨강·파랑·노랑 등의 색동 주름치마가 눈길을 끈다. 이러한 색동 주름치마는 잘 알려져있는 바와 같이 고구려 수산리 벽화고분의 주인공 부인의 모습에서 찾아볼 수 있다(그림29). 수산리 벽화고분의 여인이 입고 있는 치마는 색채가 많이 없어져서 희미하지만 비교적 넓게 잡힌 주름과 색동이 확연해 이 다카마쓰 고분 여인들이 입고 있는 치마의 원류임을 말해준다. 이러한 색동 주름치마는 408년에 축조된 고구려의 덕흥리 벽화고분에서도 확인되어 그 복식이 이미 오래 전에 고구려에서 자리를 잡았음을 알 수 있다.

덕흥리 벽화고분에는 색동 주름치마를 입은 여인의 모습이 여럿 보이는데 그 중에서도 여주인공의 우차를 따르는 시녀들의 모습에서 더욱 뚜렷하게 엿볼 수 있다(그림72). 이 시녀들은 바지를 입은 후에 빨강·파랑·노랑으로 된 색동의 주름치마를 입고 있으며 수산리 벽화고분이나 다카마쓰 고분의 치마보다 짧다. 그러나 색동과 주름 이외에도 치마 끝에 술이 달려있는 등 서로 간의 관련성을 엿보게 된다. 어쨌거나 이러한 주름치마는 늦어도 이미 5세기 초에 고구려에서 형성돼있었으며 그 전통이 일본에까지 이어졌음을 알 수 있다. 또한 이 인물들은 대부분 고구려 고분벽화의 경우와 마찬가지로 철선묘(鐵線描)로 그려져있음도 주목을 요한다. 이 밖에 이 여인들의 머리는 뒤에서 모아 접어 올린 후에 끈으로 동여맨 모습이다. 또한 서벽의 첫째와 셋째 여인의 머리에서는 리본을 단 모습이 보여 흥미롭다.

〈남자군상〉
동벽과 서벽의 남쪽에는 여자군상의 경우와 마찬가지로 각기 네 명씩의 남자들이 그려져있는데 인물들의 포치 방법이 엇비슷하다(그림104). 즉 모두 남쪽을 향하고 있는 모습에 세 번째 남자만이 조금 다른 자세이며 인물의 포치는 동·서벽이 좌우대칭을 이룬다. 이 점은 여자군상에서는 두 번째 여자에 변화를 가하고 있는점과 상통하는 것이라 하겠다.

동벽 〈남자군상〉의 첫 번째와 세 번째 인물들은 괘대(掛袋)를 어깨에 걸어 가슴 앞으로 내렸으며 두 번째 인물은 산개(傘蓋)를 받쳐 들고 있다. 맨 끝의 네 번째 인물은 자루 모양의 천으로 싸서 동여맨 큰 칼을 오른쪽 어

동벽　　　　　　　　　서벽

104 (위) 〈남자군상〉 다카마쓰 고분 널방 벽면
105 (아래) 다카마쓰 고분 〈남자군상〉 복원도(《高松塚壁畵館》)

깨에 메듯이 들고 있다. 서쪽 벽의 남쪽에 표현된 〈남자군상〉도 각각 지물(持物)을 지니고 있다. 첫 번째 남자는 접는 의자를 들고 있고, 두 번째 인물은 긴 자루 모양의 천으로 감싸서 동여맨 창 비슷한 무기를 어깨에 기대어 들고 있다. 세 번째 남자는 괘대를 앞가슴에 걸치고 있으며, 네 번째 남자는 옥장(玉杖)을 어깨에 메고 있다(그림105).

그런데 이 동서 양벽의 남자상을 자세히 보면 대체로 둘씩 짝지어있는 모습이다. 즉 첫째와 둘째, 셋째와 넷째가 나란히 서있다. 또한 둘째와 넷째가 그림을 보는 사람의 시점에서 첫째와 셋째의 남자보다 거리상으로 더 가까울 뿐만 아니라 지물과 신발이 더 귀하다. 따라서 둘째와 넷째 남자가 첫째와 셋째의 남자보다 신분이 높거나 적어도 맡은 역할이 중요했을 것으로 여겨진다.

이들은 춤이 긴 포(袍) 비슷한 겉옷을 모두 왼쪽으로 여미며 허리띠를 매고 왼쪽 어깨에서 단추로 조였다. 일종의 좌임이라 볼 수 있는데, 좌임이 고구려 전통 복식임은 잘 알려져있는 사실이다. 이 겉옷 안에 바지를 입고 있는데, 무용총의 〈무용도〉에서 전형적으로 보듯이 고구려 사람들이 바람이 새어들지 않도록 바지 끝을 조였던 데 반하여 이 벽화의 남자들은 모두 동여매지 않고 있다. 아마도 고구려에 비하여 춥지 않은 일본에서 그곳의 기후 풍토에 알맞게 변형된 것이 아닐까 추측된다. 칠사관(漆紗冠)을 쓴 모습도 특이하다.

다카마쓰 고분 벽화에 그려져있는 남자들은 대체로 수염이 없어 젊어 보이며, 이목구비를 포함한 얼굴이 여인상과 비슷하게 예쁜 모습을 하고 있다. 그러나 전반적으로는 여인상들에 비하여 몸이 가늘어 보이며 솜씨에도 차이가 있어서 여인군상과 남자군상은 각기 다른 화가에 의하여 분

담·제작된 것으로 생각된다.[191]

〈사신도〉

동·서·북벽의 한가운데에는 각각 청룡·백호·현무가 그려져있다. 사신이 차지하고 있는 공간이나 위치를 보면 앞에서도 언급한 바와 같이 벽화 가운데 가장 중요시된 것으로 보인다. 사신이 무덤의 안전을 지켜주는 기능을 지녔던 사실을 감안하면 당연하다고 하겠다. 이처럼 사신을 중요시한 것은 고구려의 고분벽화 중에서도 후기의 것이다. 고구려의 고분벽화에서는 사신이, 본래 초기에는 천정부에 그려지다가 시대 흐름에 따라 풍속적 요소가 강한 벽면으로 내려와 자리를 잡기 시작했고 후기에 이르러서는 벽면을 독차지하게 되었던 것이다. 따라서 고구려 고분의 벽면 그림의 내용은 '인물풍속→인물풍속 및 사신→사신'으로 바뀌어갔던 것으로 생각된다.[192] 이렇게 본다면 다카마쓰 고분의 벽화는 이미 앞에서도 지적하였듯이 고구려 중기 벽화의 전통을 잇고 있으면서도 후기적인 요소를 강하게 반영하고 있다. 이 점은 〈사신도〉 자체의 양식에서도 드러난다.

다카마쓰 고분의 〈사신도〉는 중국 수나라의 것과 비교되기도 하지만[193] 일반적으로 고구려 후기의 그림과 특히 친연성이 강함을 부인하기 어렵다. 〈사신도〉에 관하여는 일본 학자들이 적극적으로 비교를 시도한 바 있으므로 이곳에서는 간단히 언급하는 데 그치겠다(그림106). 동벽의 청룡은 혀를 길게 빼고 있는 모습과 S자형을 이룬 목, 적당히 길고 유연한 몸체에서 고구려 강서중묘와 대묘의 청룡과 대체로 유사하다(그림106). 다만 다카마쓰 고분의 청룡은 앞발을 모두 앞으로 뻗고 있고 꼬리가 오른쪽 뒷발을 감듯이 굽어져있어 강서중묘와 대묘의 청룡과 비슷하나 동세가 강하지 못

106 〈사신도〉 다카마쓰 고분 널방 벽면
 (위부터 청룡·백호·현무의 순이며, 비교된 고구려 〈사신도〉는 청룡과 백호는 강서중묘,
 현무는 강서대묘의 벽화다.)

한 점이 큰 차이다.

　백호 역시 자세는 청룡과 마찬가지인데 대강의 모습은 고구려 강서중묘의 백호와 비슷하나(그림106). 눈을 부릅뜨고 입을 크게 벌린 모습, 바람에 날리는 어깨 부분의 긴 털들, 횡선들로 표현된 등 위의 줄무늬, 띠모양의 배 줄기 등이 두 〈백호도〉에서 공통적으로 나타난다.

　북벽의 현무는 다리가 굵고 짧은 거북이를 역시 굵은 몸체의 뱀이 감고 있다. 타원형을 이룬 뱀의 꼬임새가 고구려 강서대묘의 〈현무도〉를 연상시켜주지만, 고구려 것에 비하면 박제품처럼 변화가 없고 동세가 결여된 모습이다(그림106). 이 〈현무도〉는 동벽의 〈청룡도〉에 비하여 솜씨가 현저하게 떨어지며 차이가 있어 〈사신도〉가 각기 다른 화가들에 의하여 제작된 것으로 생각된다. 그런데 이 〈현무도〉는 쇼소인 남창(南倉)의 십이지팔괘배원경(十二支八掛背圓鏡)에 표현된 〈현무도〉와 비슷하여 주목된다.[194] 거북이의 굵고 짧은 다리는 가늘고 긴 다리에 비하여 부자연스러워 보이기는 해도 사실성에 더 접근한 것으로서 수나라의 영향이라고 생각된다. 이 점은 다카마쓰 고분의 〈사신도〉가 대체로 고구려 후기의 것과 상통하는 점과 함께 연대 추정에 시사하는 바가 크다고 하겠다.[195]

일상과 월상
동벽의 중앙에 그려진 청룡의 위편에는 일상이, 서벽의 가운데에 묘사된 백호의 위편에는 월상이 각각 표현돼있다(그림107). 일상과 월상은 모두 직경 약 7.2센티미터의 원 안에 각기 금박과 은박을 붙여 나타냈는데 고구려 고분벽화에서도 금박이 때때로 사용되었던 것과 관련하여 주목된다.[196] 둥근 원의 바깥쪽에는 붉은 칠을 하여 일상과 월상이 두드러져 보이게 했

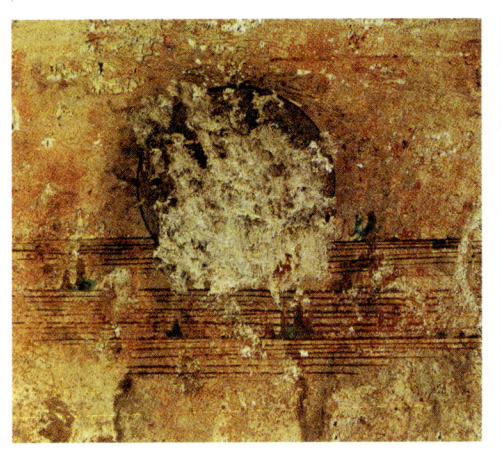 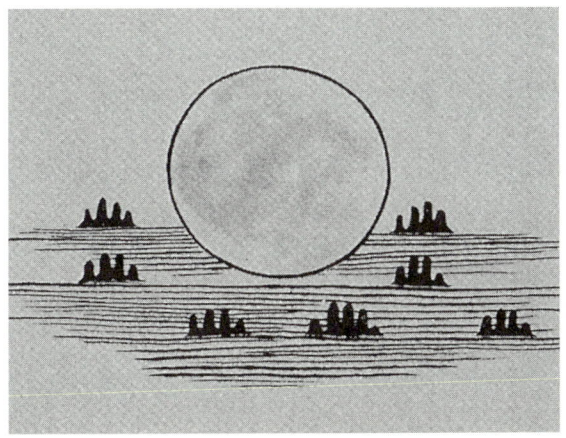

107 〈월상〉과 그 실측도(《高松塚壁畵館》)

다. 일상과 월상의 밑에는 여러 개의 붉은색 수평선을 평행하게 긋고 그 선들의 이곳저곳에 청색이나 녹색으로 산 모양을 나타내었다. 이러한 원산(遠山)의 모습은 내리1호분과 강서대묘 등 고구려 후기의 벽화에도 비슷하게 나타난다(그림108). 그러나 이러한 단순한 모습의 산들이 수평선과 함께 결합한 형태는 통일신라시대의 벽돌(塼)에서 뚜렷하게 엿보인다(그림 109). 또한 수평선상의 산과 일상·월상이 함께 나타나는 모습은 당나라 영태공주묘에서도 보이고 있어 당의 영향을 엿보게 한다.[197] 그런데 일상과 월상 밑에 쳐진 여러 겹의 수평선들이 무엇을 나타내는지는 확실치 않다. 구름이나 혹은 바다의 물결을 표현한 것이 아닐까 생각된다. 어쩌면 바다 위에 솟아오르는 태양과 바다 위로 지는 달의 모습을 표현한 것인지도 모른다는 생각이 든다.

    이 다카마쓰 고분의 일상 및 월상과 관련하여 또 한 가지 생각해야 할 문제는 통구사신총, 5회분 5호묘 등 고구려 후기의 고분에는 일상과 월상이 각각, 종종 인면사신의 복희와 여와가 함께 나타나는 데 반하여,[198] 이곳의 일상과 월상들은 그것들과 관계가 없다는 사실이다. 태양을 상징하

108 〈원산(遠山)〉 강서대묘 널방 서쪽 천장고임, 7세기 초
109 〈집무늬 벽돌〉 통일신라, 8세기

는 삼족오나 달을 나타내는 섬여 혹은 계수나무와 토끼의 모습도 찾아볼 수 없고, 금박과 은박으로 대체되었다.

지금까지 다카마쓰 고분 벽화의 이모저모를 살펴보았다. 인물들의 포치와 묘사, 사신과 일상 및 월상 등의 표현에는 고구려적 요소가 토대를 이루고 있으면서도 수·당대의 미술과 관련되는 새롭고 후대적인 요소가 가미돼있음이 확인된다. 특히 고구려적인 요소들 중에도 후기적인 것들이 적지 않게 눈에 띈다.

다카마쓰 고분의 연대에 관해서도 여러 학자들에 의하여 다양한 설이 나와있다. 우선 김원용 선생은 반출(伴出) 유물의 하나인 '해수포도문경(海獸葡萄紋鏡)'이 당나라에서 박재(舶載)되어 온 것으로 7세기 후반기의 작품으로 보이며 화법에 당 양식이 반영돼있는 것으로 보아, 7세기 말~8세기 초로 추정하였다.[199] 한편 일본에서는 벽화 속의 인물들이 입고 있는 복식에 의거하여 684년 윤4월 5일~686년 7월 2일 사이로 보는 견해, 사신의 양식에 의하여 650년을 전후해서부터 720년경까지의 50년간으로 보는 의견, 후지와라쿄(藤原京)의 성스러운 주작대로(朱雀大路)의 연장선상에 덴무(天武), 지토(持統), 몬무(文武)의 능들과 마찬가지로 다카마쓰 고분이 위치하고 있음을 보아 후지와라쿄가 조영되어 천도한 694년 이후로 보는 주장, 반출된 수혜기(須惠器)가 양식상 큰 변화를 일으켰던 672년보다 올라간다고 보는 견해 등이 그 대표적이다.[200] 대체로 700년대를 지나 8세기 초로 접어든 시기의 것으로 보는 견해가 가장 널리 받아들여지고 있다.

이미 살펴보았듯이 다카마쓰 고분 벽화는 고구려의 문화를 기반으로 하면서 신양식을 수용하였고, 인물풍속을 중시하던 중기적 전통과 사신을 중요하게 다루던 후기적 경향의 결합을 보이고 있음도 확인된다. 이러한 사실들을 함께 고려하면 다카마쓰 고분의 연대를 너무 올릴 수도 없고 또 너무 내릴 수도 없다고 본다. 이와 연관 지어 고구려 후기의 고분벽화에서는 인물풍속의 표현이 배제되는 것이 상례였던 점과 고구려 문화의 전통을 이은 발해 정효공주묘에는 사신도가 전혀 그려져있지 않다는 점이 유념된다.[201] 즉 다카마쓰 고분의 벽화는 고구려 후기~8세기의 발해 사이에 위치한다고 볼 수 있을 듯하다. 따라서 고구려 후기 고분벽화의 연대를 어떻게 보느냐가 중요한데 절대연대가 밝혀져 있지 않은 상황이라 어렵긴 해도 대체로 6세기 후반부터 고구려가 멸망한 668년까지로 보는 것이 상례가 아닌가 한다.[202] 이러한 점들을 함께 고려하면 다카마쓰 고분 벽화는 7세기 후반에 그려진 것으로 일단 볼 수 있지 않을까 생각된다.

호류지 금당벽화

호류지의 내력

일본의 고대 불교미술과 관련하여 가장 큰 주목을 받는 것은 물론 호류지(法隆寺)와 그 안의 미술문화재들일 것이다. 쇼토쿠 태자가 세운 이 사찰이 우리나라 삼국시대의 문화와 직접 연관이 있음은 주지의 사실이다. 특히 이 호류지의 금당벽화는 고구려의 담징이 그렸다고 구전되고 있어 우리에게 더욱 큰 관심의 대상이다. 그러나 이 문제는 간단하게 단정하기 어려운 측면을 지니고 있는 것도 사실이다. 이 문제에 대한 이해를 돕기 위하여 우선 호류지의 내력을 간단하게 소개할 필요가 있겠다.[203]

본래 호류지는 쇼토쿠 태자가 창건하였던 바 그 창건 연대에 관해서는 598년설과 606년 설이 있어 엇갈리나 늦어도 623년에는 분명히 금당이 존재하였으므로 7세기 초에 이미 세워졌음이 분명하다. 이 본래의 호류지는 670년에 낙뢰로 인하여 전소되었다. 일본 학계에서는 호류지가 이 670년의 화재 이후에 재건되었다고 보는 학자들과 재건되지 않았다고 주장하는 비재건론 학자들 사이에 논쟁이 뜨겁게 전개되었다. 그러나 1926년의 탑지(塔址) 발굴과 1939년에 실시된 호류지 보문원(普門院) 뒤편 약초가람(若草伽藍)의 발굴을 통하여 호류지는 본래의 위치를 옮겨 재건되었다고 보는 견해가 우위를 점하게 되었다.

재건 연대에 관해서도 덴무(天武) 연간(673~686년)부터 공사가 시작되었다는 설과 지토(持統) 연간(687~696년)에 이루어졌다는 설이 엇갈리고 있으나 늦어도 711년까지는 금당, 오층탑, 중문(中門)이 완성되었다고 생각된다. 특히 금당은 건축 양식상 가장 고대에 속하여 아마도 7세기 후반에는 지어졌으리라고 보고 있다.

호류지의 금당은 수리 중이던 1949년 1월 26일 이른 아침에 화재가 발생하여 내진(內陣) 위쪽 소벽(小壁)에 그려진 비천상들을 제외하고는 모두 불을 맞게 되었다. 이제는 화재 이전에 찍어 놓은 사진 자료를 통하여 그 면모를 확인할 수 있을 뿐이다.

제작자의 문제

호류지는 여러 가지 면에서 우리나라 삼국시대 문화의 영향을 종합했다고 보아도 좋을 일본 고대 최고의 가람이며 그 금당의 벽화는 내용과 수준면에서 일본 고대미술의 대표적인 정수인 데도 불구하고, 그 제작에 참여한 화가의 이름이 당대(當代)의 기록에 나와있지 않아 분명한 얘기를 하기가 어려운 형편이다. 이 밖에 담징이 일본에 건너간 것은 610년(고구려 영양왕 21년, 일본 스이코 18년)으로 그는 "오경을 알고 또한 채색 및 지묵을 만들 수 있으며, 아울러 맷돌을 만들었는데 대저 맷돌을 만들기 시작한 것은 이때부터이다"라고 《일본서기》에 적혀있을 뿐 그림에 관한 언급이 없고 또 호류지는 이미 언급한 바와 같이 담징이 일본에 건너간 지 60년 만인 670년에 화재를 만나 중요한 건물이 불타버려 후에 본래 위치의 옆에 옮겨서 재건되었음에 주목해야 한다. 즉 담징이 도일(渡日)하여 호류지의 금당에 벽화를 그렸다고 가정해도 그의 작품은 670년의 화재시에 회진(灰塵)되었을 가능성이 높은 것이다. 따라서 1949년에 불타 없어진 벽화를 담징이 그렸다고 볼 수는 없다고 하겠다.

그렇다면 호류지 금당벽화는 담징이나 고구려의 회화와 전혀 아무런 관계도 없는 것일까, 또 아무 관련성도 '없다고 보아야' 할 것인가 하는 의문이 제기된다. 이러한 의문들과 관련하여 또한 제기되는 문제는 담징은 화가였을까, 670년 화재 이후 호류지를 복원할 때 그 전에 불타 버린 건물의 양식이나 벽화 등을 전혀 참조하지 않고 완전히 새롭게 축조하고 제작했을 것인가 하는 것이다. 이와 같은 의문들에 대해서는 확실한 답변을 하기가 어렵다.

그러나 상식적인 입장에서 보편타당한 추정을 해 보는 일은 해롭지 않을 것이다. 먼저 담징이 화가였는지의 문제에 관하여는 화가였을 가능성이 그렇지 않을 가능성보다 훨씬 높다고 본다. 옛날 화가들은 작품 제작에 필요한 안료를 직접 손수 만들어 쓰는 것이 보편적이었음을 고려할 때 그가 '채색 및 지묵'을 만들었다는 기록은 결국 화가로서 그림 제작에 요구되는 재료를 만들 줄 알았다는 의미를 내포하고 있는 것으로 풀이된다.

또한 앞에서 언급했듯 7세기부터는 일본에서 백제계보다는 고구려계 회화의 영향이 보다 강렬하게 미쳤는데, 그럴 만한 결정적인 계기가 6세기 초에 분명히 있었을 것으로 여겨진다. 그러한 계기가 바로 담징의 도일과 관계가 있는 것은 아닐까? 즉 담징이 도일하여 훌륭한 안료와 지묵을 만들고 화가로서의 능력을 인정받아 호류지 금당벽화를 훌륭하게 완성함으로써 국가적 차원의 회사(繪事)에 있어서 백제계 화풍의 영향을 누르고 고구려계 회화의 영향이 지배하게 하는 계기를 형성한 게 아닐까 추측된다.

이 점은 앞으로도 좀 더 숙고해 볼 만한 것이고 또 이를 뒷받침할 새 자료의 출현이 전제되어야 한다고 보지만, 호류지 벽화에는 뒤에서 살펴보듯이 신양식과 함께 고구려적인 요소도 들어 있음을 고려할 때 단순한 상상으로만 치부하기 어려운 측면을 지니고 있다. 이와 관련하여 금당, 오층탑, 중문의 건축에 고려척(高麗尺, 현재의 1척 1촌 7푼 6리에 해당)이 사용된 점도 참고가 된다.[204]

670년의 화재 이후에 호류지를 복원할 때 그 이전의 형태와 내용을 전혀 무시했다고 보는 것이 무리인 점도 유념해야 한다. 전통을 철저하게 존중하는 일본인들의 오랜 습성을 염두에 두면 복원할 때 회진된 그 이전의 모습을 충실하게 재현하려고 노력했을 가능성이 대단히 높다고 생각된다. 이렇게 보면 1949년 불타버린 벽화에는 670년 이전의 화풍의 전통이 많건 적건 남아있었다고 보는 것이 타당하다고 생각된다. 그러므로 현대에 들어와 불타버린 벽화가 담징의 작품이 아니라고 해도 7세기 초 삼국의 미술, 특히 고구려 회화의 전통이 깃들어있었을 것으로 보는 것이 전혀 허무맹랑하다고 여길 수 만은 없을 것이다. 더구나 7세기에는 고구려계의 기부미노 에시, 야마시로노 에시 등의 화사씨족 집단이 백제계의 가와치노 에시 씨족과 함께 일본 회화계를 지배하고 있었음을 고려하면, 도저히 한국 회화와의 관계가 전무하다고는 볼 수 없다.

이 점과 관련하여 또한 관심을 끄는 사실은 호류지 금당벽화는 한 사람이 아닌 몇 사람의 합작이었음이 확인될 뿐만 아니라, 동방의 〈약사정토도(藥土淨土圖)〉와 서방의 〈아미타정토도(阿彌陀淨土圖)〉는 백제계의 도리불자(止利佛子)의 작품이라고 《반구고사편람(斑鳩古事便覽)》에 전해지고 있는 점이다.[205] 도리는 백제계의 인물로 일본 불상의 개조나 다름없고 623년에 호류지 금당의 석가삼존불을 완성한 바 있다. 이처럼 도리는 일본 불교미술에 미친 영향이 지대했던 인물이다. 《반구고사편람》의 기록을 믿는다면 도리는 조각만이 아니라 회화에도 뛰어난 인물이었다고 보아야 할 것이고 또한 호류지 금당벽화의 제작에는 고구려계와 백제계가 함께 참여했을 가능성이 있다고 추정된다. 어쨌든 이 호류지 금당벽화의 제작자와 관련해서는 이처럼 풀기 어렵고 단정적인 얘기를 할 수 없는 복잡한 양상이 얽혀있다.

금당벽화의 배치와 화풍

호류지의 금당은 사방에 나있는 문을 제외하고 나면 기둥과 기둥의 사이가 이루는 벽면이 열두 개가 되는데 이 벽면들에 벽화가 그려졌다. 이 벽면들을 외진(外陣)이라고 하는데 이 외진에 석가정토(동), 아미타정토(서), 약사정토(북의 동측), 미륵정토(북의 서측), 여러 보살 등 중요한 주제들이 표현됐다. 또한 금당의 중앙부에 수미단이 위치하고 있는데 이 수미단의 내진이라고 지칭되는 스무 개의 작은 벽면들에는 각각 비천도가 그려졌다. 이 비천상들은 해체 수리를 하는 동안 일찍 분리되었던 관계로 화재를 면할 수 있었으며 이것들이 본래의 모습을 지닌 유일한 원작들인 것이다.

이 벽화들은 공통적인 시대양식을 지니고 있으면서도 앞에서 언급했듯 몇 사람의 다른 솜씨가 확인된다. 이를테면 외진의 열두 그림 가운데

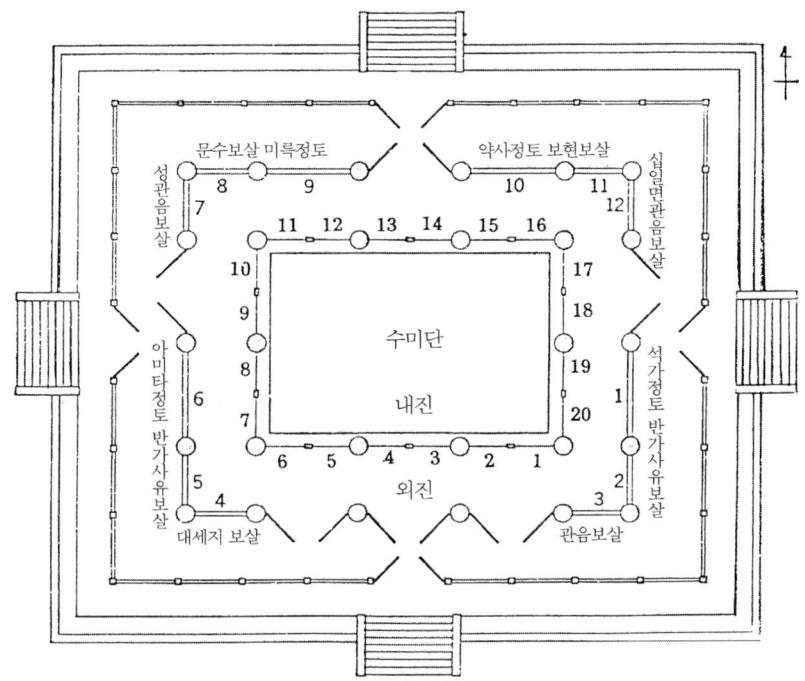

110 호류지 금당벽화 배치도(柳澤孝, 《金堂壁畵》, 岩波書店, 1975)

　남벽 끝의 대세지보살부터 반가사유보살, 아미타정토(그림110의 4~6번 벽)를 한 사람이 그렸고, 이어 성관음보살부터 미륵정토(그림110의 10~12번 벽)까지는 또다른 사람이, 약사정토에서 십일면관음보살은 또다른 사람의 솜씨다.[206] 이렇듯 금당의 외진만 보아도 네 명의 화가가 벽면의 한 구석씩 맡아서 그린 것으로 생각되며 분담 작업이 이루어졌음을 알 수 있다.

　외진의 벽화 중에서도 〈아미타정토도〉가 가장 우수한 것으로 평가되고 있다. 그러므로 대표적인 예로 이 작품을 간략하게 살펴보기로 하겠다. 화가들의 솜씨는 달라도 시대 양식은 공유하고 있으므로 이 작품을 살펴봄으로써 모든 벽화를 일일이 검토하는 번거로움을 면해볼까 한다.

　〈아미타정토도〉는 중앙에 본존인 좌상의 아미타여래를, 그 좌우에 입상의 관음보살과 대세지보살을 표현하고 그 나머지 여백에 화불(化佛)들을 그려넣었다(그림111). 아미타여래의 머리 위쪽에는 화려한 천개(天蓋)를 표현하였다. 구도는 철저한 좌우대칭이다. 본존인 아미타여래는 전법륜(轉法輪)의 수인(手印)을 하고, 오른발이 위에 오는 통상의 길상좌(吉祥坐)와는 반대로, 왼발을 위에 올려놓는 항마좌(降魔坐)의 자세를 하고 있다. 이러한 항마좌는 "인도에는 없고 중국에서도 남북조 후기부터 생겨 초당대에 일반화된 것으로 일본에서 하쿠호 시대부터 행해진" 것이다.[207]

어깨는 넓고 허리는 가늘며, 둥근 얼굴, 가늘고 긴 눈, 뚜렷한 입술, 길게 늘어진 구멍 뚫린 귀를 지니고 있어 당대나 통일신라기의 불상 조각을 대하는 듯하다. 의습의 표현에는 적극적인 음영법이 구사돼있어 색채 감각과 함께 서역적 요소를 드러낸다.

좌우의 협시보살은 본존을 향하여 서있는데 8등신의 체격을 지니고 있고, 어깨를 뒤로 젖히고 배를 앞으로 내민 유연한 삼곡자세를 하고 있어서 굽타(Gupta) 미술의 영향을 수용하여 발전한 당나라 및 통일신라의 보살 조각상을 연상시켜 준다. 화려한 보관(寶冠)과 경식(頸飾), 부드럽게 흘러내린 옷자락, 어깨 위에 늘어진 초록색의 긴 머리카락 등이 인상적이다. 이러한 보살상은 인도의 아잔타(Ajanta) 석굴 중 5세기 말의 제17굴 기둥에 그려진 남자상이나 6세기 초의 제1굴 후벽의 보살과 비교된다.[208]

이처럼 호류지의 금당벽화에는 인도와 중국 당대 미술의 영향이 함께 갖추어져 있음을 부인할 수 없다. 즉 우리나라 삼국시대 전반기 또는 중기의 육조시대 미술에 보이는 고졸한 양식보다 진전된, 당대의 신양식이 지배적인 경향을 띠고 있다.

이러한 신양식은 우리나라의 경우 불상을 통해서 볼 때 대체로 삼국시

111 〈아미타정토도〉, 호류지 금당 외진 6호벽, 312×266cm, 700년경, 1949년 소실

대 후반기인 7세기 초에 수용되어 자리 잡기 시작하고 통일신라기에 크게 유행하였다.[209] 이런 점을 고려하면, 호류지 금당벽화에 보이는 당 양식은 당을 통해서 직접 일본에 전해졌을 가능성도 있지만 그보다는 우리나라를 통해서 그곳에 이식되었을 가능성을 부인하기 어렵다.

특히 엔닌(圓仁)의 일기를 통해서도 알 수 있듯이 당시 일본의 항해술로는 도당(渡唐)에 어려움이 많아 신라인들의 도움을 받아야 했던 형편 등을 감안할 때,[210] 이 신양식의 일본 유입은 일본과 당나라 간의 직접적인 교류였거나 '당→한국→일본'의 교류였거나 그 과정에서 주역을 맡았던 인물들은, 당에서 〈불족도〉를 그려서 671년에 귀일(歸日)했던 고구려계의 기부미노 모토자네(黃文本實)처럼 삼국계 화사씨족의 후손들이었을 가능성이 높다.

그러므로 호류지의 금당벽화에 인도나 당대 중국의 신양식이 강하게 반영돼있다고 해서 우리나라의 회화와 전혀 무관하다고 단정할 수는 없다고 본다. 특히 고구려를 비롯한 우리나라 삼국시대의 사찰과 남북국시대의 통일신라와 발해의 사찰벽화가 전혀 남아있지 않은 상황에서는 더욱 그러한 단정을 내리기 어렵다고 본다. 만약 고구려 7세기 후반의 사찰벽화가 남아 있다면 호류지의 금당벽화와 비슷했을 가능성도 없지 않을 것이다. 호류지 금당의 건축양식이나 건축 과정에서 사용된 고려척 등을 고려하면 더욱더 그 가능성을 배제할 수 없다.

실제로 벽화에서도 그 가능성이 엿보인다. 갈색, 초록, 노랑 등을 주조로 한 중아아시아적인 채색법, 철선묘를 위주로 한 묘법 등은 고구려의 고분벽화에서 자주 엿볼 수 있는 요소들이다. 특히 고구려의 고분벽화에서는 서역적인 신수·서조·영초·당초문 등이 예외 없이 등장하고 있을 뿐

만 아니라 말각조정이 주를 이루어서 서역 문화의 적극적인 수용을 엿볼 수 있다.[211]

이와 함께 호류지 벽화의 보살들이 하고 있는 위쪽의 목걸이는 비록 색깔은 다양해도 기본적으로 백제 무녕왕릉에서 출토된 감금탄목제편옥(嵌金炭木製扁玉) 목걸이와 형식이 같은 점도 유의할 만하다고 하겠다.[212] 이러한 목걸이는 백제에 영향을 미쳤던 고구려에서도 사용되었을 가능성이 높다. 또한 앞에서도 언급한 바와 같이 호류지 금당의 〈약사정토도〉와 〈아미타정토도〉가 백제계의 도리에 의해 그려졌다고 전하는 일본의 《반구고사편람》 같은 기록도 있음을 볼 때 그 벽화에 삼국시대 이래의 우리나라 화풍이 전혀 들어가 있지 않다고 단정하기는 어려울 것으로 생각된다.

이제까지 호류지 금당벽화에 관하여 대강 살펴보았거니와 그것들이 구전되듯이 담징의 작품이라고 단정할 수는 없으나, 적어도 고구려를 위시한 삼국계의 화사씨족의 화가들에 의하여 신양식을 수용해서 그려졌을 가능성이 많음을 인정해야 할 듯하다.

〈쌍수비천도〉와 〈수렵연락도〉

고구려 회화와의 연관성을 보여주는 작품으로 위에서 살펴본 것들 이외에, 호류지 금당의 약사여래상의 목제 대좌 내벽에 먹으로 그려진 〈쌍수비천도(雙樹飛天圖)〉와 쇼소인 소장의 자단목제(紫檀木製) 비파의 채에 그려진 〈수렵연락도(狩獵宴樂圖)〉가 주목된다.

〈쌍수비천도〉
〈쌍수비천도〉는 언덕 위에 크고 작은 두 갈래의 쌍수가 세 그루 서 있고 그 왼편 위쪽 공간에 비천을 묘사하였다. 큰 나무에는 특이한 꽃이 달려있는데 그 꽃 모양으로 보아 이 나무들은 석가가 입적한 장소에 있던 사라쌍수(沙羅雙樹)라는 주장이 나와있다.[213]

나무나 비천이나 모두 쌍구(雙鉤)의 선묘 위주로 그려진 일종의 백묘화다. 그런데 나무들을 보면 중앙에 U자형의 쌍을 이룬 큰 나무를 세우고 그 좌우에 훨씬 작은 규모의 비슷한 형태를 지닌 나무들을 배치하여 묘사하고 있어서 마치 큰 본존여래와 좌우의 작은 협시보살로 이루어진 삼존불을 보는 듯한 느낌을 자아낸다. 이러한 U자형의 나무는 중국 육조시대에 유행하였고 고구려에서는 진파리1호분 북벽에 그려진 나무 등에서 보여(그림23), 후기에 수용되어 그려졌음이 확인된다. 두 곳의 나무들이 형태면에서 서로 연관성이 있음은 자명하다. 다만 진파리1호분의 나무에는 잎이 무성한 데 반하여 이 호류지의 것은 잎이 모두 떨어진 고목(枯木)의 모습을 하고 있는 것이 차이라 하겠다. '고목에 꽃이 핀' 이 나무는 아무래도 불교의 교리를 시사

112 〈쌍수비천도〉
호류지 금당 약사여래상 목제 대좌 안쪽 벽 묵회, 〈서일본신문(西日本新聞)〉, 1989년

하고 있다고 생각되는데 형태적인 측면에서는 고구려 후기의 수목과 친연성을 지니고 있어서 그 영향을 받은 것으로 보아야 한다고 생각한다.

이 점은 비천의 경우에도 마찬가지이다. 몸을 수직으로 세우고 나는 모습, 바람에 나부끼는 여러 갈래의 옷자락 등은 역시 육조시대의 양식을 수용하여 발전시킨 고구려의 비천상을 연상케 한다. 이 비천을 고구려 강서대묘의 널방 천정 천장고임에 그려져있는 비천과 비교하면 그 유사성이 완연하다(그림91). 고구려의 것이 좀 더 속도감과 동세가 강하게, 그리

고 좀 더 생동감 있게 표현돼있는 점이 차이라고 하겠다. 이처럼 이 호류지의 〈쌍수비천도〉는 6세기 후반~7세기 초 고구려 회화와 불가분의 관계가 있다.

그런데 호류지 금당의 약사여래상은 백제계의 도리가 623년에 만든 석가여래상과 대단히 흡사하여 도리의 작품으로 생각되며 그 연대는 607년으로 믿어지나 그보다 후대로 보는 설도 있다.[214] 따라서 약사여래상과 목조대좌가 동시대에 만들어졌다고 본다면 이 〈쌍수비천도〉도 7세기 초의 그림으로 볼 수 있을 것이다. 또 이에 의거해서 진파리1호분이나 강서대묘 등 고구려 후기 고분들의 연대를 추정하는 데도 참고가 된다.

이 밖에 호류지의 약사여래상과 그 대좌의 그림을 통해서 7세기 초 일본에서 조각에는 백제계가, 회화에는 고구려계가 주도적으로 활동했을 가능성을 다시 한 번 엿보게 된다. 즉 특장의 분야에 따른 분업과 협동이 일본 조정의 필요에 따라 고구려계와 백제계 사이에 이루어지고 있었다고 생각된다. 이와 마찬가지의 경우가 이미 앞에서 살펴본 옥충주자의 경우에서도 나타난다. 옥충주자도 그림에는 고구려적 요소가 강한 데 반하여 건축과 금속공계에는 백제적 요소가 두드러져 분야와 특징에 따른 고구려계와 백제계의 분업 및 협동의 양상을 엿볼 수 있다. 이는 매우 중요하고 흥미로운 일로 삼국 및 일본 고대 문화의 관계를 이해하는 데 유의해야 할 점이라고 여겨진다.

〈수렵연락도〉

쇼소인 소장의 비파채에 그려진 〈수렵연락도〉도 어느 정도 고구려 회화와의 관련성을 보여준다. 〈자단목화조비파한발회(紫檀木畵槽琵琶捍撥繪)〉라고도 불리는 이 그림은 자단목으로 된 비파의 채에 붙인 가죽에 붉은 칠을 두텁게 하고 그 위에 사냥하는 장면과 들놀이 하는 장면을 채색으로 표현한 것이다(그림113). 그림을 완성시킨 후에 다시 기름을 칠한 관계로 황갈색의 색조를 띤다.[215]

기다란 화면의 근경에는 말을 달리며 호랑이를 사냥하는 장면이, 중경에는 산을 배경으로 둘러앉아서 악기를 연주하며 놀고 있는 인물들과 그들을 향하여 짐을 가져오는 사람들이, 그리고 원경에는 평평한 대지 위에서 사냥하는 기마 인물들과 물위에 떠있는 원산이 묘사돼있다. 근경과 중경에서는 흐르는 냇물을 표현하여 화면을 적당히 구획하면서 동시에 변화를 주고 있는 점도 괄목할 만하다.

이 그림에서 주를 이루는 것은 물론 수렵 장면이다. 사냥은 고대의 서역, 중국, 우리나라에서 즐겨하였고 또 미술품에 중요한 주제로 자주 등장하였다. 특히 고구려에서는 국가적 행사로 이루어지기도 하였고 고분벽화에도 주인공 생활도의 하나로 자주 그려지곤 하였다. 408년에 축조된 덕흥리 벽화고분을 위시하여 약수리 벽화고분, 무용총, 장천1호분 등의 5세기 고분들에 그려진 〈수렵도〉가 그 대표적인 예들이다(그림22, 46, 70, 71).[216] 특히 덕흥리 벽화고분의 〈수렵도〉는 산과 사냥 장면을 함께 표현한 가장 오래된 예로서, 그리고 무용총은 가장 박진감 넘치는 사냥장면을 특이한 모습의 산을 배경으로 표현한 점에서 각별히 관심을 끈다(그림68, 22).

이 〈수렵연락도〉가 이러한 고구려의 〈수렵도〉와 깊은 연관성이 있음은 쉽게 엿볼 수 있다. 우선 주제면에서 상통하는데, 특히 사냥과 야유회를 함께 표현한 것은 장천1호분의 〈수렵야유회도〉와 잘 비교된다(그림46). 다

만 장천1호분에서는 남자들이 사냥을 하고 있는 반면에 주로 여자들이 야유회를 하고 있는 점에서 차이가 있을 뿐이다.

그러나 이 〈수렵연락도〉가 보여주는 고구려 회화와의 관련성은 산들의 표현에서 찾아볼 수 있다. 특히 중경의 산들과 그 뒤편의 높은 산을 보면 굵은 띠 모양의 검은 곡선으로 표현돼있는데 이러한 표현은 매우 특이한 것으로 고구려 무용총 널방 서벽에 그려져있는 〈수렵도〉의 산들과 불가분의 관계를 지니고 있다(그림 22). 무용총의 경우에는 근경으로부터 원경으로 거리가 멀어질수록 백산, 적산, 황산으로 바탕색이 변하고 또 산의 등성이를 굵고 가는 파상의 곡선들로 표현한 것이 다를 뿐 하나의 산을 몇 개의

113 〈수렵연락도〉 자단목화조비파한발회, 일본 쇼소인 소장

곡선으로 표현한 점은 두 그림에서 공통된다.

이 〈수렵연락도〉와 무용총의 그림에 표현된 산은 모두 괴량감, 깊이감, 거리감 등을 결여하고 있어 평면적이며, 산다운 분위기를 충분히 나타내지 못하고 상징적 표현의 단계에 머물러 있음을 알 수 있다. 즉 산의 표현에 관한 한 두 작품 모두 고졸한 단계를 벗어나지 못하였다. 또한 인물과 동물의 표현이 산의 묘사보다 훨씬 능숙한 면모를 보여주고 있는 점에서도 두 작품은 상통한다. 그렇지만 쇼소인의 이 〈수렵연락도〉는 화면의 짜임새와 포치, 원근감 있는 공간의 표현에 있어서 고구려 무용총의 것보다 발전된 것이어서 시대적으로 무용총의 연대보다 훨씬 뒤에 제작되었을 것으로 여겨진다.

한편 이 쇼소인 작품에서 중경에 그려진 연락 장면을 감싸고 있는 나무들의 모습은 고구려 후기의 고분인 진파리1호분의 수목과 대체로 유사하며, 원경의 바다 위에 떠있는 산은 역시 고구려 후기의 고분인 내리 1호분과 강서대묘의 벽화에 보이는 것들과 대단히 비슷하여(그림55, 56) 이 〈수렵연락도〉가 7세기에 제작되었을 가능성이 높음을 말해준다.

그러나 이 쇼소인의 작품에는 이러한 후기적인 요소와 함께 고양식의 고졸한 요소가 함께 나타나있다. 앞에서 지적한 띠 모양의 굵은 곡선으로 표현된 산의 모습 이외에도 제일 높은 산의 꼭대기에 보이는 버섯 모양의 나무들은 덕흥리 벽화고분의 〈수렵도〉 중에 보이는 나무들과 비슷하다(그림70). 이처럼 고식의 요소와 후기적인 요소가 이 그림에 섞여있다.

아무튼 고구려 회화와의 이러한 깊은 연관성으로 볼 때 이 그림에 호복을 입은 인물이 보인다는 이유로 당으로부터 수입한 것으로 보는 견해는 타당하지 않다. 산수의 표현이 당나라 회화와는 현저하게 거리가 있기 때문이다. 따라서 이 〈수렵연락도〉는 7세기 고구려 회화와 관련지어 생각해야 한다.

　이제까지 살펴본 바와 같이 일본에 현재 전해지는 대표적인 고대 회화들은 대부분 고구려 회화와 깊은 연관성이 있다. 현재 전해지는 작품이 수적으로 많지 않고 또 대부분 7세기 또는 그 이후의 것들이어서 단정적인 얘기를 하기는 어려우나 삼국시대의 회화 중에서는 고구려의 회화가, 적어도 7세기부터는 일본에 가장 큰 영향을 미치고 있었다고 보지 않을 수 없다. 전해지는 백제의 작품이 거의 없는 실정에서 속단하기는 어려우나 7세기부터 회화는 고구려계가, 조각과 공예와 건축 분야에서는 백제계가 주도적인 역할을 하면서 일본 고대 문화의 발전에 기여했다고 생각된다.

　이상 도일하여 활동한 삼국의 화가들과 일본에 정착하여 그곳의 회화 발전에 기여한 고구려계 화사씨족집단에 대하여 알아보고, 고구려 회화의 영향을 강하게 받은 고대의 재일(在日) 대표작들의 화풍을 양식사적 입장에서 분석하고 비교하여 고구려 회화와의 관계 및 그 계보를 밝히고자 하였다. 대체로 7세기에 접어들면서부터는 고구려의 영향이 특히 강하게 미치게 되었던 것으로 믿어진다. 일본에 전해지고 있는 대표작들이 대체로 7세기와 그 이후의 것들인데 고구려 회화의 영향이 대단히 현저하게 드러나고 있는 사실에서도 이를 쉽게 알 수 있다.

　일본에 전해지고 있는 이들 작품은 대부분 고구려 회화의 전통을 기반으로 하면서 당대의 양식을 수용해 고졸한 삼국계 양식과 신양식을 혼합 또는 절충한 양상을 드러내고 있다. 이러한 혼합절충 양식을 거쳐 보다 일본적인 취향의 헤이안 미술로 옮겨가게 되었다고 믿어진다. 따라서 이런 고대 회화의 변천은 고구려를 중심으로 한 삼국계 양식→혼합절충 양식→일본 양식으로 시대의 변화에 따라 변천했다고 믿어지며 이러한 변화 과정에서 전형적인 일본 양식의 출현 이전까지는 우리나라 고구려를 위시한 삼국계 양식이 일본 회화의 기반을 이루고 있었다고 볼 수 있다. 또한 일본에 미친 삼국계 회화의 영향은 시대적으로 볼 때 대체로 늦어도 백제의 회화가 영향을 미치기 시작한 5세기경부터 고구려계 화가들이 맹활약을 하던 7세기를 거쳐 수하타노 에시인 가사마로(笠麻呂), 구다라 가와나리(百濟河成, 782~853), 구다라 오타메타카(百濟王爲孝) 등이 활약하던 9~10세기까지도 정도의 차이는 있었겠지만 이어지고 있었다고 믿어진다. 그러나 8~9세기에는 당 양식의 풍미, 일본 문화의 확립 등으로 인하여 고구려계를 포함한 삼국계 화사씨족들도 자연스럽게 일본화의 물결을 타면서 일본적 화풍의 형성에 기여하게 되었으리라고 추측된다.

어쨌든 고구려계를 위시한 삼국계 화가들과 회화가 일본 고대의 미술이나 문화의 발달에 기여한 공은 절대적이며 엄연한 역사적 사실이다. 또한 일본 고대 회화나 문화 속에서 우리는 우리 문화와 역사의 발자취를 더듬어 볼 수 있고 사료가 부족한 우리의 한계성을 보완하는 데 크게 도움을 받을 뿐만 아니라 더 나아가 우리 고대 문화의 여러 가지 숨겨진 양상을 파악하는 데에도 크게 참고가 됨을 깨닫게 된다. 그러나 우리가 보다 중요시해야 할 것은 우리가 과거에 일본에게 끼친 영향을 과시하는 것이 아니라 일본이 우리가 끼친 영향을 토대로 무엇을 어떻게 발전시켰는가를 파악하는 지혜라 하겠다. 앞으로의 연구는 일본에게 끼친 우리의 영향의 실상을 파헤치는 데 그치지 않고 일본이 발전시킨 회화와 문화의 제양상을 구명하는 데까지 연장되어야 하리라고 본다.

주|

1) 安輝濬, 《문화예술》 229호(1998), 16~20쪽 혹은 이 책의 1부 1장 참조.
2) 최광식, 《중국의 고구려사 왜곡》 (살림출판사, 2004) 참조.
3) 고구려 고분벽화를 종합적으로 다룬 저서로는 다음과 같은 것을 들 수 있다.

   〈국문〉
   金基雄, 《韓國의 壁畵古墳》, 동화출판공사, 1982
   金容俊, 《高句麗古墳壁畵硏究》, 조선사회과학원출판사, 1985
   金元龍, 《韓國壁畵古墳》, 일지사, 1980
   이태호 · 유홍준, 《高句麗古墳壁畵》, 풀빛, 1995
   전호태, 《고구려 고분벽화 연구》, 사계절, 2000
   《조선유적유물도감》 편찬위원회, 《북한의 문화재와 문화유적》 I · II, 서울대학교출
       판부, 2000
   최무장 · 임연철, 《高句麗壁畵古墳》, 도서출판 신서원, 1990
   《集安 고구려 고분벽화》, 조선일보사, 1993

   〈일문〉
   金基雄, 《韓國の壁畵古墳》, 大興出版, 1980
   朱榮憲, 《高句麗の壁畵古墳》, 東京:學生社, 1977
   池內宏, 《通溝》 上 · 下, 東京:日滿文化協會, 1938~1940
   《高句麗古墳壁畵》, 東京:朝日新聞社, 1985
   《高句麗文化展》, 東京:高句麗文化展實行委員會, 1985

   더 자세한 목록은 '참고문헌 약목'을 참조하기 바람.

4) 李殷昌, 〈韓國古代壁畵의 思想的인 硏究—三國時代 古墳壁畵의 思想的인 考
   察을 中心으로〉, 《省谷論叢》 16 (1985), 417~491쪽 참조.

5) 朱榮憲, 《高句麗の壁畵古墳》, 83~109쪽 참조.
6) Chewon Kim, "Korea", Alexander B. Griswold and Chewon Kim and Peter H. Pott, *The Art of Burma, Korea, Tibet*, Art of the World (New York:Crown Publishers Inc., 1964), p.72 참조.
7) 고구려 벽화고분의 구조에 관하여는 金元龍, 《韓國壁畵古墳》, 55~59쪽 및 朱榮憲, 《高句麗の壁畵古墳》, 33~82쪽 참조.
8) 안악3호분에 관해서는 《안악 제3호분 발굴보고》 (과학원출판사, 1958) 참조. 안악3호분에 관한 논문 목록은 孔錫龜, 《高句麗領域擴張史硏究》 (서경문화사, 1998), 102~103쪽 주130 참조. 그리고 덕흥리 벽화고분에 관하여는 《德興里 高句麗 壁畵古墳》 (東京:講談社, 1986) 참조. 덕흥리 벽화고분에 관한 논문 목록은 孔錫龜, 위의 책, 139~140쪽 주199 참조.
9) 안휘준, 《한국 회화사 연구》 (시공사, 2000), 48~55쪽 참조.
10) 이러한 신격화 현상은 매산리 사신총(수렵총이라고도 함)의 부부상에서 한층 뚜렷하게 엿볼 수 있다. 金元龍, 위의 책, 64쪽 참조.
11) 金貞培, 〈安岳3號墳 被葬子 논쟁에 대하여―冬壽墓說과 美川王陵說을 중심으로〉, 《古文化》 16호 (1977), 12~25쪽 참조. 동수묘설에 관해서는 孔錫龜, 위의 책, 102~138쪽 참조.
12) 上原和, 〈高句麗 繪畵가 日本에 끼친 영향―연뢰문 표현으로 본 고대 중국·조선·일본의 교섭 관계〉, 《高句麗 美術의 對外交涉》 (도서출판 예경, 1996), 220~232쪽 참조. 그리고 고구려 연화문에 대한 종합적인 연구로는 전호태, 〈高句麗 古墳壁畵에 나타난 하늘 연꽃〉, 《美術資料》 46호 (1990), 1~68쪽 참조.
13) 김원용·안휘준, 《한국 미술의 역사》 (시공사, 2003), 98쪽 참조.
14) 비슷한 견해로는 전호태, 《고구려 고분벽화 연구》, 356쪽 참조.
15) 李殷昌, 〈한국고대벽화의 사상사적인 연구―삼국시대 고분벽화의 사상사적인 고찰을 중심으로〉, 《省谷論叢》 16 (1985), 417~491쪽 ; 전호태, 위의 책, 27~126쪽 참조.
16) 金元龍, 《韓國壁畵古墳》, 66~67쪽 참조.
17) 불교적 요소에 관하여는 金元龍, 〈高句麗 古墳壁畵에 있어서의 佛敎的 要素〉,

《韓國美術史硏究》(일지사, 1987), 287~310쪽 참조.

18) 어숙술간묘에 관해서는 이화여대박물관, 《榮州順興壁畵古墳發掘調査報告》(이화어대출판부, 1984), 고령 고아동 고분에 관하어는 金元龍, 〈고렁 벽화고분의 의의〉, 《韓國美의 探究》(열화당, 1996), 217~219쪽 참조.

19) 장천1호분의 〈예불도〉에 관해서는 文明大, 〈佛像의 受容問題와 長天1號墳 佛像禮佛圖壁畵〉, 《講座 美術史》 10 特輯號 (1998), 55~72쪽 및 이 책의 주101을 참조.

20) 음양오행사상에 관해서는 전호태, 《고구려 고분벽화 연구》, 300~330쪽 참조.

21) 車柱環, 《韓國道敎思想硏究》(서울대학교 한국문화연구소, 1978), 174~178쪽 참조.

22) 고구려가 천하의 중심이라는 사상은 이미 5세기에 확립돼있었던 것으로 믿어진다. 노태돈, 〈금석문에 보이는 고구려인의 천하관〉, 《고구려사 연구》(사계절출판사, 2000), 356~391쪽 ; 전호태, 《고구려 고분벽화 연구》, 303, 319쪽 참조.

23) 천장의 중앙에 황룡이 그려진 통구사신총, 5회분 4호묘와 5호묘의 축조 연대는 6세기보다는 7세기 전반으로 보는 것이 합리적이다. 천장의 중앙에 일상과 월상이 그려진 진파리1호분 등의 후기 고분들보다 분명히 연대가 떨어지며, 벽화가 전반적으로 격렬한 고구려적인 특성을 더욱 두드러지게 드러내고 장식성이 현저할 뿐만 아니라 색채도 가장 발달된 양상을 보여주기 때문이다.

24) 李鍾祥, 〈고대 벽화가 현대 회화에 주는 의미〉, 《集安 고구려 고분벽화》(조선일보사, 1993), 206~211쪽 참조.

25) 이 신의 신화적·도교적 성격에 관해서는 鄭在書, 〈高句麗 古墳壁畵의 神話·道敎的 題材에 대한 새로운 認識—中國과 周邊文化와의 關係性을 中心으로〉, 《白山學報》46호 (1999), 27~51쪽 참조.

26) 金正基, 〈高句麗 古墳壁畵에서 보는 木造建物〉, 《金載元博士 回甲紀念論叢》(을유문화사, 1969), 865~906쪽 ; 全相運, 《韓國科學技術史》(정음사, 1976), 39~42쪽 ; 나일성, 《한국천문학사》(서울대학교출판부, 2002), 17~20, 71~76쪽 ; 金一權, 〈고구려 고분벽화의 별자리그림 考定〉, 《白山學報》 47호 (1996), 51~106쪽 참조.

27) 尹張燮, 《韓國建築史》(동명사, 1990), 48~53쪽 ; 張慶浩, 《韓國의 傳統建築》

(문예출판사, 1992), 60~62쪽 참조.

28) 한국미술사학회 편, 《高句麗 美術의 對外交涉》(도서출판 예경, 1996) ; 중국 벽화와의 관계에 관해서는 韓正熙, 〈高句麗 壁畵와 中國 六朝時代 壁畵의 비교 연구—6, 7세기의 예를 중심으로〉, 《美術資料》 68호 (2002), 5~31쪽 참조. 서역 미술과의 관계에 관하여는 金元龍, 〈古代韓國과 西域〉, 《韓國美術史研究》(일지사, 1987), 42~73쪽 참조.

29) 金秉模, 〈抹角藻井의 性格에 대한 再檢討—中國과 韓半島에 傳播되기까지의 背景〉, 《歷史學報》 80호 (1978), 1~26쪽 참조.

30) 말각조정은 근동 지역, 중앙아시아, 아프가니스탄, 인도, 이탈리아 등지에서도 발견되는데 대체로 기원전에 생겨나 동서로 퍼졌고 20세기까지도 사용되었다. 기원지는 이란고원이라는 설이 유력하다. Benjamin Rowland, *The Art and Architecture of India* (Baltimore, Maryland:Penguin Books, 1967), p.105 참조.

31) 金元龍, 〈春城郡 茅洞里의 高句麗式 石室墳 二基〉, 《考古美術》 149호 (1981), 1~5쪽 참조.

32) 고구려가 서역 미술을 수용함에 있어서 타림 분지를 장악하고 있던 북위와 가까웠던 것이 유리한 여건으로 작용했다는 견해도 있다. 權寧弼, 〈高句麗 繪畵에 나타난 對外交涉—中國·西域關係를 중심으로〉, 《高句麗 美術의 對外交涉》(도서출판 예경, 1996), 179쪽 참조.

33) 李在重, 〈三國時代 古墳美術의 麒麟像〉, 《美術史學研究》 203호 (1994), 21~25쪽 참조.

34) 劉頌玉, 〈中國 集安 高句麗 古墳壁畵에 나타난 服飾과 周邊地域 服飾 研究〉, 《인문과학》 25집 (성균관대학교 인문과학연구소, 1995), 195~218쪽 ; 李惠求, 〈高句麗 樂과 西域樂〉, 《서울大學校論文集 人文·社會科學》 2집 (1955), 9~27쪽 ; 宋芳松, 〈長川1號墳의 音樂史學的 點檢〉, 《韓國古代音樂史研究》(일지사, 1985), 1~38쪽 참조.

35) 金元龍 박사는 고구려 미술의 특징을 '움직이는 선의 미'라고 정의하였다. 金元龍, 《韓國美의 探究》, 18~19쪽 참조. 그에 앞서 高裕燮 선생은 그 특징을 "一線一劃의 勢力的 膨脹美, 一同一態의 奔放한 覇氣"라고 요약한 바 있다. 高裕

夑, 〈高句麗의 美術〉, 《韓國美術文化史論叢》(통문관, 1966), 128쪽 참조.

36) 고구려 고분벽화들에 보이는 주요 〈수렵도〉에 관해서는 安輝濬, 《한국회화사 연구》(시공사, 2000), 75~81쪽 및 이 책 143~152쪽참조.

37) 安輝濬, 《韓國繪畫의 傳統》(문예출판사, 1988), 103~105쪽 ; Osvald Sirén, *Chinese Painting: Leading Masters and Principles* (New York:The Ronald Press Company, 1956), Vol. Ⅲ, Pls.24~28 참조.

38) 安輝濬, 위의 책, 62~63쪽 참조.

39) 다카마쓰 고분의 벽화에 대한 양식적 특징과 고구려 고분벽화와의 관계에 관해서는, 安輝濬, 〈삼국시대 회화의 일본 전파〉, 《한국회화사 연구》(시공사, 2000), 173~185쪽 및 이 책 2부 2장 참조.

40) 永和十三年十月戊子朔廿六日
癸丑使持節都督諸軍事
平東將軍護撫夷校尉樂浪
昌黎玄菟帶方太守都
鄕候幽州遼東平郭
都鄕敬上里冬壽字
□安年六十九薨官

안악3호분에 대한 종합적인 고찰은 《안악 제3호분 발굴 보고》(과학원 출판사, 1958) 참조. 그리고 안악3호분에 관해 발표된 주요 논문 목록은 孔錫龜, 《高句麗領域擴張史研究》(서경문화사, 1998), 102~103쪽, 주130 참조.

41) 金貞培, 〈安岳3號墳 被葬子 논쟁에 대하여—冬壽墓說과 美川王陵說을 중심으로〉, 《古文化》16, 1977. 6, 12~25쪽 및 孔錫龜, 위의 책, 102~138쪽 참조.

42) 전주농, 〈안악 하무덤(3호분)에 대하여—그 발견 10주년을 기념하여〉, 《문화유산》(1959. 5), 20쪽 참조.

43) 백라관이 고구려 왕의 관이었음은 《舊唐書》〈東夷傳〉高麗條에 나오는 "王以白羅爲冠", "冠之貴者則靑羅爲冠"이라는 기록에서 확인된다. 《舊唐書》16卷, 高麗條 (中華書局), 5319쪽 참조.

44) 上原和, 〈高句麗 繪畫가 日本에 끼친 영향—연뢰문 표현으로 본 고대 중국·조

선·일본의 교섭 관계〉,《高句麗 美術의 對外交涉》(도서출판 예경, 1996), 220~232쪽 참조.

45) 덕흥리 고분에 대한 종합적인 조사는《德興里 高句麗 壁畵古墳》(東京:講談社, 1986) 참조. 그리고 이 고분에 관한 주요 논문 목록은 孔錫龜, 위의 책, 139~140쪽, 주 199 및 이인철,〈덕흥리 벽화고분의 묵서명을 통해 본 고구려의 유주 경영〉158 (1998. 6), 1~3쪽, 주1~3 참조.

46) 묵서명의 판독 내용은 다음과 같다.

□□郡信都縣都鄕□甘里
釋迦文佛弟子□□氏鎭仕
位建威將軍國小大兄左將軍
龍驤將軍遼東太守使持
節東夷校尉幽州刺史鎭
年七十七薨焉以永樂十八年
乙酉成遷移玉柩周公相地
孔子擇日武王選時歲使一
良葬送之後富及七世子孫
番昌仕宦日遷位至侯王
造壙萬功日煞牛羊酒肉米粲
不可盡掃且食鹽豉食一椋記
之後世寓寄無疆

47) 고구려 고분벽화 중의 초상화 및 인물의 특징과 변천에 관해서는 이 책 2부 2장 참조.

48) 安輝濬,〈韓國 山水畵의 발달〉,《韓國繪畵의 傳統》(문예출판사, 1988), 96~98쪽 및《美術資料》126 (1980. 6), 12~14쪽 ; Hwi-joon Ahn, "The Origin and Development of Landscape Painting in Korea", *Arts of Korea* (New York:The Metropolitan Museum of Art, 1998), pp.296~297 참조.

49) 태양을 상징하는 새 및〈천마도〉의 비교에 관해서는 안휘준,《한국회화사 연구》 1장〈기미년명 순흥 읍내리 고분벽화의 내용과 의의〉, 107~109 및 134쪽 참조.

50) 이 책 2부 2장 및 3부 참조.

51) 安輝濬, 《韓國繪畵史》(일지사, 1980), 16~30쪽 참조.

52) 장천1호분에 관해서는 〈集安長川一號壁畵墓〉, 《東北考古學歷史》 1 (吉林省文物工作院 集安縣文物保管所, 1982), 154~173쪽 참조.

53) 이 책 3부 참조.

54) 文明大, 〈長川1號墓 佛像禮拜圖壁畵와 佛像의 始原問題〉, 《先史와 古代》 1 (1991. 6), 137~153쪽 및 金理那, 〈高句麗 佛敎彫刻 樣式의 展開와 中國 佛敎彫刻〉, 《高句麗 美術의 對外交涉》, 81~85쪽 참조.

55) 崔淳雨, 〈高句麗 古墳壁畵 人物圖의 類型〉 150 (1981. 6) 166~179쪽 참조.

56) 고구려 이후의 통일신라와 발해의 인물화에 관해서는 安輝濬, 《韓國繪畵史》(일지사, 1980), 44~48쪽 및 《繪畵》, 國寶 10 (예경산업사, 1994), 23~25쪽 참조.

57) 金元龍, 《韓國美術史》(범우사, 1973), 54~63쪽 참조. 그리고 고구려 고분벽화의 편년 기준에 대한 종합적 검토는 朱榮憲, 《高句麗の壁畵古墳》(東京:學生社, 1977), 16~32쪽 참조.

58) 계세사상에 관하여는 李殷昌, 〈韓國古代壁畵의 思想的인 硏究—三國時代 古代壁畵의 思想的인 考察을 中心으로〉, 《省谷論叢》 16 (1985), 417~491쪽 참조.

59) 《新唐書》卷21, 志11, 禮樂11, 燕樂, 〈高麗伎〉, "…琵琶, 以蛇皮爲槽, 厚寸餘, 有隣甲, 楸木爲面, 象牙爲捍撥, 畵國王形."

60) 이 책 2부 1장에 묵서명의 자세한 해석이 실려있다.

61) 이에 대한 논란을 정리한 글로는 金貞培, 〈安岳3號墳 被葬子 논쟁에 대하여—冬壽墓說과 美川王陵說을 중심으로〉, 《古文化》 16 (1977. 6), 12~25쪽 참조.

62) 전주농, 〈안악 '하무덤(3호분)'에 대하여—그 발견 10주년을 기념하여〉, 《문화유산》(1959. 5), 14~35쪽 참조.

63) 고구려의 복식에 관하여는 《舊唐書》권199(上), 〈東夷傳〉, 高麗條의 "衣裳服飾, 唯王五彩, 以白羅爲冠, 白皮小帶, 其冠及帶, 咸以金飾, 官之貴子, 則靑羅爲冠 次以緋羅, 揷二鳥羽, 及金銀爲飾, 衫筒袖, 袴大口, 白韋帶, 黃革履, 國人衣褐載弁, 婦人首加巾幗"의 기록이 크게 참고된다. 그리고 고구려 복식에 관한 종합적 고찰은 劉頌玉, 〈高句麗服飾研究〉, 《成均館大學校論文輯 人文·社會

系》28, 255~297쪽 참조.

64) 전주농, 위의 논문, 22~25쪽 참조.

65) 위의 논문, 31~32쪽 참조.

66) 대부분의 고구려 불상들이 6세기 이후의 것이어서 안악3호분의 벽화보다 연대가 훨씬 뒤지지만 어깨가 좁고 가파른 점에서는 상통한다. 이는 초기 백제 불상의 경우에도 마찬가지다. 黃壽永,《韓國佛敎美術(佛像篇)》, 韓國의 美10 (중앙일보사, 1979), 도1~12 참조.

67) 《유마힐경(維摩詰經)》은 중국에서 후한 영제(靈帝) 때인 중평(中平) 5년(188)에 최초로 번역되기 시작하였으며 그 후에도 223년, 291년, 303년, 406년에 거듭 번역되었다. (睦楨培 역주,《維摩經》, 삼성문화문고150 (삼성미술문화재단, 1984) 해제 221~222쪽 참조.) 유마거사는 한역을 통하여 이미 2세기부터 중국에 알려졌다. 그러므로 4세기에 우리나라에 알려진 것도 큰 무리가 없다.

68) 유마경변(維摩經變)이 중국에서 회화나 조각으로 표현되기 시작한 것은 위진남북조 시대부터다. 특히 고개지가 와관사(瓦棺寺)의 벽에 그린 후로는 더욱 유명해져서 많은 작품들이 제작되었다. 유마는 탑상(榻上)에 부좌(趺坐)하여 깃털부채를 쥔 모습이다. 沈以正,《敦煌藝術》(臺北:雄獅圖書公司出版, 1980), 81~83쪽 참조. 현재 알려진 작품들은 대부분 6세기 이후의 것이다. Laurence Sickman and Alexander Soper, *The Art and Architecture of China* (Penguin books, 1978), p.122, pl.80 참조. 돈황의 막고굴 220굴, 104굴, 159굴에도 당나라 때의 유마변상이 그려져있다. 石嘉福·鄧建吾,《敦煌への道》(東京:日本放送出版協會, 1978), 109~111쪽의 도판 ;《敦煌の美術:莫高窟の壁畵·塑像》(東京:太陽社, 1979), 70~71, 102, 118쪽의 도판 참조.

69) 전주농, 위의 논문, 22쪽 참조.

70) 그 대표적인 예로 후한대 2세기 묘인 허베이성 망도1호묘(望都1號墓, 1952년 발굴)에 그려진 〈화차오백팔인도(畵車伍伯八人圖)〉를 들 수 있다. 이곳의 인물들은 대부분 고양이 수염을 지니고 있다.《東洋の美術Ⅰ:中國·朝鮮》(東京:旺文社, 1977), 도68~69 참조.

71) 이 목판 칠화는 1965년에 산시성 다퉁(大同) 석가채(石家寨) 사마금룡부처묘(司馬

金龍夫妻墓)에서 출토된 것으로 제왕, 충신, 열녀, 효자 등 유교적인 감계를 위한 고사와 전설을 묘사한 것이다. 이곳의 인물들은 고개지 화풍을 따라 그려졌는데 그 중에서 '노사춘처'라고 방제가 적혀있는 여인의 상이 안악3호분 주인공 부인의 모습과 비슷하다.

72) 덕흥리 벽화고분 묵서명의 판독된 내용과 자세한 해석은 이 책 2부 1장 '고구려 고분벽화의 흐름' 주46 참조.

73) 金元龍, 《韓國美術史硏究》 (일지사, 1987), 407~408쪽 참조.

74) 위의 책, 409쪽 참조.

75) 상단에는 "舊威將軍燕郡太守來朝時", "范陽內史來論州時", "漁陽太守來論州時", "上谷太守來朝賀時", "廣甯太守來朝賀時", "代郡內史來朝賀時", 하단에는 "北平太守來朝時", "遼西太…", "昌黎太守論州時", "遼東太守來朝賀時", "玄菟太守…", "樂浪太守…", "帶方太守…"로 적혀있다. 金基雄, 《韓國의 壁畵古墳》, 259쪽 참조.

76) 주70 및 주68에서 인용한 책 중의 육조시대 벽화 도판 참조.

77) 주63 참조.

78) 金基雄, 《韓國의 壁畵古墳》 (동화출판공사, 1982), 66~70쪽 참조.

79) 金基雄, 위의 책, 69~70쪽 참조.

80) 약수리 벽화고분에 관한 상세한 설명은 위의 책, 236~253쪽 참조.

81) 이와 관련하여 주목되는 것은 낙랑의 왕간묘(王肝墓)에서 발굴된 명채화반(銘彩畵盤) 표면에 그려진 도교적 소재의 동양공과 서왕모상이다. 69년에 제작된 이 칠기의 표면에는 산 위에 올라앉은 동왕공과 서왕모를 묘사했는데 동왕공은 정면관으로, 서왕모는 측면관으로 좌정한 모습을 하고 있다. Michael Sullivan, *The Birth of Landscape Painting in China* (University of California Press, 1962), pl.21 참조.

82) 金基雄, 《韓國의 壁畵古墳》, 238쪽 도판 참조.

83) 위의 책, 105~106쪽 참조.

84) 金元龍, 《벽화》, 한국미술전집4 (동화출판공사, 1974), 139쪽 참조.

85) Laurence Sickman and Alexander Soper, *The Art and Architecture of China*, 69쪽의 말과 비교.

86) 金元龍,《韓國美術史研究》, 339쪽 참조.

87) 위의 책, 337~338 참조.

88) 부여 군수리(軍守里) 출토 석조여래좌상, 南宮鍊 씨 구장(국립중앙박물관에 기증)의 금동여래좌상 등이 그 좋은 예다. 黃壽永,《韓國佛敎美術(佛像篇)》, 韓國의 美10, 도98, 4 각각 참조.

89) 金基雄,《韓國의 壁畵古墳》, 164쪽 참조.

90)《高句麗文化展》(東京:高句麗文化展實行委員會, 1985), 도31, 29 참조.

91) 朱榮憲,《高句麗の壁畵古墳》, 134쪽에서는 4세기 말로, 金元龍,《韓國美術史研究》, 321쪽에서는 6세기 전반으로 추정했다.

92) Michael Sullivan, *The Birth of Landscape Painting in China*, pl.17, 19 참조.

93)《高句麗文化展》, 33쪽 참조.

94) Laurence Sickman and Alexander Soper, *The Art and Architecture of China*, pl.64, 66 참조.

95)《三國史記》권45,〈列傳〉권5, "高句麗常以春三月三日 會獵樂浪之丘 以所猪鹿 祭天及山川神 至其日王出獵 君臣及五部兵士皆從";《隋書》卷81,〈列傳〉卷46, 東夷 高麗, "…每春秋狩獵 王親臨之"의 기록 참조.

96) 安輝濬,《한국회화의 傳統》(문예출판사, 1988), 97~98쪽 참조.

97) 安輝濬,《한국회화사연구》, 117~119쪽 참조.

98) 金基雄,《韓國의 壁畵古墳》, 247~248쪽 참조.

99) 특히 이러한 산과 수렵 장면의 표현은 감신총 앞방에도 그려져있는데, 다 같이 낙랑의 고분에서 출토된 후한대의 금은입사동관(金銀入絲銅管)의 문양에서 그 기원을 찾아볼 수 있다. 金元龍,《韓國美術史》, 60~61쪽 및 李泰浩,〈韓國古代山水畵의 發生研究〉,《美術資料》38 (1987. 1), 32~34쪽 참조.

100) 장천1호분에 관하여는 吉林省文物工作隊와 集安縣文物保管所가 펴낸〈集安長川一號墓〉,《東北考古與歷史》1(1982)라는 보고서가 나와있는 모양이나 구해 보지 못했다.

101) 金理那,〈三國時代 佛像研究의 諸問題〉,《미술사 연구》2 (1988), 3쪽 ; 文明大,〈長川1號墓 佛像禮拜圖壁畵와 佛像의 始原問題〉,《先史와 古代》1 (1991)

및 〈佛像의 受容問題와 長川1號墳 佛像禮佛圖壁畵〉,《講座 美術史》10 特輯號 (1998) ; 민병찬, 〈고구려 고분벽화를 통해 본 초기 불교미술 연구─장천1호분 벽화의 예불도를 중심으로〉,《고분벽화로 본 고구려 문화》2, 고구려연구재단 (2005. 12), 123~127쪽 참조.

102) 末永雅雄·井上光貞 編,《高松塚古墳と飛鳥》, 東京:中央公論社, 1972 ;《朝日シンポジウム高松塚壁畵古墳》, 朝日新聞社, 1972 ; 綱幹善敎 外,《高松塚論批判》(大阪:創元社, 1974) ; 金元龍, 〈高松塚古墳의 問題〉,《韓國考古學硏究》(일지사, 1987), 585~591쪽 참조.

103) 가야 지역에서 출토된 꼬불꼬불한 연결쇠는 국립경주박물관에 소장돼있음. 그리고 깃발 달린 일본 출토의 토마는 〈조선일보〉, 1988. 2. 11. 토, 5면의 기사 및 도판 참조.

104) 石宙善, 〈한국복식의 변천〉, 국립중앙박물관 편,《韓國의 美:衣裳·裝身具·襟》(통천문화사, 1988), 119~120쪽 참조.

105) 고구려인들이 가무를 즐겼음은 널리 알려져있는 것으로 이를 소재로 한 그림이 무용총과 장천1호분에 나타나있다. 方起東, 〈集安高句麗墓壁畵中的舞樂〉,《文物》(1980. 7), 33~39쪽 참조.

106) 金基雄,《韓國의 壁畵古墳》, 79쪽 참조.

107) 위의 책, 87~88쪽 참조.

108) 朱榮憲, 〈高句麗古墳壁畵〉と語ろ〉,《阪急文化セミナア十周年記念 國際シンポジウム:高句麗と日本古代文化》팜플렛 (1985. 9. 14), 12쪽 참조.

109) 이 수산리 〈곡예감상도〉에 보이는 주인공의 모습은 둔황 막고굴 220굴 동벽 남측에 그려진 〈유마경변상도〉 중 문수보살 밑에 보이는 제왕과 유사하여 흥미롭다. 이 220굴에는 정관(貞觀) 16년(642)의 제명(題銘)이 있어 당나라 초에 축조된 것으로 믿어지며, 따라서 수산리 고분보다 연대가 뒤짐을 알 수 있으나 두 인물들 사이에는 모습, 동작 등에서 흡사함을 나타낸다. 石嘉福·鄧建吾,《敦煌への道》, 109~110쪽의 도판 참조.

110) 주102에서 인용한 도판 참조.

111) 고구려를 비롯한 삼국시대의 미술에 보이는 서역적인 요소들에 관하여는 金元

龍, 〈古代韓國과 西域〉, 《韓國美術史研究》, 42~73쪽 참조.

112) 《高句麗文化展》, 도76의 〈승학신선도(乘鶴神仙圖)〉 참조. 학을 탄 신선이 또 다른 두 마리의 학들을 앞세우고 고삐를 물려 몰면서 날고 있는 모습이다.

113) 위의 책, 78~82쪽의 도판들 참조. 또한 吉林省文物工作隊, 〈吉林集安5塊墓 4號墓〉, 《考古學報》(1984. 1), 121~136쪽 및 도판 참조.

114) 安輝濬, 《한국회화의 傳統》, 104~106쪽 참조.

115) 위의 책, 393~403쪽 및 이 책의 마지막 장 참조.

116) 劉頌玉, 〈高句麗服飾研究〉, 333쪽 참조.

117) 安輝濬, 〈韓·日繪畵關係 1500年〉, 《한국회화의 傳統》(문예출판사, 1988), 393~442쪽 참조.

118) 일본에서 나온 논저의 수가 워낙 많아서 주에서 밝히기는 어려우므로 책 마지막에 별첨하여 실었다. 저자가 참고한 논문의 상당수는 동국대학교의 鄭于澤 교수가 규슈 대학 유학 중에 구해서 보내준 것이다. 정 교수의 도움에 감사한다.

119) 고대 일본으로 건너간 한민족의 수와 그들이 일본 고대 문화 발전에 기여한 전반적인 양상에 관하여는 崔在錫, 〈古代 日本으로 건너간 韓民族과 日本 原住民의 數의 推定〉, 《東方學志》 61 (1989. 3), 1~49쪽 및 〈日本 原住民의 文化水準과 古代 日本의 開拓者〉, 《東洋史學研究》 30 (1989. 5), 63~92쪽 ; 上田正昭 외, 《古代日本と渡來文化》(東京:學生社, 1988) 참조.

120) 《日本書紀》 22, 18년(610) 庚午條, "十八年春三月 高麗王貢上僧曇徵·法定 曇徵知五經 且能作彩色及紙墨 并造碾磑 蓋造碾磑始于是時歟"의 기록 참조.

121) 直木孝次郎, 〈畵師氏族と古代の繪畵〉, 172쪽 참조.

122) 위의 논문, 176쪽 참조.

123) 위의 논문, 172쪽 참조.

124) 위의 논문, 172~173쪽 참조.

125) 위의 논문, 174쪽 참조.

126) 〈천수국만다라수장〉에 관해서는 일본에서 수많은 논문이 발표되었다. 그 중에서 중요한 것들은 참고문헌 약목 참조. 저자는 나라국립박물관에서 梶谷亮治 씨의 도움으로 이 작품을 자세하게 조사할 수 있었다. 조사의 편의와 사진자료

를 제공해준 梶谷亮治 씨에게 깊은 사의를 표현다.

127) 지온인(知恩院, 교토) 소장의 《상궁성덕법왕제설(上宮聖德法王帝說)》이라는 천수국수장 명문에는 이 수장이 이루어지게 된 경위 및 배경을 적은 후에 "畫者東漢末賢 高麗加西溢 又漢奴加己利 令者椋部秦久麻"라고 밝혀져있다. 이 명문은 《古美術》 11, 1965, 14~16쪽에 실려있다.

128) 아야(漢)가 安羅伽倻에서 나온 것이라는 주장과 하타(秦)의 유래에 관해서는 李進熙, 《韓國과 日本文化》(을유문화사, 1982), 48쪽 참조. 그리고 古代 日本에서의 秦의 비중과 위치에 관해서는 原島禮二, 〈京都の秦氏〉, 上田正昭 外, 《古代日本と渡來文化》, 127~155쪽 참조.

129) 大橋一章, 〈天壽國繡帳の原形〉, 《佛敎藝術》 117 (1978. 3), 49~50쪽 참조.

130) 堀幸男, 〈天壽國繡帳後原考〉, 《佛敎藝術》 110 (1976. 12), 103쪽 참조.

131) 이 400자의 원문은 여러 군데에 소개돼있는데 두 가지만 예로 들자면 위의 논문, 100~101쪽 및 이 책의 주127에 게재된 것을 거론할 수 있겠다.

132) 넉 자씩의 명문을 지닌 거북이는 현재 일곱 개가 확인돼있다. 이 중에서 두 개는 '천하생명(天下生名)'이라는 같은 내용이어서 실제로는 명문에 관한 한 여섯 개가 되는 셈이다. 위의 논문, 100~101쪽 참조.

133) 大橋一章, 〈天壽國繡帳の原形〉, 50쪽 참조.

134) 源豊宗, 〈天壽國繡帳〉, 《佛敎美術》 13, 59쪽 참조.

135) 大橋一章, 〈天壽國繡帳の原形〉, 49쪽 참조.

136) 위의 논문, 61쪽 참조.

137) 石田茂作, 〈天壽國繡帳の原形に就いて〉, 《畫說》 40 (1940. 4), 406쪽의 〈天壽國曼茶羅想定圖〉 1과 2 참조.

138) 大橋一章, 〈天壽國繡帳の原形〉, 50~53 참조.

139) 위의 논문, 50, 76쪽의 주10.

140) 大野達之助, 〈天壽國考再論〉, 《駒澤史學》 11~12 (1965. 3), 12쪽 참조.

141) 위의 논문 참조.

142) 1274년 호류지 보장(寶藏)으로부터 〈천수국만다라수장〉이 발견되었을 때 大僧都였던 定圓은 "則會無量壽天壽之名 可得阿彌陀曼陀之義者歟"라고 적은 바

있다. 즉 천수국(天壽國)을 무량수국으로 보고 아미타만다라를 표현한 것으로 생각했던 것이다. 그 이후 아미타정토로 보는 견해가 많이 나오게 되었던 모양이다. 위의 논문, 12쪽 참조.

143) 大橋一章, 〈天壽國繡帳の原形〉, 62쪽 참조.

144) 이 책의 주6 참조.

145) 시코로부키(錣茸)에 관하여는 上原和, 《增補 玉蟲廚子의 硏究―飛鳥・白鳳美術樣式史論》(巖南堂書店, 1968), 124~135쪽 참조.

146) 고구려의 복식에 관하여는 劉頌玉, 〈高句麗服飾硏究〉, 《成均館大學校論文輯 人文・社會系》 28, 235~297쪽 참조.

147) 고구려의 인물화에 관해서는 이 책 2부 2장 참조.

148) 大橋一章, 〈天壽國繡帳の原形〉, 65쪽 참조.

149) 金元龍, 《壁畵》(동화출판공사, 1974), 도98 上 참조.

150) 金元龍, 《韓國美術史硏究》(일지사, 1987), 64~65쪽; 松本淸張 編, 《正倉元への道》(東京日本放送出版協會, 1981), 80~81쪽 사이의 도판 참조.

151) 金元龍, 위의 책, 61~63쪽 참조.

152) 村田治郎, 〈玉蟲廚子は何處で作られたか〉, 《佛敎藝術》 2 (1948. 12), 138~146쪽; 上原和, 《增補 玉蟲廚子의 硏究―飛鳥・白鳳美術樣式史論》, 62~74쪽 참조.

153) 村田治郎, 위의 논문, 139쪽 참조.

154) 上原和, 《增補 玉蟲廚子의 硏究―飛鳥・白鳳美術樣式史論》, 371~390쪽 참조.

155) 村田治郎, 〈玉蟲廚子は何處で作られたか〉, 139쪽 참조.

156) 위의 논문, 139~140쪽 및 源豊宗, 〈玉蟲廚子及び其の繪畵に就て〉, 《佛敎美術》 13 (1920. 6), 13~32쪽 참조.

157) 上原和, 《增補 玉蟲廚子의 硏究―飛鳥・白鳳美術樣式史論》, 66쪽 참조.

158) 村田治郎, 〈玉蟲廚子は何處で作られたか〉, 140쪽 참조.

159) 濱田耕作, 〈玉蟲考〉, 《白鳥博士還曆記念 東洋史論叢》(1923. 12); 村田治郎, 위의 논문 130쪽에서 인용.

160) 李浩官, 〈高句麗工藝―金銅透刻을 중심〉, 《考古美術》 150 (1981. 6), 115쪽; 榧本杜人, 〈玉蟲廚子の場合―日本美術におよぼした朝鮮の影響〉, Museum

23 (1953. 2), 6쪽 참조.
161) 榧本杜人, 위의 논문, 6쪽 참조.
162) 村田治郎, 〈玉蟲廚子は何處で作られたか〉, 140쪽.
163) 村田治郎, 〈玉蟲廚子の諸考察〉, 《佛敎美術》 63 (1966. 2), 18쪽 참조.
164) 위의 논문, 20쪽 참조.
165) 上原和, 《增補 玉蟲廚子의 硏究》, 67쪽 참조.
166) 上原和, 〈玉蟲廚子〉, 《古美術》 17 (1967. 4), 51쪽 참조.
167) 村田治郎, 〈玉蟲廚子の諸考察〉, 9~12쪽 참조.
168) 上原和, 《增補 玉蟲廚子의 硏究─飛鳥·白鳳美術樣式史論》, 398~399쪽 참조.
169) 위의 책, 397~398쪽 참조.
170) 安輝濬, 《韓國繪畫史》(일지사, 1980), 13~36쪽 및 《한국회화의 傳統》, 57~62쪽 참조.
171) 위의 책, 103~106 참조.
172) 이 대나무 그림은 잔편으로, 흙 위에 백회를 바른 표면에 그려진 것이다.
173) 水野淸一, 《法隆寺》, 日本の美術 4 (東京:平凡社, 1979)의 도57 ; 《昭和大條理元成記念 法隆寺展·昭和資財帳の道》(1986) 도25 참조.
174) 上原和, 《增補 玉蟲廚子의 硏究─飛鳥·白鳳美術樣式史論》, 393~394쪽 참조.
175) Kadokawa Shoten, ed., *A Picturial Encyclopedia of the Oriental Arts* : Korea (New York : Crown Publishers, Inc.), pl.1 참조.
176) 澤村專太郎, 〈推古期の繪畫〉, 115쪽 참조.
177) 고구려 복식에 관해서는 劉頌玉, 〈高句麗服飾硏究〉 참조.
178) 上原和, 《增補 玉蟲廚子의 硏究─飛鳥·白鳳美術樣式史論》, 401~402쪽 참조.
179) 승학선인의 모습은 통구사신총 이외에도 무용총, 5회분 4호묘에도 그려져있다. 《高句麗文化展》(東京:高句麗文化展實行委員會), 도76, 87 참조.
180) 春山武松, 〈玉蟲廚子繪に關する疑問〉, 《國華》 678 (1948. 9), 229~231쪽 참조.
181) 村田治郎, 〈玉蟲廚子の諸考察〉, 9~17쪽 및 林良一, 〈玉蟲廚子の製作年代〉, 《國華》 939, 9~21쪽 참조.
182) 六角紫水, 〈玉蟲廚子繪畫の顔料は密陀僧に非ざるの辯〉, 《佛敎美術》 13

(1920. 6), 43~46, 上原和,〈玉蟲廚子問題の再檢討 續續編—玉蟲畫子繪における彩色と主題について〉,《佛敎藝術》89 (1972. 12), 28~43쪽, 榧本杜人,〈玉蟲廚子の場合—日本美術におよぼした朝鮮の影響〉, 6~11쪽 참조.

183)《高松塚壁畫館》(奈良縣 高市郡 明日香村, 1980), 5~7쪽 참조.

184) 위의 책(소책자), 11쪽 참조.

185) 金元龍 박사는 사신도가 이미 고구려 중기인 6세기 전반에 발생하였다고 보았다(金元龍,《韓國壁畫古墳》, 130쪽). 그러나 사신도가 지배적인 위치를 차지하게 된 것은 누구나 인정하듯이 후기였음에 틀림없다. 강서대묘와 중묘, 통구사신총의 사신도는 金元龍,《壁畫》, 도71~72, 76~77, 78, 80, 84~85 참조. 다카마쓰 고분의 사신도와 그 비교에 관해서는 有光敎一,〈高松塚古墳と高句麗壁畫古墳)—四神圖)の比較〉,《佛敎藝術》87 (1972. 8), 65~72쪽 ; 猪熊兼勝·渡邊明義 編,《高松塚古墳》, 日本の美術 6 (東京:至文堂, 1984) 59~63쪽 참조.

186) 위의 책, 73~78쪽 참조.

187) 삼각구도는 357년의 묵서명을 지닌 안악3호분, 408년에 축조된 덕흥리 벽화고분을 위시한 고구려 초기의 고분에 그려진 주인공 초상에서 가장 전형적으로 간취되나 기타 인물화에서도 엿보인다. 이 책 2부 2장 참조.

188) 高橋三知雄,〈高松塚への疑問〉, 網干善敎 外,《高松塚論批判》(創元社, 1974), 42~43쪽 참조.

189) 長廣敏雄,〈高松塚古墳壁畫の意義〉,《佛敎藝術》87 (1972. 8) 36쪽 ; 佐和隆研,〈高松塚古墳壁畫筆者の問題〉, 위의 잡지, 41~42쪽 참조.

190) 이 책의 주146 참조.

191) 猪熊兼勝·渡邊明義 編,《高松塚古墳》, 76쪽 참조.

192) 朱榮憲 著, 永島暉臣愼 譯,《高句麗の壁畫古墳》(學生社, 1972) 참조.

193) 猪熊兼勝·渡邊明義 編,《高松塚古墳》, 59~67쪽 참조.

194) 위의 책, 70쪽의 도판 참조.

195) 朱榮憲 著, 永島暉臣愼 譯,《高句麗の壁畫古墳》, 84쪽 참조.

196) 위의 책, 84쪽 참조.

197)《高松塚壁畫館》11쪽의 도판 참조.

198) 金元龍,《壁畫》, 韓國美術全集 4, 도881 ;《高句麗文化展》, 도92 참조.

199) 金元龍,〈高松塚壁畫의 問題〉,《韓國考古學硏究》(일지사, 1987), 586~591쪽 참조.

200) 有坂隆道,〈高松塚の壁畫とその年代—高松塚論お批判し天武末年說お提唱する〉,《高松塚論批判》(大阪:創元社, 1974), 235~244쪽 참조.

201)〈渤海貞孝公主墓發掘淸理簡報〉,《社會科學戰線》17 (1982. 1), 174~180쪽 및 187~188쪽 도판 참조.

202) 金元龍,《韓國壁畫古墳》, 131쪽의 편년표 참조.

203) 호류지의 여러 전반적인 국면에 관해서는 1949년 1월 26일의 화재 발생 후에〈失われた法隆寺壁畫〉라는 제하(題下)에 특집을 낸《佛敎美術》3 (1949)의 여러 논문들이 많이 참고가 된다. 이 잡지와 그 밖의 관계 서적들을 대여해 주신 황수영 선생님의 친절에 감사한다. 그 밖에 호류지 관계의 문헌은 참고문헌 약목을 참고하기 바람.

204) 호류지의 척도(尺度)에 관한 구체적인 논의는 村田治郎,〈法隆寺の尺度問題〉,《佛敎藝術》4 (1949), 119~138쪽 참조.

205) 분담 제작에 관하여는 柳澤孝,《法隆寺 金堂壁畫》(東京:岩波書店, 1975), 16~17쪽 참조. 그리고 도리가 약사정토와 아미타정토를 그렸다는 기록에 관하여는 覺賢,《斑鳩古事便覽》; 內藤藤一郎,《日本佛敎繪畫史:奈良朝 前期篇》(京都:政經書院, 1935), 30쪽에서 인용. 그러나 이 설을 그대로 믿기는 어렵다.

206)〈法隆寺壁畫の模寫おめぐって座談會〉,《佛敎藝術》4 (1949), 113~115쪽 참조.

207) 柳澤孝,《法隆寺 金堂壁畫》, 6쪽 참조.

208) 小林太市郎,〈法隆寺壁畫の硏究〉,《佛敎藝術》3 (1949), 5~56쪽 및 도1~4 참조.

209) 신양식의 수용은 삼국 중에서도 백제의 불상에서 특히 뚜렷하게 나타난다. 백제의 불상 가운데에서도 7세기 초부터 660년 사이의 기간에는 부여 규암면 출토의 금동보살입상의 예에서 보듯이 삼곡자세와 넓은 어깨와 가는 허리를 특징으로 하는 수와 초당의 신양식이 자리 잡기 시작하였다. 文明大,〈三國時代의 美術:彫刻〉,《韓國美術史》(대한민국 예술원, 1984), 95~97쪽 참조.

210) Edwin O. Reichauer, *Ennin's Travels in T'ang China* (New York:The Ronald

Press Co.) 참조.
211) 고구려 고분벽화의 내용과 성격에 관해서는 金元龍, 《韓國壁畫古墳》, 62~89쪽. 서역적 요소에 관하여는 金元龍, 〈古代韓國과 西域〉, 《美術資料》 34 (1984. 6), 48~54쪽 참조.
212) 문화재관리국 편, 《武寧王陵發掘調査報告書》 (삼화출판사, 1973), 도59-3 참조.
213) 일본 규슈 대학 명예교수 谷口鐵雄의 주장임(〈西日本新聞〉 석간).
214) 久野健·鈴木嘉吉, 《法隆寺》, 《日本の美術》 3 (東京:小學館, 1977), 42쪽 참조.
215) 百橋明穗 編, 《飛鳥·奈良繪畫》, 《日本の美術》 5 (東京:至文堂, 1983), 14쪽, 도 21 참조.
216) 고구려의 수렵도에 관해서는 이 책 2부 2장 참조.

참고문헌 약목(1부 및 2부) |

국문

강현숙, 《고구려와 비교해본 중국 한·위·진의 벽화분》, 지식산업사, 2005

고구려연구재단 편, 《고구려사 연구 논저 목록》, 고구려연구재단, 2004

_____ , 《고구려 문명기행》, 고구려연구재단, 2005

_____ , 《고분벽화로 본 고구려 문화》, 고구려연구재단, 2005

_____ , 《다시 보는 고구려사》, 고구려연구재단, 2004

_____ , 《평양 일대 고구려 유적》, 남북공동유적조사보고서 증보판, 2005

金基雄, 《韓國의 壁畵古墳》, 동화출판공사, 1982.

김리나 책임편집, 《고구려 고분벽화》, ICOMOS-Korea, 2004

金容俊, 《高句麗古墳壁畵硏究》, 조선사회과학원출판사, 1985

金元龍, 《壁畵》, 韓國美術全集 4, 동화출판공사, 1974

_____ , 《韓國壁畵古墳》, 일지사, 1980

손수호, 《고구려 고분연구》, 사회과학출판사, 2001

申瀅植, 《集安 高句麗遺跡의 調査硏究》, 국사편찬위원회, 1996

이태호·유홍준, 《高句麗古墳壁畵》, 풀빛, 1995

전호태, 《고구려 고분벽화 연구》, 사계절, 2000

《조선유적유물도감》 편찬위원회, 《북한의 문화재와 문화유적》 I·II, 서울대학교출판부, 2000

朱榮憲, 《고구려 벽화분의 편년에 관한 연구》, 과학원출판사, 1961

최무장·임연철, 《高句麗壁畵古墳》, 도서출판 신서원, 1990

황욱, 《안악 제3호분 발굴보고》 유적발굴보고 3, 과학원 고고학 및 민속학연구소, 과학원출판사, 1958

《고구려 고분벽화: 고구려 특별대전》, KBS 한국방송공사, 1994

《고구려의 역사와 문화유산》, 한국고대사학회·서울시정개발연구원, 2004

《남북공동 고구려 벽화고분 보존실태조사보고서》 1~2권, 남북역사학자협의회·국립
　　　문화재연구소, 2006
《인류의 문화유산 고구려 고분벽화》, 연합뉴스, 2006
《集安 고구려 고분벽화》, 조선일보사, 1993
《특별기획전 고구려》, 특별기획전 고구려 추진위원회, 2002
《2004 남북공동기획 고구려문화전》, 2004

일문 및 중문
《高句麗古墳壁畵》, 東京:朝鮮日報社, 1985
《高句麗文化展》, 東京:高句麗文化展實行委員會, 1985
金基雄, 《韓國の壁畵古墳》, 東京:大興出版, 1980
朝鮮畵報社 編, 《高句麗古墳壁畵》, 東京:講談社, 1985
　　　　　　 編, 高寬敏 日譯, 《德興里高句麗壁畵古墳》, 東京:講談社, 1986
朱榮憲, 《高句麗の壁畵古墳》, 東京:學生社, 1977
池內宏, 《通溝》上·下卷, 東京:日滿文化協會, 1938~1940
尹國有, 《高句麗壁畵硏究》, 吉林大學出版部, 2003

기타
Kim Lena, ed., *Koguryo Tomb Murals*, ICOMOS-Korea, 2004
Kunst aus dem Alter Korea-Goguryo(Art of Ancient Korea-Goguryo), Museum für
　　　Ostasiatische Kunst, Staatliche Museum Berlin, 2005

* 각종 논문을 포함한 고구려 고분벽화에 관한 연구 업적의 종합적 목록은 전호태
　저, 《고구려 고분벽화 연구》(사계절, 2000) 소재 '고구려 고분벽화 연구문헌 목록'
　을 참고하기 바람.

참고문헌 약목(3부) |

1. 총론

■ 한국

《高句麗文化展》, 高句麗文化展實行委員會, 1985
金基雄, 《韓國의 壁畵古墳》, 동화출판사, 1982
金達壽, 《日本の中の朝鮮文化3》, 東京:講談社, 1972
김석형, 《초기조일관계연구》, 사회과학원출판사, 1966
金容俊, 《고구려고분벽화연구》, 사회과학원출판사, 1958
金元龍, 《壁畵》, 《韓國美術全集》 4, 동화출판공사, 1974
_____, 《韓國의 벽화고분》, 일지사, 1980
_____, 《韓國考古學研究》, 일지사, 1987
_____, 《韓國美術史研究》, 일지사, 1987
《德興里 高句麗 壁畵古墳》, 講談社, 東京:1985
《順興邑內里壁畵古墳》, 문화재관리국, 1987
安輝濬, 《韓國美術史》, 일지사, 1980
_____, 《繪畵》, 《國寶》 10, 예경산업사, 1984
_____, 〈己未年銘 順興 邑內里 古墳壁畵의 內容과 意義〉, 《順興 邑內里 壁畵古墳》, 1986
_____, 《韓國繪畵의 傳統》, 문예출판사, 1988
_____, 《韓國古代繪畵의 特性과 意義(上)—三國時代의 人物畵를 中心으로》, 《美術資料》 41, 1988 32~56쪽
_____, 《韓國古代繪畵의 特性과 意義(下)—三國時代의 人物畵를 中心으로》, 《美術資料》 42, 1988 24~55쪽
劉頌玉, 〈高句麗服飾研究〉, 《成均館大學校論文輯 人文·社會系》 20, 235~297쪽

李東洲,《韓國繪畫小史》, 서문당, 1972

李泰浩,〈高句麗工藝―金銅透刻冠을 中心하여〉,《考古美術》150, 1981. 6

梨花女子大學校博物館,《榮州順興邑內里古墳壁畵》, 이화여자대학교출판부, 1984

_____,《於宿述干墓와 新發見 己未銘壁畵古墳》,《順興 邑內里 壁畵古墳》, 1986

田村圓澄·洪淳昶 共著,《韓日古代文化交涉史硏究》, 을유문화사, 1974

朱榮憲,《高句麗の壁畵古墳》, 東京:學生社, 1977

_____,《高句麗壁畵古墳》, 東京:朝鮮畵報社, 1985

_____,〈高句麗と古墳壁畵を語る〉,《阪急文化ミナール10周年記念國際シンポジウム:高句麗と日本古代文化》팜플렛, 1985

崔茂藏,《高句麗·渤海文化―中國考古學의 發掘報告書》, 집문당, 1982

崔淳雨,〈高句麗 古墳壁畵 人物圖의 類型〉,《考古美術》150, 1981. 6, 166~179쪽

崔在錫,〈日本原住民의 文化水準과 古代日本의 開拓者〉,《東洋史學硏究》30, 1985. 5, 63~92쪽

_____,〈古代日本으로 건너간 韓民族과 日本原住民의 數의 推定〉,《東方學志》61, 1989, 1~50쪽

洪思俊,〈百濟國의 書畵人考〉,《百濟文化》78, 55~59쪽

■ 일본

高岐富士彦,《日本佛敎繪畫史》, 東京:九龍堂, 1966

久野建·鈴木嘉吉,《法隆寺―日本の美術 3》, 東京:小學官, 1977

內藤藤一郎,《日本佛敎繪畫史》, 京都:政經書院, 1935

나라국립박물관,《法隆寺獻納金銅佛》, 天理:天理時報社, 1981

《中宮寺の美》, 奈良:中宮寺門跡, 1988

百橋明穗,《飛鳥·奈良繪畫―日本の美術 5》, 東京:至文堂, 1983

《法隆寺獻納實物目錄》, 東京:東京國立博物館

《法隆寺展―昭和資料帳への道》, 東京:小學官, 1975

《法隆寺獻納實物目錄》, 東京:東京國立博物館, 1979
《法隆寺展目錄》, 奈良:奈良國立博物館, 1981
《法隆寺展とシルクロード佛敎文化》, 奈良:法隆寺, 1981
《佛敎藝術》87, 東京:毎日新聞社, 1972
上田正昭, 《古代日本と渡來文化》, 東京:學生社, 1988
松本清張 編, 《正倉院への道》, 東京:日本放送出版協會, 1981
水野淸一, 《法隆寺―日本の美術 4》, 東京:平凡社, 1979
神田喜一郎, 〈支那の繡佛に就いて〉, 《佛敎美術》3, 1925. 6, 27~32쪽
《日本書紀》, 成殷九 譯註, 정음사, 1987
節菴, 〈我上大に於ける繡と繪畵との關係 (上)〉, 《國華》242, 1910, 3~36쪽
朝鮮文化史 編, 《日本文化と朝鮮》1, 東京:敎人物往來社, 1973
_____ 編, 《日本文化と朝鮮》2, 東京:敎人物往來社, 1975
直木孝次郎, 〈畵師氏族と古代の繪畵〉, 《日本文化と朝鮮》1, 東京:朝鮮文化史,
　　　　　1973, 171~181쪽
平田寬, 〈平安時代畵所畵師關系史料〉, 《哲學年報》47, 1988. 3, 39~69쪽
澤村專太郎, 〈推古期の繪畵〉, 《佛敎美術》13, 1920, 103~119쪽
Reichauer, Edwin O., *Ennin's Travels in Tang China* (The Ronald Press Co., New York)

2. 天壽國蔓茶羅繡帳 관계 참고문헌
堀幸男, 〈天壽國繡帳後原考〉, 《佛敎藝術》110, 1976. 12, 100~127쪽
吉村怜, 〈天壽國繡帳と金銅灌頂幡にみられる天人誕生の圖像〉, Museum 345,
　　　　4~17쪽
大橋一章, 〈天壽國繡帳の原形〉, 《佛敎藝術》117, 1978. 3, 49~111쪽
大野達之助, 〈天壽國考再論〉, 《駒澤史學》11 · 12, 1965. 3, 11~17쪽
毛利登, 〈天壽國繡帳について―繡帳の原本と建治再興の繡帳について〉, 《古美術》
　　　　5, 1930, 27~38쪽

明石染人, 〈天壽國繡帳の考察〉, 《東洋美術》 5, 1930. 2, 105~108쪽
_____, 〈天壽國繡帳の考察(續)〉, 《東洋美術》 7, 1930. 5, 50~71쪽
飯田瑞穗, 〈天壽國繡帳銘をめぐつて〉, 《古美術》 11, 1965. 11, 39~49쪽
石田茂作, 〈天壽國蔓茶羅繡帳の復原に就いて〉, 《畵說》 40, 1940. 4, 391~406쪽
源豊宗, 〈天壽國繡帳〉, 《佛敎美術》 13, 59~60쪽
林幹彌, 〈天壽國繡帳の復原〉, 《南都佛敎》 8, 1960, 48~61쪽
_____, 〈天壽國繡帳に關する一・二問題〉, 《史學雜誌》 9, 1957. 9, 44~55쪽

3. 玉蟲廚子 관계 참고문헌

〈法隆寺玉蟲廚子について〉, 《國華》 182, 10~21쪽
榧本杜人, 〈玉蟲廚子の場合―日本美術におよぼした朝鮮の影響〉, Museum 23, 1953. 2, 6~11쪽
濱田耕作, 〈玉蟲廚子の玉融翅飾に就いて〉, 《佛敎美術》 13, 1920, 32~42쪽
上原和, 〈玉蟲廚子白鳳說お再批判する―村田治郎博士の反論に答えて〉, 《成城文藝》 51, 1968. 9, 1~25쪽
_____, 〈玉蟲廚子製作年代考(1)―玉蟲廚子の製作地について〉, 《成城文藝》 17, 1959. 2, 1~9쪽
_____, 〈玉蟲廚子製作年代考(2)―文獻上より見た玉蟲廚子の製作年代について〉, 《成城文藝》 18, 1959. 5, 1~22쪽
_____, 〈玉蟲廚子製作年代考(3)―建築的意匠より玉蟲廚子の樣式年代について〉, 《成城文藝》 20, 1959. 11, 56~101쪽
_____, 〈玉蟲廚子における鐵茸形式史的意味について―村田治郎博士の疑義に答える〉, 《成城文藝》 22, 1959, 1~22쪽
_____, 〈玉蟲廚子の建築樣式年代を白鳳末期と見做すこと出來ない―村田治郎博士の御說に重れて疑義を是す〉, 《成城文藝》 23, 1960. 10, 18~53쪽
_____, 〈玉蟲廚子製作年代考(4)〉, 《成城文藝》 28, 1961. 6, 36~48쪽

_____, 〈玉蟲廚子製作年代考(5)—中國上代龕史より見た玉蟲廚子の樣式年代について〉, 《成城文藝》 29, 1961. 12, 32~49쪽

_____, 〈玉蟲廚子製作年代考(6)—文樣意匠より見た玉蟲廚子の樣式年代について〉, 《成城文藝》 29, 1962. 4, 33~58쪽

_____, 〈玉蟲廚子製作年代考(7)—繪畫意匠より見た玉蟲廚子の樣式年代について〉, 《成城文藝》 33, 43~83쪽

_____, 〈玉蟲廚子〉, 《古美術》 17, 1967. 4, 29~51쪽

_____, 〈法隆寺の玉蟲廚子(1)〉, 《國華》 904, 1967. 7, 13~30쪽

_____, 〈法隆寺の玉蟲廚子(2)〉, 《國華》 905, 1967. 8, 7~19쪽

_____, 〈法隆寺の玉蟲廚子(3)〉, 《國華》 906, 1967. 9, 23~31쪽

_____, 《玉蟲廚子の 硏究》 增補版, 巖南堂書店, 1968

_____, 〈玉蟲廚子問題の再檢討〉, 《佛敎藝術》 84, 1972. 3, 15~27쪽

_____, 〈玉蟲廚子問題の再檢討(續篇)〉, 《佛敎藝術》 86, 1972. 7, 1~15쪽

_____, 〈玉蟲廚子問題の再檢討(續續篇)—玉蟲廚子繪における彩色と主題について〉, 《佛敎藝術》 89, 1972. 12, 28~43쪽

小杉榲邨, 〈法隆寺金堂に置く玉蟲の廚子〉, 《國華》 78, 577~580쪽

松田權六, 〈玉蟲廚子の漆繪について(その一)〉, 《古美術》 17, 1967. 4, 52~59쪽

源豊宗, 〈玉蟲廚子及び其の繪畫に就いて〉, 《佛敎美術》 13, 1920. 6, 13~32쪽

六角紫水, 〈玉蟲廚子繪畫の顔料は密陀僧に非ざるの辯〉, 《佛敎美術》 13, 1920. 6, 43~46쪽

伊東忠太, 〈玉蟲廚子の文樣と其原流〉, 《佛敎美術》 13, 1920. 6, 57~65쪽

林良一, 〈玉蟲廚子の製作年代〉, 《國華》 939, 1987. 10, 9~22

田邊泰, 〈玉蟲廚子の建築樣式的價値〉, 《佛敎美術》 13, 1920. 6, 47~56쪽

田中豊藏, 〈玉蟲廚子に關する考察〉, 《大塚博士還曆記念美學及美術史硏究》, 岩波書店, 1931, 799~824쪽

靑木茂作, 《增補玉蟲廚子の硏究》, 東京:巖南堂書店, 1968

村田治郞, 〈玉蟲廚子は何處で作られたか〉, 《佛敎藝術》 2, 1948. 12, 138~146쪽

_____ , 〈玉蟲廚子の諸考察〉, 《佛敎藝術》 67, 1968. 4, 1~22쪽
_____ , 〈玉蟲廚子續續考〉, 《佛敎藝術》 69, 1968. 12, 16~37쪽
秋山光和·辻本光三郞, 《法隆寺玉蟲廚子と橘夫人廚子―奈良の寺 6》, 東京:岩波
       書店, 1975
春山武松, 〈玉蟲廚子繪に關する疑問〉, 《國華》 678, 1948. 9, 229~231쪽

4. 高松塚壁畵 관계 참고문헌
金元龍, 〈高松塚古墳의 問題〉, 《韓國考古學硏究》, 일지사, 1987, 585~591쪽
《高松塚壁畵館》, 飛鳥保護財團, 日本奈良縣高市郡明日香村, 1980
網于善敎,·有坂隆道·奧村郁三·高橋三知雄, 《高松塚論批判》, 大阪:創元社, 1974
末永雅雄·井上光貞 編, 《高松塚壁畵古墳》, 朝日新聞社, 1972
_____ , 《高松塚古墳と飛鳥》, 東京:中央公論社, 1972
《佛敎藝術》 87, 高松塚壁畵古墳特輯, 東京:每日新聞社, 1972. 8
猪熊兼勝·渡邊明義 編, 《高松塚古墳―日本の美術 9》, 東京:至文堂, 1984

5. 法隆寺 금당벽화 관계 참고문헌
龜野建, 〈法隆寺金堂の壁畵〉, 《美術手帖》 15
_____ , 〈法隆寺金堂の壁畵雜記〉, 《みづゑ》 521
_____ , 〈櫻井香雲の法隆寺金堂壁畵模寫〉, 《三彩》 37
_____ , 〈法隆寺壁畵硏究史―明治篇 上·下 大正篇 1~4〉, 《國華》 691~692,
       694~696, 698, 699, 703號
_____ , 〈法隆寺壁畵關係論文·圖書·複製目錄〉, 《美術硏究》 167
龜田孜, 〈法隆寺金堂の壁畵に就いて〉, 《星岡》 70
_____ , 〈金堂壁畵〉, 日本の繪畵館, 講談社, 1970
金原省吾, 〈法隆寺金堂壁畵の硏究〉, 《塔影》 17-3

內藤藤一郎, 〈法隆寺金堂壁畫の研究〉, 東京美術研究會大坂支部, 1932

鈴木進, 〈法隆寺の壁畫:解說1-3〉, 《生活美術》 622

瀧精一, 〈法隆寺の壁畫と西洋畫〉, 《國華》 622

林暢, 〈法隆寺金堂壁畫〉, 《東方》 11

〈法隆寺の壁畫:特輯〉, 《國博ニュース》 20

福井利吉郎, 〈法隆寺壁畫の主題に就て〉, 《塔影》 17-3

山崎一雄, 〈法隆寺金堂壁畫の顏料及びその火災による變化について〉, 《美術研究》 167

_____, 〈法隆寺壁畫を描くに要した顏料量の推定〉, 《史迹と美術》 167

小林剛, 《法隆寺金堂壁畫の名題に就いて》, 《史迹と美術》 70

小林太市郎, 〈法隆寺金堂壁畫の研究〉, 《佛敎美術》 3

松本榮一, 〈法隆寺の壁畫山中羅漢圖〉, 《國華》 640

松下隆章, 〈法隆寺金堂壁畫:解說〉, 《生活美術》 3-8

矢代幸雄, 〈法隆寺壁畫の價値〉, 《星岡》 75

野生司香雪, 〈法隆寺と金アヂャンタ壁畫の異趣〉, 《茶わん》 102

熊谷宣夫, 〈ミイランの壁畫と法隆寺〉, 《佛敎藝術》 4, 1949, 139~146쪽

柳澤孝, 《法隆寺金堂壁畫─奈良の寺 8》, 東京:岩波書店, 1975

源豊宗, 〈'法隆寺金堂壁畫の名題に就いて'を讀む〉, 《史迹と美術》 71

田中一松, 〈法隆寺金堂壁畫:解說〉, 《塔影》 17-3

_____, 〈法隆寺の壁畫─淨土藝術(日本美術史講座)〉, 《國博ニュース》 2

_____, 〈法隆寺の壁畫〉, 《藝術學》 1

田中一松·島田修二郎·龜野建, 〈法隆寺金堂壁畫の火災損傷について〉, 《美術研究》 167

田中重久, 〈法隆寺金堂壁畫の硏究〉, 《考古學雜誌》 32-12

田中親美, 〈法隆寺壁畫と櫻井香雲〉, 《茶わん》 204

田澤垣·澤柳大五郎·龜野建·坂本萬七, 《法隆寺金堂壁畫釋迦三尊象》, 《法隆寺資料彫刻便》 1, 岩波書店, 1949

佐和隆研, 〈法隆寺金堂壁畵の構成〉, 《佛敎藝術》 3

淺野淸, 〈法隆寺金堂內陣小壁天人圖に就いて〉, 《佛敎藝術》 1

村田治郞, 〈法隆寺の尺度問題〉, 《佛敎美術》 4, 1949, 119~138쪽

_____ , 《法隆寺の硏究史》, 每日新聞社, 1949

秋山謙 藏 〈大東亞建設と日本美術—法隆寺壁畵〉, 《秘術》 1-7

春山武松, 《法隆寺壁畵》, 朝日新聞社, 1947

塚本善隆, 〈嘉永五年の法隆寺壁畵模寫〉, 《佛敎藝術》 5

豊田彌吉, 〈法隆寺金堂壁畵の調査〉, 《建築と社會》 26-3

下店靜市, 〈法隆寺金堂壁畵手記〉, 《日本美術工藝》 126

도판 목록 |

1부

1 〈묘주 초상〉 안악3호분 서쪽 곁방 서벽, 357년   32
2 (왼쪽) 〈연꽃무늬〉 안악3호분 널방 천장석, 357년   34
3 (오른쪽 위) 〈연꽃 봉오리〉 안악3호분 〈묘주 초상〉 중 탑개 장식, 357년   34
4 (오른쪽 아래) 〈연화문수막새〉 광개토대왕릉 출토, 4~5세기, 국립중앙박물관 소장   34
5 〈배송도〉 수산리 고분 널방 동벽, 5세기   35
6 (왼쪽) 〈승려〉 쌍영총 널방 동벽 〈공양행렬도〉 부분, 5세기   37
7 (오른쪽) 〈승려〉 무용총 널방 북벽 〈접객도〉 부분, 5세기   38
8 (위) 〈예불도〉 장천1호분 앞방 북벽 윗부분, 5세기   38
9 (아래 왼쪽) 〈보살상〉 장천1호분 앞방 서벽 윗부분, 5세기   38
10 (아래 오른쪽) 〈연화화생도〉 장천1호분 앞방 천장고임, 5세기   38
11 〈일상·월상·북두칠성〉 장천1호분 널방 천장석, 5세기   39
12 (왼쪽) 〈승학선인도〉 무용총 널방 천정부, 5세기   40
13 (오른쪽) 〈승학선인도〉 5회분 4호묘 널방 천장고임, 7세기 전반   40
14 〈황룡〉 5회분 4호묘 널방 천장, 7세기 전반   41
15 (왼쪽) 〈수박도〉 안악3호분 앞방 동쪽 곁방, 357년   45
16 (오른쪽) 〈씨름도〉(부분) 각저총 널방 동벽, 5세기   45
17 〈천마〉 덕흥리 벽화고분 앞방 북벽 천정부, 408년   46
18 〈천마〉 안악1호분 널방 천정부, 5세기   46
19 〈천마도〉 경주 천마총 출토, 신라, 5~6세기, 국립중앙박물관 소장   47
20 (위) 〈인동당초문〉 강서대묘 널방 천장고임, 7세기 초   48
21 (왼쪽) 〈팔메트〉 5회분 4호묘 널방 북벽, 7세기 전반   48
22 〈수렵도〉 무용총 널방 서벽, 5세기   52
23 〈수목·현무도〉 진파리1호분 널방 북벽, 7세기 전반   54

24 〈연꽃무늬와 구름무늬〉 부여 능산리 고분, 백제, 7세기   54
25 〈현무도〉 통구사신총 널방 북벽, 7세기 전반   55
26 〈맞새김 용봉문 금동관형장식〉 진파리7호분 출토, 7세기   56
27 〈기마무사상〉 쌍영총 널길 서벽, 5세기   57
28 (왼쪽) 〈여인상〉 쌍영총 널길 동벽 〈거마행렬도〉 부분, 5세기   58
29 (가운데) 〈여인상〉 수산리 고분 널방 서벽 〈곡예감상도〉 중 묘주 부인, 5세기   58
30 (오른쪽) 〈여인군상〉 일본 아스카 다카마쓰 고분 널방 서벽, 7~8세기   58
31 〈애교머리를 한 여인〉 삼실총 제1실 남벽, 5세기   59

2부
32 〈장하독과 묵서명〉 안악3호분 서쪽 곁방 입구, 357년   66
33 〈묘주와 성상번 깃발〉 안악3호분 널방 동벽 〈행렬도〉 부분, 357년   67
34 〈부인 초상〉 안악3호분 서쪽 곁방 남벽, 357년   68
35 〈생활도〉 (왼쪽 위부터) 우물·부엌·차고·외양간·마굿간, 안악3호분 동쪽 곁방 동벽과 서벽, 357년   70
36 〈행렬도〉(모사도) 안악3호분 널방 동쪽 회랑, 357년(《2004 남북공동기획 고구려문화전》)   72
37 〈묘주와 13군 태수〉 덕흥리 벽화고분 앞방 북벽(묘주)과 동벽(13군 태수), 408년   74
38 (위) 〈견우직녀도〉 덕흥리 벽화고분 앞방 천정부, 408년   78
39 (아래 왼쪽) 〈일상과 양수지조〉 덕흥리 벽화고분 앞방 천정부, 408년   78
40 (아래 오른쪽) 〈길리(위)와 부귀(아래)〉 덕흥리 벽화고분 앞방 천정부, 408년   78
41 〈씨름도〉(전체) 각저총 널방 동벽, 5세기   82
42 〈접객도〉 무용총 널방 북벽, 5세기   83
43 〈무용도〉(부분) 무용총 널방 동벽, 5세기   84
44 〈무용도〉 장천1호분 앞방 서벽, 5세기   84
45 〈수렵문〉 금착수렵문동통 표면, 후한시대   86
46 〈수렵야유회도〉 장천1호분 앞방 서벽, 5세기   89
47 〈역사상〉 장천1호분 앞방 천장고임, 5세기   90

48 〈매사냥〉 삼실총 제1실 남벽, 5세기   92

49 〈문루와 무사〉 삼실총 제1실 북벽, 5세기   92

50 〈역사상〉 삼실총, 5세기   93

51 (위) 〈용문대〉 5회분 4호묘 널방 석대, 7세기 전반   98

52 (아래) 〈팔메트와 목엽문〉 5회분 4호묘 널방 동벽(〈청룡도〉)의 벽면 구성, 7세기 전반   98

53 〈농신과 수신〉 5회분 4호묘 널방 천장고임, 7세기 전반   100

54 〈승학선인도〉 통구사신총 널방 천장고임, 7세기 전반   100

55 (위) 〈산악도〉 강서대묘 널방 천장고임, 7세기 초   103

56 (가운데) 〈산악도〉 내리1호분 널방, 7세기   103

57 (아래) 〈석각산수인물도〉 중국, 육조시대, 미국 캔사스시 넬슨갤러리 소장   103

58 〈연가7년명 금동여래입상〉, 경상북도 의령 출토, 539년, 국립중앙박물관 소장   114

59 〈유마거사상〉 중국, 6세기 중반, 뉴욕 메트로폴리탄 미술관 소장   115

60 〈노사춘처〉 중국, 북위시대(474~484년), 산시성 다통(大同) 사마금룡부처묘 출토 목판 칠화 부분   117

61 〈묘주 초상과 묵서명〉 덕흥리 벽화고분 앞방 북벽, 408년   120

62 〈묘주 초상〉 감신총 앞방 서감, 5세기   122

63 〈부부상〉 약수리 벽화고분 널방 북벽, 5세기   125

64 〈부부상〉 매산리 사신총(수렵총) 널방 북벽, 5세기   128

65 〈부부상〉 쌍영총 널방 북벽, 5세기   131

66 쌍영총 내부 투시도(널방에서 앞방 방향, 《2004 남북공동기획 고구려문화전》)   133

67 〈부부상〉 각저총 널방 북벽, 5세기   136

68 〈행렬도〉 덕흥리 벽화고분 앞방 동벽, 408년   142

69 (위) 〈행렬도〉 약수리 벽화고분 앞방 동벽 부분, 5세기   144

　　(아래) 〈행렬도〉 모사도(《2004 남북공동기획 고구려문화전》)

70 〈수렵도〉 덕흥리 벽화고분 앞방 동벽 천정부, 408년   146

71 〈수렵도〉 약수리 벽화고분 앞방 서벽, 5세기   149

72 〈우교차를 탄 부인〉 덕흥리 벽화고분 통로 동벽, 408년   154

73 〈공양행렬도〉 쌍영총 널방 동벽, 5세기   156
74 〈거마행렬도〉 쌍영총 널길 동벽, 5세기   158
75 〈무용도〉(전체) 무용총 널방 동벽, 5세기   164
76 (위) 〈곡예감상도〉 수산리 벽화고분 널방 서벽, 5세기   168
   (아래) 〈곡예감상도〉 모사도(《2004 남북공동기획 고구려문화전》)
77 〈수박도〉 무용총 널방 북벽 천장고임, 5세기   176
78 〈씨름도〉 장천1호분 〈수렵야유회도〉 왼쪽 윗부분, 5세기   176
79 (위) 〈야철신〉 5회분 4호묘 널방 천장고임, 7세기 전반   180
80 (아래) 〈제륜신〉 5회분 4호묘 널방 천장고임, 7세기 전반   180
81 〈복희와 여와〉 5회분 4호묘 널방 천장고임, 7세기 전반   182

3부

82 〈천수국만다라수장〉 일본 나라현 주구지(中宮寺) 소장, 비단에 자수, 잔편 액자   200
83 〈천수국만다라수장〉 바탕깁 분포도(大橋一章, 〈天壽國繡帳の原形〉)   202
84 〈천수국만다라수장〉 구성   206
85 〈산수문전〉 백제, 부여군 규암면 외리 출토, 26.9×28.8cm, 7세기, 국립부여박물관
   소장   207
86 주구지 소장 〈천수국만다라수장〉 가운데 단 왼쪽 면(그림84의 '라' 부분) 복원도(大橋一
   章, 〈天壽國繡帳の原形〉)   210
87 〈홍감아발루기자〉 백제, 일본 나라 쇼소인 소장   211
88 〈옥충주자〉 일본, 높이 226.6×정면 너비 114.5cm, 7세기 중반, 호류지 소장   214
89 옥충주자 정면도(上原和, 〈玉蟲廚子〉)   215
90 〈공양도〉 옥충주자 수미좌 앞면   221
91 〈비천·연화문〉 강서대묘 천정부   223
92 〈사신사호도〉 옥충주자 수미좌 오른쪽(정면에서 바라볼 때) 면   224
93 〈금동인왕상〉 고구려, 6~7세기   226
94 〈시신문게도〉 옥충주자 수미좌 왼쪽(정면에서 바라볼 때) 면   228

95 〈수미산도〉 옥충주자 수미좌 뒷면   230

96 (왼쪽) 〈천왕상〉 옥충주자 궁전부 정면비   232

97 (오른쪽) 〈보살상〉 옥충주자 궁전부 측면비   232

98 〈보탑도〉 옥충주자 궁전부 뒷면   234

99 다카마쓰 고분 벽화 분포도(《高松塚壁畫館》)   241

100 〈여인군상〉 다카마쓰 고분 널방 동벽   242

101 〈여인군상〉 다카마쓰 고분 널방 서벽   243

102 다카마쓰 고분 〈여인군상〉 복원도(《高松塚壁畫館》)   244

103 〈궁녀도(宮女圖)〉, 영태공주묘, 중국(당), 706년, 중국 섬서성   245

104 〈남자군상〉 다카마쓰 고분 널방 벽면(《高松塚壁畫館》)   248

105 다카마쓰 고분 〈남자군상〉 복원도(《高松塚壁畫館》)   249

106 〈사신도〉 다카마쓰 고분 널방 벽면   251

107 〈월상〉과 그 실측도   253

108 〈원산(遠山)〉 강서대묘 널방 서쪽 천장고임, 7세기 초   254

109 〈집무늬 벽돌〉 통일신라, 8세기   254

110 호류지 금당벽화 배치도(柳澤孝, 《金堂壁畫》, 岩波書店, 1975)   261

111 〈아미타정토도〉, 호류지 금당 외진 6호벽, 312×266cm, 700년경, 1949년 소실   263

112 〈쌍수비천도〉 호류지 금당 약사여래상 목제 대좌 안쪽 벽 묵화, 〈서일본신문(西日本新聞)〉, 1989년   267

113 〈수렵연락도〉 자단목화조비파한발회, 일본 쇼소인 소장   270

게재문 목록 |

1. 고구려 문화의 재인식(고구려 문화를 올바로 알자)
《문화예술》 통권 229호, 1998. 8, 16~20쪽

2. 고구려 문화의 성격과 위상(고분벽화를 통해서 본 고구려의 문화)
한국고대사학회·서울시정개발연구원,《고구려의 역사와 문화유산》, 서경문화사, 2004. 9, 26~62쪽

3. 고구려의 고분벽화
〈고구려 무용총의 수렵도〉,《박물관신문 제77호》, 1978. 1. 1
〈고구려 후기의 산수화〉,《박물관신문 제78호》, 1978. 2. 1
〈고구려 화풍의 파급〉,《조선일보》, 1993. 11. 9
〈집안(集安) 지역의 고구려 고분벽화〉,《아! 고구려》, 조선일보사, 1994
《한국 회화의 이해》, 시공사, 2004, 104~125쪽

4. 고구려 고분벽화의 흐름
〈고구려 고분벽화의 흐름〉,《講座 美術史 10》, 1998, 73~103쪽
《한국 회화사 연구》, 시공사, 2000, 18~44쪽

5. 고구려의 인물화
〈韓國 古代繪畵의 特性과 意義 – 三國時代의 人物畵를 中心으로 上·下〉,《美術資料 41·42》, 1988. 6. 12
《한국 회화사 연구》, 시공사, 2000, 45~115쪽

6. 고구려 회화의 일본 전파
〈三國時代 繪畵의 日本傳播〉,《國史館論叢 10》, 1989. 12, 153~226쪽
《한국 회화사 연구》, 시공사, 2000, 135~205쪽

찾아보기

2실묘 25, 74, 95, 108, 134, 139
5현 비파 49
5회분 4호묘 27, 39~40, 43, 49, 95~99, 178
5회분 4호묘 〈승학선인도〉 40
5회분 5호묘 27, 40, 43, 49, 96~99, 178, 253

ㄱ

가마쿠라 199, 202~203
가메다 쓰토무(龜田孜) 217
가사마로(笠麻呂) 273
가서일(高麗加西溢, 고마노 가세이쓰) 194, 199, 212, 246
가야 19, 59, 160, 183, 198
가야계 212
가와치노 에시 259
각궁 161
각저총 25, 76, 80~87, 110, 134~139, 174~175
각저총 〈부부상〉 80, 134~139
각저총 〈씨름도〉 44, 82, 166, 174~175, 181
감 25
감금탄목제편옥 265
감신총 76, 110, 122~124

감신총 〈주인공 초상화〉 122~125
강서대묘 39~40, 42, 49, 95~96, 102, 108, 179, 211, 222, 239, 250, 253, 267, 271
강서대묘 〈현무도〉 97, 252
강서중묘 239, 250, 252
객산 102~103
건곡 159
곁방 25
계세사상 24, 35~36
고개지 115
고국원왕 66, 111
고려척 259
고마노 에시(高麗畵師) 194
고마로(子麻呂) 195
고수장(古繡帳) 199, 201~203, 211
고스기 온손(小杉榲邨) 236
고아동 고분 36
고야마키 217
곡령의 94
공간충전식 표현 220
공수 57, 132
관대 95
광개토대왕 15
광개토대왕릉 24
괘대 247
구니모리(國守) 201
구다라 가와나리(百濟阿成) 273
구다라 오타메타카(百濟王爲孝) 273

《구당서》 112
구로카와 마요리(黑川眞賴) 236
구스노키 217
국소대형 119
굴부인주자 213
〈궁녀도〉 245
궁전부 213, 219
귀갑(龜甲) 201~202, 212
귀면 132
귀화인 218
《금광명경》 222
금당벽화 258, 265
금동인왕상 225, 229, 232~233
금착수렵문동통 51, 87
기다 사다키치(喜田貞吉) 236
기단 213
기미년명 순흥 읍내리 벽화고분 77, 147
기부미노 모토자네(黃文本實) 246, 264
기부미노 무라지오토마로(黃文連乙麻呂) 195
기부미노 무라지혼지쓰(黃文連本實) 195
기부미노 미타(黃文三田) 195
기부미노 에시(黃文畵師) 194~195, 246, 259
기실 112~114
기와치노 에시(河內畵師) 194
긴 나무다리 걷기 170~171
길리 77
김원용 118, 254

ㄴ

나발 128
내리1호분 102~103, 225, 253, 271
내사 119
널길 25, 65
널길방 65
널방 25
노마 세이로쿠(野間淸六) 236
노사춘처 115
농신 43, 99, 179
능산리 고분 56, 217
능산리 고분 〈비운·연화문〉 56

ㄷ

다나카 호조 218
다실묘 65, 95, 108
다이쇼 236
다치바나 다이노로(橘大女郎) 198
다치바나데라 236
다카마쓰 238
다카마쓰 고분 19, 154, 171, 183, 191, 245, 247, 249~250, 253, 255
다카마쓰 고분 벽화 〈남자군상〉 239, 247, 249
다카마쓰 고분 벽화 〈여인군상〉 239~240, 244~245, 249
다키 세이치(瀧精一) 236
단실묘 95, 108, 139, 178
담징 19, 193~194, 256~259, 265

찾아보기 309

당초문 47, 49
대안리1호분 170
대칭구도 162, 185
덕흥리 벽화고분 25, 29, 71, 74~79, 90, 110, 141~143, 145~147, 153~156, 171, 247
덕흥리 벽화고분 〈13군 태수〉 34, 74~76, 119, 121, 155
덕흥리 벽화고분 〈견우직녀도〉 77, 155
덕흥리 벽화고분 〈생활도〉 153~156
덕흥리 벽화고분 〈수렵도〉 54, 74, 77, 145~147, 226, 269
덕흥리 벽화고분 〈주인공 초상화〉 34, 74~76, 118~121, 132
덕흥리 벽화고분 〈천마〉 47, 77~78, 147
덕흥리 벽화고분 〈행렬도〉 74, 76, 141~143
덴무 255, 257
덴치 236
도교(도가사상) 22, 26, 36, 39, 96, 108~109, 178, 186
도리 121, 126, 132~133
도리불자 260, 265, 268
동수 66, 111
동진(東晉) 19, 114
두공 121, 133

ㅁ
마갑 160
마면갑 160
마석신 43
마치다 고이치(町田甲一) 236
마하나타 왕 222
마하살타 222
만다라 27, 96
말각조정 44, 69, 88
망상문 99
맞새김 용봉문 금동관형장식 55, 103, 217
매산리 사신총 76, 87, 110, 127~130
매산리 사신총 〈부부상〉 127~130
메이지 236
모두루묘 185
모모야마 201
목엽문 99
몬무 255
몰골법 82, 134, 181, 225
묘희정토 203
무녕왕릉 265
무라타 지로(村田治郎) 235~236
무로마치 201
무용신 179
무용총 25, 39, 48, 80~87, 90, 134~139, 148~150, 161~167, 175, 206, 209, 229, 249, 270~271
무용총 〈무용도〉 85, 161, 163, 206, 229, 249
무용총 〈부부상〉 134~139
무용총 〈생활도〉 161~167

무용총 〈수렵도〉 51~54, 85~87, 90, 102,
　　　　147~150, 152, 160~161, 167, 269
무용총 〈수박도〉 175
무용총 〈승학선인도〉 39~40
무용총 〈접객도〉 36, 82, 161, 163, 166
묵서명 29~30, 66, 74, 118
문수보살 114
문하배 112~113
미나모토 도요무네(原豊宗) 215
미륵정토 203, 260~261
미천왕 66, 111

ㅂ

《반구고사편람》 260, 265
반점문 220
발해 17, 159
백라관 30, 66~67, 112, 131
백제 19, 56, 183, 198, 207, 214, 216~218,
　　　225, 233, 235, 245, 258~259, 265, 268
백호 25, 250, 252
백회 95
범안호상 46, 209
《법왕제설》 203
법정(法定) 193
변(弁) 166
보장왕 26
복희 99, 186, 253
부귀 77
부부병좌상 76, 110, 126, 139, 184

북두칠성 37
분향공양 220
불감 213
불교 22, 26, 36, 39, 71, 96, 108~109, 129,
　　　186
불이법문 114
〈불족적도〉 195
비운 97, 205~206, 210~211, 222, 233
비천 205, 222, 229, 233

ㅅ

사라쌍수 266
사리공양 220
사신(四神) 25~26, 39, 93, 96, 126, 238,
　　　254~255
사신도 108, 239, 250, 252, 255
〈사신품〉 222
사천왕 46
산개 247
산수문전 207
산수화 101~104
산화공양 220
삼각구도 31, 67, 113~114, 125, 128,
　　　185, 241, 244
삼곡자세 225, 232, 244, 262
《삼국사기》 193
삼산 102~103
삼실총 48, 58, 87, 91~94
삼실총 〈매사냥〉 92~93

삼실총〈문루와 무사〉 92~93
삼족오 55, 99, 147
《상궁성덕법왕제설》 201
색동 주름치마 57~58, 78, 154, 156, 171,
　　　246~247
생활도 153
서역 19, 22, 43~47, 49, 59~60, 69,
　　　211~212
서조 25, 46, 63, 93, 97, 205~206, 211,
　　　229, 233
석가정토 260
〈석각산수인물도〉 55, 103, 225
석실봉토분 22, 65
설채 51, 86
《성덕태자전기》 204, 208
성사 112~114
성상번 30, 66, 112
세키노 다다시(關野貞) 216, 236
소뿔 문양 127~128
소사 112~113
소우주 25, 36
쇼소인 211, 266, 271
쇼토쿠 태자 19, 194, 198, 205, 256
〈쇼토쿠 태자와 두 왕자상〉 170
수렵도 26, 71, 146~147, 152~153, 184,
　　　187
〈수렵연락도〉 266, 268~269, 271~272
수렵총 127
수미좌 213, 215, 219~220, 222

수박희 173
수산리 벽화고분 35, 167~172, 246~247
수산리 벽화고분〈곡예감상도〉 57
수산리 벽화고분〈배송도〉 35
수산리 벽화고분〈생활도〉 167~172,
수신 43, 99, 179,
수하타노 에시(簀泰畫師) 194, 273
스이코 여왕 198, 219, 236
승불 240
〈승학선인도〉 39, 231
시식(콩자반) 118
시코로부키(錣葺, 겹지붕) 207, 215
《신당서》 110
신도국 118
신라 17, 19, 59, 198, 262
신선 25, 39, 93, 97, 108, 178, 187
신선도 178~183, 186
신선사상 39
신수 25, 46, 63, 93, 97, 205~206
신수장(新繡帳) 199, 202~203
〈쌍수비천도〉 266, 268
쌍영총 25, 76, 110, 130~133, 156~161,
　　　206, 220
쌍영총〈거마행렬도〉 158~159
쌍영총〈공양행렬도〉 36, 156~157, 206,
　　　219~220
쌍영총〈기마무사상〉 57, 161
쌍영총〈부부상〉 130~133
쌍영총〈생활도〉 156~161

ㅇ

아미타정토 203, 260~261
아스카 191, 193, 199, 202~203, 218~219, 236, 245
아야노 누노 가고리(漢奴加己利) 194, 199
아자리 조칸(阿闍梨定觀) 199
아좌태자 170
아키야마 데루카즈(秋山光和) 217, 236
안료 27, 42, 97, 214, 258
안악1호분 48
안악3호분 25, 29, 36, 65~73, 95, 110~117, 140~141, 173~174
안악3호분 〈부인 초상화〉 67~68
안악3호분 〈생활도〉 69~70
안악3호분 〈수박도〉 44, 69, 173~174
안악3호분 〈연꽃무늬〉 31, 34, 36, 69
안악3호분 〈주인공 초상화〉 30, 32~33, 67, 111~117, 132
안악3호분 〈행렬도〉 30, 65~66, 69, 112, 140~141
앞방 25
애교머리 58
야마다 호지(山田保治) 216
야마시로노 에시(山背畵師) 194~195, 259
야마토노 아야노 마켄(東漢末賢) 194, 199
야마토노 에시(倭畵師) 194
야스쿠니(安國) 201
야철신 43, 99, 179
약사정토 260~261

약수리 벽화고분 25, 71, 90, 110, 143~145, 147~148
약수리 벽화고분 〈부부상〉 125~127
약수리 벽화고분 〈수렵도〉 147~148, 269
약수리 벽화고분 〈행렬도〉 143~145
양만춘 15
양수지조 77, 147
어숙술간묘 36
여와 99, 181~182, 186, 253
여의 240
역사상 46, 88, 91, 93, 97
역원근법 51
연가7년명 금동여래입상 113
연개소문 15, 26, 42
연꽃 209
연꽃무늬 31, 39~40, 88, 99, 222
연꽃 봉오리 31, 34, 36, 71, 113
연주문(蓮珠文) 205
연지 57, 160, 171
연화 205~206, 233
연화화생 37, 91, 93, 186, 209~210, 211
《열반경》〈성행품〉 227
영락 119
영산정토 203
영초 25, 46, 63, 97, 205
영태공주묘 244, 253
오노 겐묘(小野玄妙) 216
오쇠(五衰) 204
오하시 가즈부미(大橋一章) 203, 210

옥충 213~214, 216~217, 235
〈옥충시식고(玉蟲翅飾考)〉 216
옥충주자 19, 71, 183, 191~192, 207,
　　213~216, 218~219, 225, 233, 235,
　　237, 246, 268
옥충주자 〈보살상〉 219
옥충주자 〈보탑도〉 219
옥충주자 〈사신사호도〉 219~220, 222~223,
　　226, 229, 233
옥충주자 〈수미산도〉 219~220, 229, 231
옥충주자 〈시신문게도〉 219~220, 223, 226
옥충주자 〈천왕상〉 219, 231
요고 49
용문대 97
용 신앙 99
우교차 142, 149, 160, 171
우에노 나오아키(上野直昭) 217
우에하라 가즈(上原和) 31, 71, 213, 218,
　　220, 237
원산(遠山) 253~254
원예 240
월상 37, 39~40, 97, 99, 205, 210~211,
　　229, 238~239, 252~254
원강 석굴 130
유감2실묘 122, 126
유마거사 114, 123
육조(六朝) 19, 114, 120, 129, 143, 222~223,
　　262, 266
을지문덕 15

음양오행사상 26, 39, 96
이토 주타로(伊東忠太郎) 214
인동당초문대 97
인동문 99
인물풍속화 25~26, 88, 95~96, 108, 126,
　　178, 250, 255
인왕 209~210
일각수 47, 93
일본 19, 59, 160, 183
《일본서기》 193, 195, 257
일부다처제 95
일상 37, 39~40, 97, 99, 205~206, 229,
　　238~239, 252~254
일월성신 15, 205

ㅈ

〈자단목화조비파한발회〉 269
잔주름치마 57, 171
장군총 24
장수왕 15
장천1호분 36, 39, 88~91, 93, 176~177
장천1호분 〈무용도〉 85
장천1호분 〈보살상〉 37
장천1호분 〈수렵도〉 269
장천1호분 〈수렵야유회도〉 89~90, 269
장천1호분 〈씨름도〉 176~177
장천1호분 〈예불도〉 37, 91, 186
장하독 65, 111
재물공양 220

절풍 166
접착제 27, 42, 97
정절 30, 112~113
정효공주묘 159, 240, 255
제륜신 43, 99, 179, 181
《조선미술사》 216
조엔(定圓) 203
조우관 57
조형언어 30
주구지(中宮寺) 199, 201~202, 206
주름치마 246
주봉 103
주산 102
주인공 초상화 24~25, 71, 139~140, 184
주작 25
지물 67, 76, 249
지안(集安) 24, 42
지토 255, 257
진파리1호분 55, 102, 108, 179, 211, 222, 225, 267, 271
진파리1호분 〈수목·현무도〉 55, 102, 225
집무늬 벽돌 253

ㅊ

천마 47
천마총 48
〈천수국만다라수장〉 19, 183, 191~192, 194, 198~199, 202~206, 209,
211~212, 235, 246
청라관 34, 76, 121
청룡 25, 250, 252
최순우 107
측면관 80, 114, 135, 162, 186
칠사관 249

ㅋ

카프탄 49

ㅌ

탑개 31
태성리2호분 76
《태자만다라강식》 203~204, 208
토총 22
통구 80, 99, 135, 138~139, 159, 185, 246
통구사신총 27, 39~40, 91, 96~99, 231, 239, 253
통구사신총 〈현무도〉 27, 55~56, 96~97
투기도 173~177, 187

ㅍ

파상유운문 121
파상평행유운문 133, 171
판석 27, 65, 95
팔각기둥 130
팔메트 47, 49, 99
팔청리 고분 170
평양 16, 23, 42, 139, 159, 185, 246

평정관 67

ㅎ

하마다 고사쿠(浜田耕作) 216
하야시 료이치(林良一) 235~236
하쿠호 219, 236
하타쿠마(秦久麻) 199
한(漢) 19, 112, 114, 129, 141, 151, 222~223
함화서조 210~211
《해룡왕경》〈청불품〉 231
해수포도문경 254
행렬도 26, 71, 145, 147, 152~153, 184, 186~187
허공 공간 220
헤이안 193
현관고사 114
현무 25, 250, 252
혜자 19
호간 료치(法眼良智) 199
호과(戶課) 195
호류지 19, 71, 183, 199, 201~202, 213, 225, 236, 256~258, 265~266, 268
〈호류지가람연기병류기자재장〉 201
《호류지건축론》 214 호류지 금당 257
호류지 금당벽화 19, 191, 194, 259, 262, 264
호류지 금당벽화〈아미타정토도〉 260~261, 265
호류지 금당벽화〈약사정토도〉 260, 265

홍감아발루 바둑알 211
화사(畵師) 191
화사씨족 19, 191, 193~195, 259, 265, 272~273
화염문 99, 121
활수광포 129~130
활수포 113
황룡 40, 99
회랑 111
후지와라쿄 255
후지이 구니요시(藤井國吉) 201
후지타 헤이타로(藤田平太郞) 202
흑책 131
히노키 217
히라코 다쿠레이(平子鐸嶺) 236

안휘준安輝濬

학력
서울대학교 문리과대학 고고인류학과(문학사)
미국 하버드대학교 문리과 대학원 미술사학과(문학석사, 철학박사)
미국 프린스턴대학교 문리과 대학원 고고미술사학과 수학

경력
홍익대학교 미술대학 교수, 박물관장
서울대학교 인문대학 고고미술사학과 교수, 박물관장
한국정신문화연구원 초대 예술연구실장

한국 대학박물관협회 회장
한국미술사교육연구회 회장
한국미술사학회 회장
문화관광부 박물관·미술관 학예사 운영위원회 위원장 역임

현재
명지대학교 인문대학 미술사학과 석좌교수
서울대학교 인문대학 고고미술사학과 명예교수
문화재청 문화재위원회 위원장
문화관광부 동상·영정심의위원회 위원장

상훈
우현(고유섭)상 (제3회, 1982)
동원(東垣) 학술대상 (제7회, 1989)
한국미술저작상 (제4회, 2001)
간행물윤리상(저작부문) (제12회, 2001)
위암 장지연상(한국학부문) (제12회, 2001)
보관문화훈장 (2002)
대한민국문화유산상 (제1회, 2004)
옥조근정훈장 (2006)

주요 저서
《한국회화사》 (일지사, 1980)
《한국회화의 전통》 (문예출판사, 1988)
《한국회화의 이해》 (시공사, 2000)
《한국회화사 연구》 (시공사, 2000)
《한국의 미술과 문화》 (시공사, 2000)
《한국의 현대미술, 무엇이 문제인가》 (서울대학교출판부, 1992)
《신판 한국미술사》 (공저, 서울대학교출판부, 1993)
《안견과 몽유도원도》 (공저, 도서출판 예경, 1991)
《한국미술의 역사》 (공저, 시공사, 2003) 외 다수

고구려 전성기의 강역도[疆域圖]

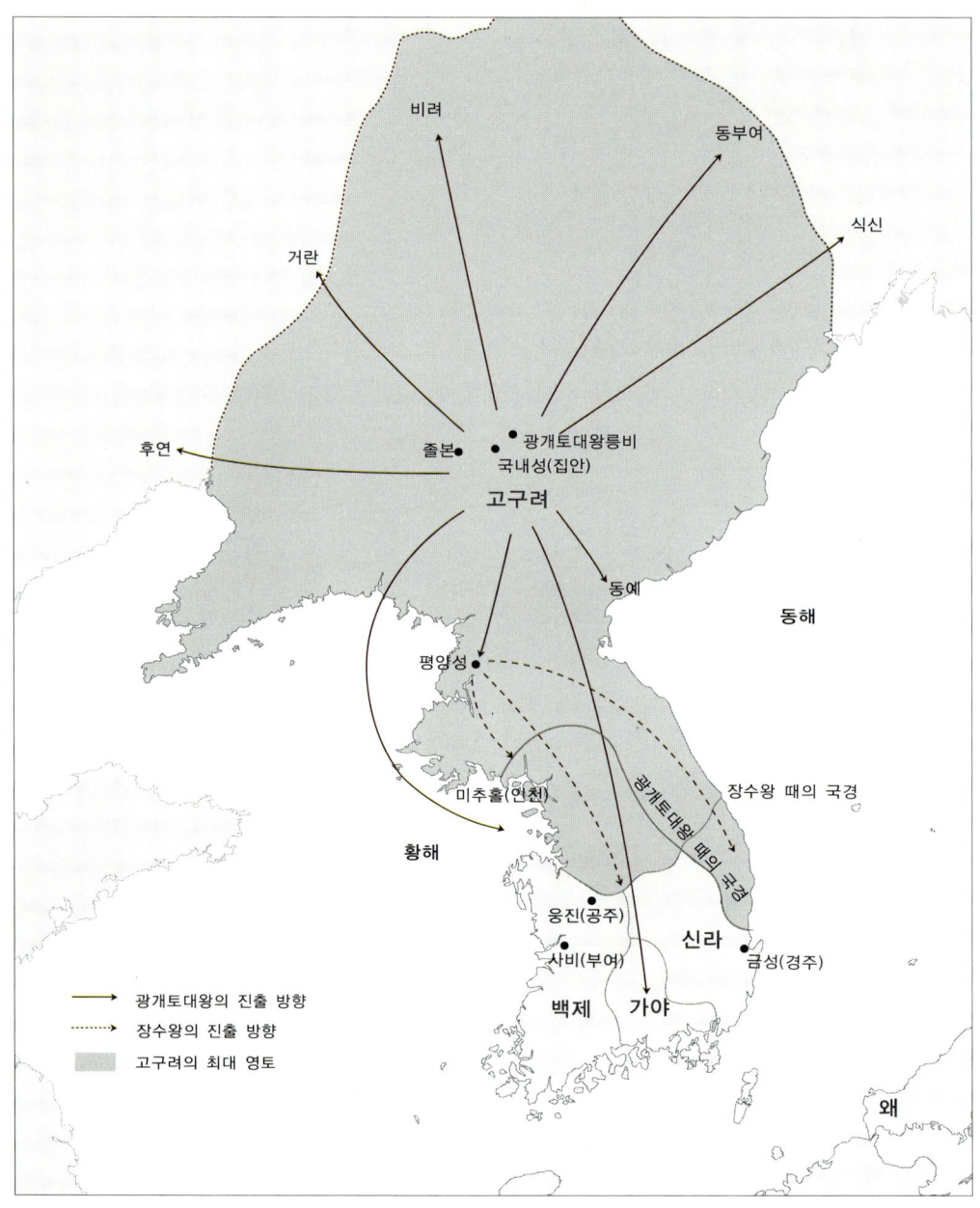

* 《인류의 문화유산 고구려 고분벽화》, 연합뉴스, 2006 참조.

고구려 벽화고분 분포도

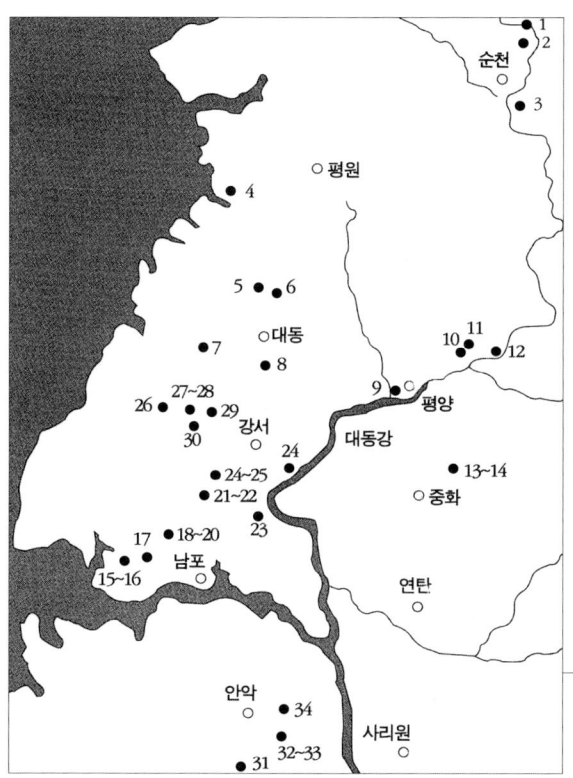

1. 천왕지신총
2. 요동성총
3. 동암리 고분
4. 운룡리 고분
5. 덕화리1호분
6. 덕화리2호분
7. 가장리 고분
8. 평양역전 고분
9. 개마총
10. 내리1호분
11. 호남리 사신총
12. 진파리1호분
13. 진파리4호분
14. 성총
15. 감신총
16. 수렵총
17. 우산리1호분
18. 우산리2호분
19. 우산리3호분
20. 용강대묘
21. 쌍영총
22. 대안리1호분
23. 보산리 고분
24. 태성리1호분
25. 태성리2호분
26. 수산리 고분
27. 강서대묘
28. 강서중묘
29. 덕흥리 고분
30. 약수리 고분
31. 안악3호분
32. 안악1호분
33. 안악2호분
34. 봉성리1호분

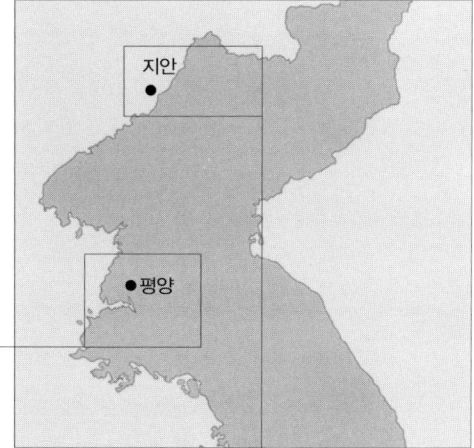

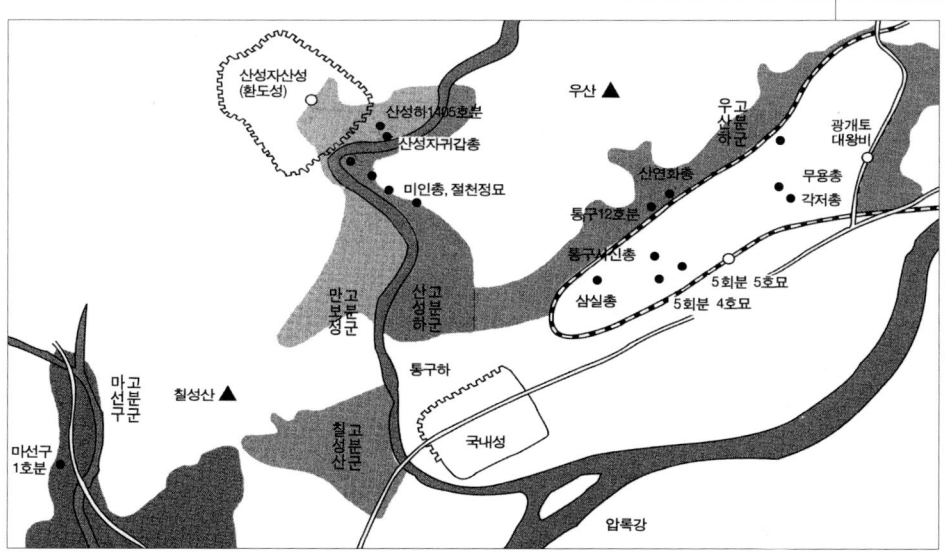

고구려 회화
고대 한국 문화가 그림으로 되살아나다

지은이 안휘준

2007년 4월 10일 1판 1쇄 인쇄
2007년 4월 20일 1판 1쇄 발행

펴낸곳 효형출판
펴낸이 송영만

책임편집 강초아, 안영찬

등록 제 406-2003-031호 | 1994년 9월 16일
주소 경기도 파주시 교하읍 문발리 파주출판도시 532-2
전화 031·955·7600
팩스 031·955·7610
홈페이지 www.hyohyung.co.kr
이메일 booklove@hyohyung.co.kr

ISBN 978-89-5872-043-0 03650

※ 이 책에 실린 글과 그림은 효형출판의 허락 없이는 옮겨 쓸 수 없습니다.

값 25,000원